跨文化交际案例

汉语教师海外工作实训教程

汪溆

刘

北京大学出版社
PEKING UNIVERSITY PRESS

图书在版编目(CIP)数据

跨文化交际案例：汉语教师海外工作实训教程 / 汪海霞，刘刚主编. —北京：北京大学出版社，2021.4
ISBN 978-7-301-32102-7

Ⅰ.①跨… Ⅱ.①汪…②刘… Ⅲ.①汉语—对外汉语教学—教师—教学工作—教材 Ⅳ.①H195.3

中国版本图书馆CIP数据核字（2021）第055603号

书　　　名	跨文化交际案例：汉语教师海外工作实训教程
	KUA WENHUA JIAOJI ANLI: HANYU JIAOSHI HAIWAI GONGZUO SHIXUN JIAOCHENG
著作责任者	汪海霞（Haixia Wang）　刘刚（Gang Liu）　主编
责任编辑	唐娟华
美术设计	张婷婷
标准书号	ISBN 978-7-301-32102-7
出版发行	北京大学出版社
地　　　址	北京市海淀区成府路205号　100871
网　　　址	http://www.pup.cn 新浪微博：@北京大学出版社
电子信箱	zpup@pup.cn
电　　　话	邮购部 010-62752015　发行部 010-62750672　编辑部 010-62767349
印　刷　者	天津中印联印务有限公司
经　销　者	新华书店
	889毫米×1194毫米　16开本　20.25印张　261千字
	2021年4月第1版　2021年4月第1次印刷
定　　　价	78.00元（含在线配套资源）

未经许可，不得以任何方式复制或抄袭本书之部分或全部内容。
版权所有，侵权必究
举报电话：010-62752024　电子信箱：fd@pup.pku.edu.cn
图书如有印装质量问题，请与出版部联系，电话：010-62756370

前　言

　　《跨文化交际案例：汉语教师海外工作实训教程》是一本国际汉语教师跨文化交际案例式教材。全书包括 48 篇来自全球 6 大洲 30 多个国家的一线汉语教师的教学工作真实案例。每篇案例包括案例场景、案例描述和案例反思等部分。本书主要关注汉语教师在海外教学工作中遇到的各种不同的跨文化交际问题，中外教学理念、教学方法、文化观念的碰撞与磨合，以及不同文化之间的比较，强调对跨文化比较的思考和处理相关问题的建议。特别是每篇文章后的"思考与实训"部分，都是在真实案例基础上的启发思考与延伸拓展。

　　本书的姊妹篇是《生存攻略案例：汉语教师海外生活实训教程》（刘刚、汪海霞主编）。该书以日常生活中发生的各种事件为主要描写对象，侧重生活和生存方面的经验。两书相辅相成，涵盖了国际汉语教师在海外工作与生活的方方面面。

　　这两本书的共同特色主要体现在以下三个方面：

　　一是"全球化视野"：书中文章涵盖全球 6 大洲、30 多个国家、40 多位海外一线汉语教师的不同案例。从"太阳升起"的亚洲，到诺亚方舟停靠的国度；从"枫"情万种的北美小巴黎，到孕育玛雅文明的墨西哥；从"冰与火"的俄罗斯，到东非高原上的"乌托邦"，作者描写了其多姿多彩的生活经历，多种多样的文化体验，让读者在书中即可"足不出户，游历全球"。

　　二是"跨文化沟通"：两册书都侧重不同文化之间的比较与沟通、理解与尊重。海外汉语教学中的任何活动，都应该重视被教育对象的文化背景。如何不带个人偏见、创造文化包容性的课堂环境？应该怎样引导不同文化背景的学生增进彼此的了解，培养其文化敏感性？如何让学生认识到单一文化的多个层面以及多元文化间并无优劣之分？这都是国际汉语教师需要深思的问题。理解并尊重每个人的"文化身份""性别认同""时间观念"和"宗教习俗"，代表着我们在海外工作和生活环境中的文化敏感度和跨文化交际能力。作为教师，我们必须要认识到自己可能具有的文化局限性，及时关注工作生活中出现的异常信号，并主动采取措施加以调整。而要做到这一点，我们必须提高自我更新和自我成长的意识，随时补充所在国的文化知识，并将新知识纳入自己原有的知识结构中，加以调整融合。

三是"反思性体验"：我们的作者群里，有经验丰富的资深教师，有任教多国的外派教师，有遍布全球的志愿者教师，也有进行教学实践的研究生。无论其身份如何，他们都有着共同的优秀品质，就是对汉语教学有着极大的热情和深刻的思考。他们的故事里有经验，他们的分享里有反思。比如，如果学生问"中国人都喜欢吃牛的胃吗"，教师该如何回答？如果到了教室，发现只有黑板粉笔，没有电脑投影仪，教师该怎么上课？如果小组项目中的某个学生抱怨打分不公平，教师该如何解释？如果学生不举手，或在课堂上乱说话，教师该如何建立规则？如果学生以涉及隐私为由，拒绝回答口试问题，教师该如何应对？这些令人挠头的难题，都可以在这两册书里找到答案。

无论是教学工作还是日常生活，人们的情感、态度、文化和价值观等都是不可忽视的变量。只有做到以"人"为本，才能实现同事之间、师生之间、人群之间和谐的双向交流，以一种开放灵活的形式，调动起学习和工作的积极性，促进对汉语言和中华文化的传播。

我们所处的时代，新知识、新思想层出不穷。吸收、接纳、更新是自我成长的重要方式。这两本书汇聚海外一线汉语教师在工作和生活中的最新真实案例，强调实用与实践，可作为汉语国际教育专业教材、汉语教师志愿者及公派教师的岗前培训教材，以及其他海外汉语教学及工作人员的培训及日常参考用书。这两本书中的案例描述和分析、经验总结与反思，对《国际中文教师证书》考试、国际中文教师志愿者及公派教师选拔考试、汉语国际教育专业研究生入学考试也具有重要参考价值。

这两本书得以顺利出版，首先要感谢北京大学出版社的宋立文老师。宋老师提出选题和创意，在整个选稿、编排、审稿和出版过程中，给予我们悉心指导。还要感谢邓晓霞老师的引荐。在这两本书之外，我们还有幸与邓老师在《北美故事：美国一线汉语教学案例与反思》和《传统与现代：海外中文文化教学（大学篇）》这两本书的编写过程中有过愉快合作。更要感谢我们这两本书的责任编辑唐娟华老师。唐娟华老师堪称学者型的编辑，她不仅严格把关文章内容，还细心审校资料来源、理论出处等。与优秀而认真的人合作，让我们受益匪浅。

山外有山有他乡，天外有天有远方。最后要特别感谢的是我们优秀的作者团队，是他们热情的分享和无私的奉献，让这两本书成为可能。他们是游历过远方的智者，有丰富的生命体验，有面对世界的底气，也因此遇见了更好的自己。所有的"机缘巧合，缘来有你"都化成了一句"与君共鸣，与君同勉"。

相聚时是一团火，热情奔放；
分散开是满天星，熠熠生辉。
愿我们，各自珍重待重逢。

汪海霞　刘　刚

目录

亚洲

01	韩国	"雾霾"是谁造成的	谭雪花 / 3
02	韩国	不一样的见面礼：韩国办公室求"同"妙招	杨 莉 / 9
03	泰国	如何分辨班级里的"男孩儿"和"女孩儿"	张倩倩 / 14
04	越南	你说的月亮不一定是月亮	赖 迪 / 19
05	印度	究竟是几点	郑艺铭 / 25
06	马来西亚	老师，我们都是马来西亚人	罗晨阳 / 29
07	菲律宾	领导的期望有点儿高	张 月 / 34
08	印度尼西亚	不能吃的月饼	李艳艳 / 41
09	印度尼西亚	印尼慢生活	赵 媛 / 47
10	阿联酋	一张照片的风波	黎彩虹 / 53
11	伊朗	从诗歌朗诵看伊朗宗教禁忌	李 娟 / 59
12	约旦	死海新生：初到约旦的调整与适应	李顺琴 / 64
13	蒙古	"堵"不如"疏"——蒙古课堂教学上的"碰撞"	周海楠 / 71
14	亚美尼亚	小教具 大课堂	蒋湘陵 / 76

欧洲

15	英国	寓教于乐的挑战	谭雪花 / 85
16	英国	我该怎么保护你幼小的心灵	谭雪花 / 92
17	英国	遇到有学习障碍的学生怎么办	杨如月 / 98
18	法国	与众不同的打分制	高亦霏 / 104
19	法国	我是哪里人	刘莉妮 / 112
20	俄罗斯	课堂中临时插入的新话题	杨 平 / 118
21	爱尔兰	把握"为学生好"的度	李 卓 / 125
22	爱尔兰	中国人喜欢吃牛的胃吗	王酉凤 / 132
23	爱尔兰	抖音小哥哥们的汉语课	王酉凤 / 139
24	塞尔维亚	我在特殊学校教汉语	王莎莎 / 145

北美洲

25	美国	难说公平的分数	鲍莹玲 / 155
26	美国	我认错了学生的性别	迟征宇 / 161
27	美国	课堂规则——从磨合到适应	戴志容 / 167
28	美国	美国课堂的第三文化小孩儿	黄丽玲 / 174
29	美国	不一样的高中教师评估	林玉碧 / 182
30	美国	中美学生谈压力	刘 江 / 191
31	美国	当中文老师遇到天才学生	宋 丹 / 198
32	美国	我们不需要中文	王 楠 / 206
33	加拿大	这才是我们想要学的	蒋湘陵 / 213
34	加拿大	苏珊娜的口试	谢绵绵 / 219
35	墨西哥	一杯有问题的饮料	王兰婷 / 226
36	多米尼加	餐桌上的虫子	王术智 / 232

南美洲

37	智利	做中国凉面，说地道汉语	白 叶 / 241
38	哥伦比亚	如何巧妙地拉近师生关系	颜雪雯 / 248
39	厄瓜多尔	关于派对的那些事	施 慧 / 253

非洲

40	埃及	让人头疼的"迟到"和"缺勤"问题	吴 怡 / 261
41	突尼斯	突尼斯有幸运数字吗	姜秀清 / 266
42	毛里求斯	老师，我没有丈夫	赵 亮 / 272
43	莫桑比克	如何应对"非洲时间"	张祺昌 / 279
44	摩洛哥	斋月期间不吃不喝真的可以吗	杨子慧 / 285
45	乌干达	一切从"头"说起	骆奕良 / 290

大洋洲

46	澳大利亚	被反锁在门外的我	李 旋 / 299
47	澳大利亚	小萌娃眼里的老师是"怪物"吗	杨 芳 / 305
48	新西兰	和寄宿家庭的那些事	乔娇娇 / 309

亚洲

亚洲是个古老的名字,意思是"太阳升起的地方"。亚洲是七大洲中面积最大、人口最多的一个洲,是世界三大宗教佛教、伊斯兰教和基督教的发源地。世界四大文明古国中的中国、印度和古巴比伦都位于亚洲大陆。亚洲学习汉语的人数居世界首位,2019年韩国5000万人口中,就有约1060万人在学习汉语和汉字。[①]

本章的教学工作案例来自东亚的韩国和蒙古,西亚的伊朗、约旦和阿联酋,东南亚的越南、马来西亚、印尼、泰国、菲律宾和柬埔寨,以及南亚的印度。

在韩国,你可能会收到不一样的见面礼;在泰国,你可能要小心男孩儿和女孩儿的称呼;在印度,约定的时间可能不是你所理解的时间;在印尼,你可能会买到不能吃的月饼;在伊朗,课堂上不能唱歌学中文。你想知道为什么吗?让我们一起来探个究竟吧。

---

① 数据来源于 https://www.sohu.com/a/361161037_429822。

"雾霾"是谁造成的

/ 谭雪花 /

韩　国

案例场景

我在韩国一所公立小学任教，教学对象包括幼儿园至小学的学龄儿童。汉语课是今年才开设的课程，学生水平基本上都是零基础。汉语课作为选修课安排在下午，每节课50分钟。教学目的主要是通过简单的汉语学习，增加学生对中国的认识，提高学生学习汉语的兴趣；教学内容以话题型为主，包括颜色、水果、蔬菜、国家等主题的简单的汉语口语和交际用语。

案例描述

意外的提问

今天天空灰蒙蒙的，刚进教室，我就感觉到一股低沉的气息。今天的课是三四年级的初级汉语课，教学过程中，学生的学习热情怎么也提不起来。我不禁犯起了嘀咕，是我的教学内容和方法出了什么问题吗？课间休息的时候，我问其中一个汉语学得比较好的学生，她刚开始微笑着不说话，后来在我的不断询问下，她怯怯地说："老师，韩国的雾霾是不是中国带来的？"我当时就疑惑了，这个需要综合考虑的事情，为什么她说得那么肯定？我觉得可能是她个人的问题。但是，旁边的学生开始议论，有的问："老师，中国有蓝天吗？环境真的不好吗？"还没等我回答，有的学生就说："我去过中国，每天都是灰蒙蒙的。"有的马上附和道："我爸爸说的，中国环境一点儿也不好，韩国的坏天气就是从中国带来的。"还有的说："对对对，以前首尔每天都是蓝天，现在雾霾天气越来越多了，雾霾天气都得戴口罩。""老师，老师，韩国雾霾真的是中国带来的吗？"

问题的探究

下课后，我略显尴尬。学生们认为雾霾是从中国带来的，因此我也似乎被当成了不友好的对象。虽然学生们可能还不太懂事，可以原谅，但是真的要将这件事情搁置起来，让时间去解决问题吗？这种做法对吗？我一边思考着近年来中国环境的状况，一边思考着韩国雾霾天气的原因。其实事实不是某些韩国人听说的，雾霾全是中国造成的，这种完全将一个国家的问题转移到另外一个国家的态度显然是不对的，韩国自身也是存在问题的，只是被大多数韩国学生忽略掉了。这就要求我们辩证地看待问题。那么，我该如何去引导学生呢？

考虑到是三四年级的学生，他们虽然可以进行有效沟通了，但是思维还不太严密，如果我只使用列数据的方法，可能起不到良好的沟通效果。但是如果不解决这个问题的话，学生可能会对我一直存在敌意。于是，我在查找资料后，决定在下节课用图解加讲解的方式让学生们了解雾霾的形成过程和原因，以此来增加学生对中国的认识，并消除他们对中国的偏见。

首先，我找到一张图片。这张图片从不同的角度看会呈现出不同的画面。如果只看图中的白色部分，我们可以看到一个杯子；只看黑色部分时，可以看到两个面对面的人。我把图片展示给学生，问他们看到了什么。他们回答非常踊跃，有的说是杯子，有的说是两个人，总之意见不一。这个时候，我顺势说出其实两个答案都是正确的。学生们有点儿诧异。于是我说："我们思考问题的时候可以从不同的角度来考虑，只关注一点永远不会得到正确的答案，你们明白吗？"他们似懂非懂地点了点头，但似乎还是有些不解。

于是，我又顺势说："我们能不能像看那张图片一样从不同角度来考虑问题呢？"我打开一个用韩语介绍的视频，让大家观看雾霾的形成，然后让学生们回答为什么会形成雾霾。大家回答得很踊跃，有的说是因为汽车尾气，有的说也有垃圾焚烧的原因，还有的说是大气现象，等等。

然后我又让家里有车的学生举手，大家的小手几乎都举起来了。于是我问道："你们知道韩国有多少辆车吗？"学生们摇了摇头。"其实韩国的汽车产业非常强盛，国内的需求量很大。有数据显示，韩国的汽车生产量约占全球汽车生产总量的百分之五，现代起亚汽车公司的混动车型全球销量已超过 50 万辆。汽车的广泛应用是会增加汽车污染物的高排放量的。韩国政府也没有全面地推动环保能源车的使用，目前有不少韩国家庭的汽车仍然使用汽油，所以说私人汽车在韩国的广泛使用是造成空气污染的重要原因。你们觉得对吗？"学生们听了我不太流利的讲解，加上细致的图标，似懂非懂地点了点头。他们的脑子似乎在飞速运转。

我又问学生们："你们知道韩国煤油发电厂每年发电量是多少吗？"我拿出一张图，一边展示一边解释："上面记录了近 7 年的韩国煤油发电量，其中最近一年比上一年增加了 28.8 亿千瓦，其中还有更重要的一点，2015 年韩国开始增建火力发电厂。这样会对韩国的空气有影响吗？"大家小心地回答有影响。我同时又说道："不过中国的煤炭发电厂也很多，燃煤发电量是全球最多的国家，所以中国有些地区的环境确实不太好。目前中国政府正在努力改善环境,已经收到了一些效果。"学生们在下面窃窃私语,似乎在说:"这还不是中国带来的吗?"

于是,我又开始卖关子,问大家:"有谁知道首尔在哪里吗?"学生们纷纷举手抢着回答。接着,我又问道:"那你们知道首尔地处盆地吗?"大家疑惑地点了点头。我解释道:"首尔其实位于南北都被低山和丘陵包围的河谷中,这样的地形是不利于雾霾扩散的,而且首尔城市圈包括仁川、京畿道等城市,这些城市是韩国重要的工业区,东边是海拔较高的江原道山区,石化、钢铁等工业排污会造成首尔河谷地区的环境污染……"

"所以,"我长舒了一口气,"韩国的雾霾不能说全是中国造成的,韩国内部有没有环境问题呢?"大家这时低下了头,似乎在等待着我的点评。我说:"其实任何环境问题都是由很多因素造成的,我们不能通过一个方面就完全肯定是由某种因素造成的。"因为怕说得太多会影响整个课程的进度,我也就此打住,让大家以后有时间做一个关于中韩环境问题调查的小报告。

很快,我把学生的注意力引到汉语教学中来。"同学们,其实我们在学习汉语的时候也应该从不同的角度来学习,做到举一反三……"我顺势引导出上节课学习的句子"我想吃……",然后列出很多蔬菜、水果的名称,让大家造句。这件事情也就这样结束了,后来同学们再也没有提及此事,甚至有的同学还故意问我一些关于韩国的历史故事,想考考我知不知道,这种被学生信任的感觉真的挺好。

案例反思

即使同在东亚儒家文化圈内，也可能会发生一些观念上的冲突。人们考虑问题时，往往带有一些强烈的民族情感，这样可能就会出现对别的国家不太友好的态度。确实，环境问题是全世界共同关注的问题，不论是中国还是其他国家，在发展经济的同时都要注意环境的改善，需要全面考虑。

作为一名在海外教授汉语的教师，遇到类似的问题时，应该坚定自己的信念，学会严正捍卫正确的利益诉求，同时也应该注意表达的方式及讲解的技巧。我们要学会用事实和事例说话，而不是一味地去跟对方争论。有些跨文化交际中出现的问题，尤其是涉及敏感问题的，教师应该在坚定立场的前提下，不把涉及面拓得太宽，否则容易引起更大的冲突，不利于教学活动的顺利开展。

我认为，遇到类似的问题时不妨这样处理：第一，用简短的语言表明自己的立场，同时通过各种途径对遇到的问题进行调查；第二，从多个角度全面阐释问题，不偏不倚，公正地发表意见，通过调查，找到足够的论据来支撑自己的观点，这样的做法才有说服力；第三，永远不要忽视已经存在的问题，要正视问题并试图解决问题才是正道；第四，利用已有的问题，引导学生说出正确的解决方法；第五，见好就收，转移话题，转移学生的注意力，引导学生快速进入课堂学习环节，这样才能保证教学更好地进行。整个过程中，教师要注意把控全局，正确引导，引导得好，才能激发学生的学习兴趣以及对中国进行全面正确的认识。

作者简介

谭雪花,澳门科技大学汉语国际教育专业硕士。曾任教于韩国某孔子课堂、英国某公立小学。曾在早安汉语、易桥汉语等机构担任兼职汉语教师,并参与汉语教师培训工作。创办"对外汉语的那些事儿"微信公众号,原创文章达百余篇,主要探讨针对不同年龄层次和学习目的的学生的教学策略和方法。作者善于教学反思,善于表达自己的见解。

思考与实训

1. 结合案例及案例反思,谈谈处理跨文化交际冲突的基本原则。
2. 结合案例描述,谈谈谭老师在面对学生们的质疑的时候,她是怎么处理的。
3. 如果课堂上学生提出以下问题,你将如何应对?请选择一个,设计出详细的应对方案。

    (1)"老师,中国的行人都不遵守交通规则,随便横穿马路,是吗?"

    (2)"老师,听说中国人买票不排队,是真的吗?"

02

不一样的见面礼：
韩国办公室求"同"妙招

/杨莉/

韩 国

🎬 案例场景

  我所在的京元高中位于韩国大邱广域市，是一所依山而建、具有基督教信仰的男子高中。学校开设的汉语课是选修课，除了汉语外，学生还可以选修日语。韩国学校一般都设有专门学习汉字的汉文课，所以汉语对他们而言并不陌生。全校选修汉语的学生很多。我主要负责教授高二7个班和高三4个班的初级汉语课，以及高三3个班的中级汉语课，大约有300个学生。想要教好以及管理好这么多学生，只靠自己一个人的力量肯定是不够的，还需要办公室其他老师的帮助与支持。

  那么，怎么快速融入学校办公室生活并与其他老师和谐相处呢？这成为我到韩国后面临的一个重要且亟待解决的问题。然而想要回答这个问题，就不得不提及我到韩国后收到的第一份特别的见面礼。

💬 案例描述

  由于同属"汉字文化圈"，汉语在韩国的发展一直都保持着良好的势头。中韩CPIK（Chinese Program in Korea）项目自2012年开始，中国每年向韩国派出志愿汉语教师近300人。我作为2019年CPIK志愿汉语教师队伍中的一员，刚过完新年就带着家人的祝福和对新生活的期待与忐忑踏上了韩国这块土地。

到了韩国后,经过短暂的培训,我来到了自己将要赴任的城市——大邱广域市,也见到了与我一起工作的搭档老师。所谓搭档老师,就是韩国本土汉语老师。在韩国的志愿汉语教师的工作与其他国家有所不同,基本上除了小学外,在初中和高中工作的汉语老师都会和韩国本土汉语老师一起搭档教学。我在京元高中就有两个搭档老师。她们不仅仅是我上课时的工作伙伴,也是我的生活伙伴。我在韩国生活中遇到困难和问题时需要她们的帮助,所以与搭档老师关系的好坏直接影响着自己一年的工作和生活。

不仅如此,与办公室其他老师的关系也很重要。尤其是作为一名来自中国的汉语老师,我的一言一行代表了中国的形象。为了给大家留下一个好印象,来韩国前,我就为自己的搭档老师、校长、校监等人准备了一些小礼物,希望找到合适的时机把礼物送出去。

可是还没等我送出礼物,我却先收到了一份来自校长的特别的礼物!

来到大邱的当天,我和自己的搭档老师第一次见面。在帮我办理好外国人登陆证(alien registration card)后,搭档老师带我来到学校,说要与校长见个面。一开始我还是有点儿紧张的,因为我不会说韩语,但校长的亲切让我渐渐地放松了。在搭档老师的翻译下,我和校长聊得很愉快。但是当校长对我的搭档老师说了一句话后忽然转身离开时,我就有点儿不知所措了。我的搭档老师也没有多做解释,只是让我等一下。

大概3分钟后,校长回来了,只见他手里拿了一个小礼盒。我意识到,这可能是他送给我的礼物。果然,校长把礼盒递给了我,说是见面礼,然后就面带微笑地看着我。在校长的注目下,我打开礼盒,看到了来自韩国朋友的第一份礼物——牙膏、牙刷套盒!

正当我思索着是不是应该把礼物带回家的时候，搭档老师向我解释了校长送这份礼物的缘由。原来，韩国的学校基本上全部设有专门的洗漱间，老师们会把自己的牙刷、牙膏等存放在这里，每天午餐结束后都会到这里刷牙。

听到这个解释，我才恍然大悟，原来校长送我这份礼物的真正用意，是让我入乡随俗，了解并养成在学校午餐后刷牙的习惯！

案例反思

开学工作后不久，我就发现了韩国人午餐后一定要刷牙的这个好习惯。这个习惯的养成主要有两个原因：一是注意牙齿卫生和健康，因为在韩国牙齿治疗方面的费用非常高，而且不包含在医保内；二是因为韩国的饮食习惯，学校食堂的午餐里，泡菜是必须有的，而泡菜这种腌制的食物气味比较刺激，需要及时漱口刷牙。除了以上两点，我还发现这一习惯的妙处，就是饭后的刷牙时间，其实也是老师们三三两两聚在一起聊天儿的时间。我和搭档老师们的友谊就是这样"刷"出来的！

中韩作为相邻的两个国家，历史上的往来使得两国不论是在语言方面，还是文化方面都颇有渊源。然而跨文化交际，切不可因"同"而无视"异"，"异"中求"同"方是上策。同时，要透过这种"异"去积极思考其背后的文化和交际策略，才能快速融入一个不同的文化群体中。在韩国学校的办公室里开展跨文化交际，除了可以"刷"出友谊，大家还可以使用以下妙招。

"穿"出默契

韩国学校还有一点跟中国很不一样，那就是全体老师和学生在学校里不论寒暑都要穿拖鞋。因为不论在办公室还是在教室，都要保持安静，这样才能共同营造一个能专心工作和学习的良好环境。每位老师的办公桌下面都有放置一两双拖鞋的空间；每间教室前面也都有鞋柜，可供学生放置拖鞋。换上拖鞋，是师生每天到校的第一件事；脱掉拖鞋，是师生离校的最后一件事。

刚开始工作时，搭档老师就告诉了我这件事，于是我也买了一双拖鞋放在办公室。刚开始我有点儿不习惯，但渐渐地发现穿拖鞋很舒服，而且看到我和大家一样，每个人脚上都穿着一双拖鞋，就会有一种真正的融入感。夏天来了，我和搭档老师一起在网上买了不同颜色的同款拖鞋。看着我们脚上的拖鞋，我感觉与大家有一种不言而喻的默契。

"喝"出感情

我们这里说的"喝"，并非喝酒，而是指喝咖啡。朝鲜战争后，受美国等西方国家的影响，韩国街头大大小小的咖啡馆随处可见。喝咖啡对韩国人而言，就像中国人喝茶一样。所以，办公室一般都会备有一些速溶咖啡供老师们饮用，很多老师也会自备一些自己喜欢的咖啡。在这种大环境下，一个非常好的融入集体的办法就是准备一些咖啡与周围的老师分享；同时也可以准备一些适合喝咖啡时吃的小零食与他人分享。

当然，如果午饭后时间比较充裕，老师们也会结伴去附近的咖啡馆享受一下难得的悠闲时光。接到一起喝咖啡的邀请时，一般不要拒绝，否则会错过一个与老师们增进感情的好机会。还有，一般这个时候，大家会轮流请客，因此建议大家该出手时就出手！

作者简介

杨莉,武汉大学汉语国际教育专业硕士。曾任美国匹兹堡大学孔子学院汉语教师志愿者,现任韩国京元高中汉语教师。她性格开朗,喜欢自由,深受同事和学生的喜爱和欢迎。

思考与实训

1. 结合案例及案例反思,谈谈如何与赴任国搭档老师相处。
2. 查找相关资料,了解韩国的校园文化及师生的日常习惯,并举例说明。
3. 查找相关资料,了解韩国互赠礼物的习俗和礼节,并举例说明。

如何分辨班级里的"男孩儿"和"女孩儿"

/ 张倩倩 /

泰 国

案例场景

我曾任教于泰国东北部呵叻府的一所学校。这是当地一所优质的公立中学，包括初中部和高中部。这所学校的代表色是粉色，学校的建筑以及师生们的制服都以粉色为主。

我所接触的学生涉及初一到高三的各个年级。每班人数都在40人左右，每节课50分钟。由于泰国两节课之间没有课间休息时间，加上每节课所在教学楼或教室的不同，以及学生们"zaiyinyin"（慢慢来）的性格，真正的每节课的教学时间常常被缩减至40分钟。这所学校的班级是按照学生的学习成绩划分的，比如一个年级有10个班，一班学生的成绩和综合素质是最好的，而十班的学生则是成绩最差、最调皮的。其中九班是中文专业班，他们从高一到高三会一直学习中文，中文水平比较高。

案例描述

"我叫范冰冰"

初次进入班级，看着眼前朝气蓬勃、穿着统一校服的中学生们，我感到十分欣喜和激动。互相作自我介绍是第一堂课的一个重要教学任务。高二年级中文班的学生已有自己的中文名字，所以他们都迫不及待地向我介绍自己。其中一个男孩儿更是夸张，他不停地走着S步，用双手指着自己对我说："老师，冰冰，我叫范冰冰。"

我当时很惊讶，他们竟然了解中国的演员，而且还很喜欢。我并不支持学生起艺人的名字，但由于他们已经习惯且喜欢自己的中文名字，所以我没有要求他们改名字。让我更惊讶的是，眼前这个自称"范冰冰"的"男孩儿"不仅拥有一个女生的名字，还画着精致的眉毛，脸上涂了一层厚厚的粉，嘴上还涂着粉色口红，举手投足之间都带着女生的娇羞。可是，即便如此，我还是可以看出他是一个男生，更重要的是，他穿的还是男生的校服。

或许是学生们看出了我的疑惑，大家都热情地指着"冰冰"向我解释说："人妖，老师，他是人妖。"

我更加惊诧了！学生们竟然说出这个词！正在我担心这会不会引发一场"冰冰"和同学之间的冲突时，"冰冰"却不以为然，并且还略带骄傲地对我说："老师，人妖，我是人妖。"

我尴尬地点了点头，不知道如何回应，也不知道他们从何种渠道知道了这个名称，不过，在接触完所有班级后，我发现每个班上都会有几个这样的学生。他们穿着男生的校服，却画着精致的妆容，并且都称自己为女生。他们课上课下都和女同学在一起，看上去关系非常亲密。他们很少和男生一起玩儿，而且，他们是进出女卫生间的。对于种种"反常"的行为方式，同学们似乎早就习以为常，只是初次见到这些情景的我，却觉得十分诧异和困惑。

"我不帅，我很美"

除了以上提到的明显想改变性别的学生群体外，还有一些隐性的群体存在。比如在学到"男""女"这两个词时，我曾经随口夸了一位男生，说他很帅，可是他却连连摇头，说："不，不，老师，我不帅，我很美！"

在我眼里，他明明就是一位英俊帅气的男生啊！而且，他并未化妆，也没有故作女生温柔的姿态。

当时我很疑惑，难道泰国的男生喜欢被夸"漂亮、美丽"，而不是"帅气"吗？后来，我才得知，这个男生也想成为女孩儿，只是他在学校时并不会表现出来；但在校外，他则完全就是一个女孩儿的模样——穿长裙，留长发并时常变换颜色，还有着精致的妆容。仔细观察，我还发现他说话时非常注意自己的用词和语气，表现得十分温柔可爱。

这次经历提醒我，仅仅通过学生在学校时的外表打扮，是不能完全判断出他们真正的性别取向的。

"我梦想成为女人"

"你的梦想是什么"，这是在学到"职业"这一话题时我在高二九班提出的问题。

"医生、老师、商人……"同学们纷纷举手回答，可是有一个男孩儿一直安安静静地坐着。

我走近他，又重复了一遍我的问题："你的梦想是什么？"

他说："我想成为一个女孩儿。"

他的回答让我一时语塞，不知道如何回应。可是这个学生并没有觉得自己的回答有何不妥，反而似乎有些骄傲，并开始学着女孩儿的样子做害羞状。班上的学生看到这一情景，也开始闹腾起来。为了尽快结束这一混乱局面，我只好转移话题，进入下一个教学环节。

下课以后，我和几个学生在教室里聊天儿。他们告诉我，要成为一个真正的女生要花很多很多钱，但是他们目前没有足够的资金去实现，所以打算以后努力工作，挣很多很多钱，去实现自己的梦想。

"那你们的梦想是变成一个女生？"我问他们。

他们使劲点了点头。

说实话，那一刻，我不知道外界会如何评价他们的这个梦想，但是我却被话中的真诚深深打动了。

案例反思

在世界上很多地方，第三性别往往是很难被人接受的。汉语中"人妖"这个词本身所包含的贬义，也充分体现了不同文化对这一群体的看法和态度。但是在泰国，人们对第三性别人群的包容度和接受度则很强。他们不会以异样的眼光和态度来区别对待这些人，而是视其为正常的存在。第三性别人群也不需要隐藏自己的性别取向和爱好，而是坦坦荡荡地活在阳光下。

更令人吃惊的是，这种包容和接受不仅存在于成年人中，而且早早地就萌发在了孩子们的成长阶段。在我任教的学校中，从初中开始，每个班都至少有一两个这样的学生。他们不会受到其他同学的歧视，反而有很好的人缘儿。老师们对他们也很友好，常常会把他们带到办公室，向其他老师夸赞他们的眉毛画得好看。此外，这些学生经常是学校活动中的主力和亮点。他们常常是运动会啦啦队的领头人，因为这会让他们如愿地穿上美丽的长裙，画上浓艳的妆容。

这种现象的利弊虽然还有待商榷，但我认为，作为汉语教师，我们在融入赴任国文化的同时，应该尊重其文化。关于某种敏感问题，我们可以持有自己的观点和态度，但是在面对这类人群时，要尊重他们的选择。汉语教师在与学生的日常交际中，应该注意使用恰当的语言表达，以免引起不必要的误会。

作者简介

张倩倩，北京师范大学汉语国际教育专业硕士。曾任泰国呵叻府学校（Chokchaisamakkee School）汉语教师志愿者，美国匹兹堡大学孔子学院汉语教师志愿者。

思考与实训

1. 阅读"案例描述"部分，作者在泰国任教时，经常遇到学生"心理性别取向"与"生理性别取向"不一致的情况，作者是如何处理的？如果是你，你会怎么做？

2. 结合"案例反思"部分，谈一下如果你在泰国从事汉语教学，你会如何分辨班里的男孩儿和女孩儿。

3. 阅读全文，谈一谈为什么泰国人对第三性别者的接受程度较高。请查询相关资料，了解不同国家的性别文化并举出实例。

你说的月亮不一定是月亮

/ 赖 迪 /

越 南

案例场景

我所任职的学校是新加坡国际学校在越南的一所分校,学校开设的课程是国际普通中等教育课程(IGCSE 课程)。中文课在这里属于二外课程,但也是学生们的主修科目。目前,学校一到四年级的学生每周会有三次中文课,五到九年级的学生每周有两次中文课。此外,幼儿园的学生一周也有两次中文课。由于目前师资匮乏,所以,整个学校的中文课都由我来教授。

与新加坡国际学校在越南的其他分校一样,我们校区使用的也是香港三联书店出版的《轻松学汉语》(Chinese Made Easy)系列教材。这套教材的优点是交际性实用性强,书中内容丰富,包括生词、课文、句子、对话等,还包括汉字的结构、部首、笔画。书里的知识点比较多,话题选择也与生活紧密相关,对于当地学生来说比较容易学习。但不足的是,书中知识点讲解比较粗略,拼音方面的内容偏少,所以,老师需要补充的内容比较多。

案例描述

令人担忧的识字现状

初到学校,我发现包括中国学生在内的几乎所有学生都不怎么会识字,更别提阅读了。但与之前教过的越南南部的学生相比,这里的学生整体口语水平稍好一些。但正如美国学者布鲁斯·乔伊斯等在《教学模式》(Models of Teaching)一书中提到的"阅读教学的失败是一种教育的严重失败"一样,不会阅读,学生的学习效率会很低,也很难进行自主学习或拓展学习。因此,提高学生的阅读水平迫在眉睫。然而,阅读得从认字开始,认字离不开拼音的学习。所以,高楼大厦还得从平地搭起。开学的第二周,我就带领学生们进行汉语拼音的学习了。

学生傻傻分不清的标调

汉语拼音中有不少字母的发音在越南语中都能找到对应或相似的音。比如,汉语拼音里的 o 在越南语中就有一个对应的音。不同的是,越南语中的写法是 ô,ô 发音时,开口度在 o 的基础上要稍大一些。此外,越南语里还有一个音 ơ,与汉语拼音里的 e 发音相近,等等。汉语拼音的发音对于越南语学生来说并非难事。但让我犯愁的是,学生总会标错声调或不知道把声调标在哪个字母上。我已经反复讲了好几次声调的标调规则,但仍有不少学生不知道把声调标在哪个字母上,也没有注意 i 标调后去掉上面小圆点的问题。

有一天,我批改完作业,再一次给那个把 i 的标调标错的学生讲解:"家宝,i 标声调时上面的圆点应该去掉,直接标上声调,知道吗?"

学生没有回答，她盯着我的眼神显得茫然而又无辜。那一瞬间，我气消了，也不知道说什么好。我开始思考到底哪里出了问题。

调整讲解思路

经过一番反思和调整后，为了让学生们更清晰地理解怎么标声调，我把"按 a、o、e、i、u、ü 顺序标调"的规则解析了一下，我先将 a、o、e、i、u、ü 按前后顺序，分别用数字 1、2、3、4、5、6 来表示，然后告诉学生，在一般情况下，拼音的声调标在数字小的字母上。比如 ai 中的 a 是数字 1，i 是数字 4，1<4，所以声调标在 a 的上面；ui 中的 u 是数字 5，i 是数字 4，4<5，所以声调标在 i 的上面，以此类推。而对于像 ang、eng、ing、ong 这样的拼音，因为 ng 不在 a、o、e、i、u、ü 队列里，所以声调应标在 a、e、i、o 上。这样一讲，学生们的思路果然清晰了很多，学习效果也增强了不少，越来越多的学生开始自主地用这样的方法去检查自己的标调是否正确。不过，当他们发现 iu 的声调是标在 u 上而不是标在 i 上时又犯嘀咕了：i 是数字 4，u 是数字 5，4<5，声调应该标在 i 上呀？嗯，是的。但拼音的世界远比这群学生想象的要神秘。当然，在有了前面的经验后，我是不会直接给学生们讲韵头、韵腹、韵尾这些抽象的概念的。因为这样的讲解方法反而会增加学生学习的难度，不利于他们自信心的培养。于是，我让学生们了解到 iu 其实是 i 和 ou 的组合。按照前面讲的方法，声调应该标在 o 的上面。然后，结合英语里的弱音现象，我告诉他们 iou 在发音时，o 也会像 of 中的 f 和 but 中的 t 一样弱化了。当我们在读 iou 的时候，o 就悄悄地跑了，而它头上的声调因为没有了主人，便跳到 o 的朋友 u 上了。这么一讲，学生们在后来的作业以及课堂练习中确实减少了很多错误。

案例反思

在给学生们讲解汉语拼音标调规则时,有好几次我都陷入了僵局。原本觉得越南语和汉语在发音上有很多相同或相近的地方且都是有声调的语言,学生在学习标调时应该不会有太大的问题,所以在讲解时,没有很认真地组织自己的语言,使其更简单易懂,也没有及时地让学生了解到越南语标调和汉语拼音标调的不同。

同样学习汉语拼音,中国学生与外国学生学习的过程肯定有所不同。中国学生与老师之间没有语言上的沟通障碍,所以小时候学习拼音时,中国学生认为给拼音标调是一个自然而然的过程,很少去深究其中的原理。可对于绝大多数的越南学生来说,他们的汉语水平有限,与老师的沟通存在一些障碍,老师无法用汉语来解释其中的规则和原理,只能采取一些灵活有效的办法,图文并茂地教授学生汉语拼音标调规则。

本文中提到的那个学生,在面对我的问话时表情茫然,其实是因为他听不懂我在说什么。我想,其他很多学生也没有听明白我说的话,更别提去理解汉语拼音标调规则了。那么我就应该反思一下自己的教学方法是否得当,是不是应该改变一下自己的教学思路和方法了。结合自己这段教学经历,我明白多元化的教学方式是多么重要。

中文作为一门外语教学,困难与魅力同在。为了今后能提升自己的教学效果,我总结了一些经验教训与大家分享。

一、不同语言文化相碰撞,得有耐心

就像之前提到的,对于中国学生来说,给拼音标调是一件简单得不能再简单的事。学生们能很自然地读准每个声调并洞悉标调的位置,也很少会问为什么。但对于外国学生来说可不是这么回事。所以,教师应该站在学生的角度以及文化立场去理解他们,教学时对他们保持耐心尤为重要。

二、多元化的教学方法很有必要

学生是一个想象力十分丰富的群体。上课时，教师除了进行口头讲解，还需要利用表情、声音、动作、图片以及游戏等方式去调动他们的积极性，尽量让课堂多样化，更富有层次感。这样，即使是在全中文的语言环境下，学生也比较容易理解。假如我之前在给学生讲解标调规则时没有及时调整策略，没有利用学生比较容易理解的数字代表拼音字母辅助教学，那么这群学生的拼音标调估计还是有很多问题。

三、遇到问题试着从学生的文化中找答案

对于圆点"·"在 i 标调后去留的问题，经过查阅相关资料，我发现越南语中的 i 在书写时通常会保留圆点。比如，越南语中表示南瓜的词 bí đỏ 中的 í 在手写时其实是没有去掉"·"的，声调直接标在 i 的上面。所以，有的学生在给汉语拼音标调时也习惯直接把声调标在 i 上。由此看出，教学中进行不同语言和文化的对比，从中找到差异，并进行有针对性的教学，其教学效果是比较好的。

当然，针对这种习惯性的问题，教师在平时教学中需要多次强调，慢慢地，学生也就记住了。比如，我基本会在每堂课给学生安排相关的练习：一到二年级的学生在随堂练习中给已学过的字词标调；三到五年级的学生在给字词标调的基础上，还需要给句子标调；六到九年级的学生则需要阅读大量的篇章段落，并尝试给段落中的句子加声调。最后在阶段性检测的时候，无论哪个年级的学生都要对拼音和声调进行听写。练习多了，学生们也就慢慢掌握了。

作者简介

赖迪,2015年毕业于四川大学锦江学院汉语国际教育专业。曾任职于印度尼西亚雅加达敏特汉语语言中心,新加坡国际学校越南头顿校区。现任新加坡国际学校越南下龙校区中文教师。

思考与实训

1. 案例中的老师教汉语拼音声调的标调规则时,使用了哪些具体的教学方法?
2. 中国学生学习汉语拼音与外国学生学习汉语拼音有什么不同?
3. 从汉外语言对比的角度设计一个教学片段(语音、词汇、语法均可)。

究竟是几点

/ 郑艺铭 /

印 度

案例场景

我所任教的印度韦洛尔科技大学孔子学院是郑州大学与印度韦洛尔科技大学合作运营的孔院。该孔子学院总部位于印度南部韦洛尔科技大学韦洛尔校区内。自孔院建立以来,师生交流密切,成为印度南部推动汉语在印度生根发芽的一支很重要的力量。孔院除了负责日常的教学和HSK考试,还多次举办和承办文化交流活动。同时,由于孔院教师除了负责教授孔院自主设立的课程外,同时还教授该校基础汉语综合选修课,因此我与该校工作人员交流十分密切,经常受邀参加学校的大型语言文化活动。

案例描述

突如其来的邀请

为了迎接来自世界各地的留学生和教师,为了加强交流、展示不同国家的文化和风采,韦洛尔科技大学一年一度的"世界旅游日"活动马上就要来临。孔院教师在该活动开始五天前收到了校方的邀请,校方希望大家出席并参加表演。

韦洛尔科技大学孔子学院历来重视与当地学校的交流与合作,为了传播中华文化,加强与校方的相互了解和沟通,面对突如其来的任务，孔院教师积极准备，并以邮件回复的方式告知了校方将要表演的内容和形式。

一变再变的通知

自上报节目单后，孔院便没有收到任何与此活动相关的其他信息，也没有相关工作人员进行接洽。直到演出前一天下午，孔院负责人收到消息，说第二天演出前要进行彩排，要求大家第二天上午九点在办公室集合，等待该活动的最新通知。第二天，大家如约而至。但是直到上午十二点依旧没有任何消息，发送邮件询问也未收到回复。

在孔院待了一年的前辈告诉大家，根据以往经验，活动可能被临时取消但没有通知到位，或者活动开始的时间点不准。为防万一，负责人建议大家等到活动原本计划开始的时间即三点，如果有变化，大家再另做计划。下午三点五十，大家突然接到通知，说演出10分钟后开始，并被告知演出地点，大家立即紧急集合并赶赴现场。

沟通解决矛盾

到了现场，我们立即向工作人员反映了未及时收到信息的情况，同时准备音乐伴奏并积极候场，保障了后面演出的顺利进行。事后，我们与活动负责人就此次事件前后出现的问题进行了沟通。原来，由于场地设备问题，校方临时取消了彩排，但当时正处于新学期刚开学，孔院教师的信息还未录入教学系统，因此工作人员没能及时联系到我们。后来我们互相留下了联系方式，希望下次活动能够及时交流和沟通，我们也向行政主管部门反映了教学系统信息等问题，很快得到了解决。同时，由于此次突发事件的教训，为了加强沟通并促进合作的顺利开展，后期孔院负责人和校方就整个学期的教学和活动计划进行了探讨，双方明确了全部活动的时间和大致主题。另外，孔院教师也请教了当地的教师和学生，对印度人的思维观念、风土人情及学校教务、活动开展等方面有了更多的了解。

案例反思

从表面来看，这次活动在流程跟进和细节等方面存在诸多问题。但是仔细想想，其实这次事件背后折射出的是印度与中国不同的时间观念及跨文化交际问题：

第一，从地理位置来看，印度大部分地区处于热带、亚热带，一年四季都能生产粮食。但生活在温带、寒带的人，错过了播种时间就会影响下一年的收成。因此相较而言，印度人对于时间要求没有那么严格。

第二，从宗教方面来看，印度教认为人是有轮回的，前世因造成今世果，今世果又成来世因，这辈子做不完的事可以等到下辈子继续做，因此他们的时间观念相对淡薄。同时，印度教认为时空在无限循环，人这一生也不过是循环时空的一小段时间，相比之下，几分钟、几个小时便显得微不足道。

第三，此次活动前后，孔院教师与校方工作人员双方缺乏交流和沟通，没有实时跟进活动开展情况，从而导致信息延误，未能及时传达。

因此，面对这种情况，我们应当遵循入乡随俗原则和求同存异原则，灵活应变，加深两国人民之间的了解。同时为了避免以后再出现类似问题，我总结出以下几点建议：

1. 我们应该提前与活动负责人就活动的各个问题、环节等情况进行沟通，并明确双方的职责。孔子学院是推动中印文化交流的桥梁，除了日常教学、考试及文化活动，多多加强与学校的交流无可厚非。但是孔院也是独立的机构，在与校方的沟通交流中要保持主动，保证沟通交流的有效性。

2. 学会换位思考，了解并尊重当地文化、生活观念和习俗。想要有效地进行跨文化交际，应当对对方的文化背景、生活习俗和民族特点有基本的了解，从而降低误会产生的可能性。同时以客观包容的态度尊重对方，学会站在不同的立场考虑问题，努力做到"求同存异""兼容并包"。

3. 采用合理的方式进行沟通，维护自己的合法权益，但是要尽量避免正面冲突。国外的大学一般都设有专门负责孔院事务对接的部门，有任何活动或事务都可以提前告诉相关工作人员自己的规划并进行商议。如果学校安排的任务与孔院工作相冲突，可以积极进行协调。同时以恰当的方式让对方了解和理解自己的时间观念及思维方式，这样才能更有效地促进跨文化交际的顺利进行。

4. 做好应急准备。为防止突发情况的发生，孔院还要提前做好预案工作，以便更好地处理突发状况，更妥善地解决问题。

作者简介

郑艺铭，郑州大学汉语国际教育专业硕士，曾在印度韦洛尔科技大学孔子学院担任汉语教师志愿者。任教期间，主要负责教授汉语基础选修课、提高班课程，同时还负责孔院办公室相关行政工作。工作期间，与所在学校及相关工作人员沟通密切，对中印跨文化交际中出现的问题多有观察和反思。

思考与实训

1. 阅读"案例描述"部分，谈一谈作者在面对活动通知临时改变、沟通不及时的情况时是怎么做的。如果是你，你会怎么做？

2. 阅读"案例反思"部分，谈一谈如果你在参与校方活动时遇到时间文化差异和跨文化协调的情况，会如何处理。

3. 阅读全文，结合相关资料，谈一谈中国的时间观念和印度相比有何不同。你如何看待这两种不同的观念？

老师，我们都是马来西亚人

/ 罗晨阳 /

马来西亚

案例场景

我所任教的马来西亚新纪元大学学院是由马来西亚华人创办的民办高校。该校在 2015 年设立研究所，在马来西亚华文教育的基础上，进一步强化该校的华文教育与华文研究，放眼东南亚华文教育，并积极开展国际交流与合作。该校分别开设了初级华文、中级华文以及高级华文课程，且华文课属于必修科目。其中，基础中文以培养学生汉语的听、说、读、写能力为主。同时，初级、中级和高级阶段以向学生介绍和讲解优秀的中华文学作品为主。学校还开设了应用华语教学专业（TCSL）、中华研究硕士和博士课程以及中文（荣誉）学士课程。该校非常注重华语教育以及华文研究，学校不仅为非华裔教职工免费开设了华语课程，附近中学的老师和学生也可以免费学习该课程。我所教授的学生便是该校的非华裔教职工，以马来西亚人和印度人为主，每周 8 课时。他们学习华文的主要目的是方便日常工作交流，侧重听说。

案例描述

刚到学校的第一天，负责人就将课程表发给了我，通知我第二天下午五点半开始上第一节课。学生主要是该校的教职员工和附近中小学的学生。他们每天下班或放学后来上课，而且上课的人数不固定，所以直到第二天上课前5分钟我才拿到学生的名单。第一节课班里来了八个中学生、两个小学生、一位中学老师和三位大学老师。由于是第一节课，我以介绍汉语相关知识和自我介绍为主。介绍汉语知识时，我分别简单讲解了拼音、汉字、声调等部分，接着就进入自我介绍环节。我想让学生分别介绍自己的名字、职业、国籍，于是我努力地引导学生说出自己的名字、职业等信息。但是，因为学生大多数为印度人，他们的名字非常长，所以读起来特别困难。再加上上课前5分钟我才拿到名单，所以我没有充足的时间完全熟悉学生的名字。于是，在自我介绍环节，我刚开始时一直使用人称代词来称呼学生。

一开始，学生对于"你、我、他（她）"基本上没有概念，在我频繁的练习与提问下，大家逐渐明白了其中的含义。可能学生也发觉出我念他们名字的困难，所以大家在介绍名字的时候，主动说出了自己的小名。于是经过第一轮介绍，我就完全记住了所有学生的名字。

接下来我开始引导学生介绍职业和国籍。介绍职业时比较顺利，大家一会儿就介绍完了。最后是介绍自己的国家环节，因为"马来西亚"是四个字，说起来相对比较困难，有的学生就自动省略为"我是马来人"。这时就有学生追问："老师，这样也可以吗？"当时我不知道是紧张还是兴奋，不加思索便毫不犹豫地说："可以的！"当我正要提问另一个学生时，那位中学老师打断了我，她说："老师，马来人和马来西亚人真的一样吗？"当时我愣了一下神，因为对这个问题我还真没有认真研究过，不知道该如何回答。

这时，旁边一位中学生用英语提醒我："老师，我们马来西亚人主要由印度人、马来人和土生华人组成，马来西亚人和马来人是不一样的。"我这才恍然大悟，原来马来人并非马来西亚人的简称，而是马来西亚的一个民族。这时,一位大学老师大声说:"老师,我是马来人。"其中几位中学生说:"老师,我们是印度人。"大家都争相开口介绍自己来自哪个民族。

这时我也就随机应变,顺着大家的话,一边做动作一边说:"你是印度人,你是马来人,你是华人,你们都是马来西亚人。"学生们也齐声重复:"我们都是马来西亚人。"

这个尴尬终于化解了,整节课在热烈的气氛中结束了。

案例反思

大概有不少人在潜意识里,会认为"马来人"就是"马来西亚人"的简称,其实这是错误的。马来西亚人是指拥有马来西亚籍的人士,主要包括马来人、印度人、华人以及其他少数民族的人。"马来人"并非"马来西亚人"的简称,马来西亚人通常简称自己为大马人或者马国人。马来西亚本土华人可以称为马来西亚华人、大马华人或马国华人。

这些民族对自己的身份划分是非常明确的。一般在被问是哪里人的时候,他们的回答一般是从民族概念的角度回答,而不是国籍概念。比如"我是印度人""我是马来人"。其实关于"你是哪里人"这种类似的问题还有更细的区别。比如,一般我们问"你是哪里人"的时候,对方的回答可能是"我是吉隆坡人""我是马六甲人"等。但当问及"你是什么人"时,对方才会回答"我是印度人""我是马来人""我是华人"。

但是有一点我刚开始时感到困惑不解,那就是在回答自己是哪里人时,为什么人们首先从民族概念的角度来回答呢?后来我才明白原来是因为文化差异、民族间的差异非常明显。在马来西亚,印度人、华人、马来人生活的区域不一样,其生活方式、消费水平都略有差异,这使得他们对自己民族的认同感极为强烈。

另外还有一个深层次的原因,就是生活在马来西亚的印度人、华人都是很早以前从印度和中国迁徙过去的,那时候因为语言不通,生活方式不同,印度人和华人都更习惯于生活在自己民族的社区中,即使他们的国籍已经改变,他们也会不断地向子孙后代介绍自己的祖辈来自哪里,所以他们回答此类问题的时候,比较倾向于从民族的角度来回答。

总之,我们每个人的民族认同感都是非常强烈的,所以,这样的回答就不难理解了。因此我们应该学会换位思考。

通过第一堂课的经历,我也认识到,作为一名汉语教师,应该提前了解任教国家或者任教地区的民族、文化、风俗以及人员构成等情况,这是非常重要的。当时幸亏我随机应变,没有随便回答,否则就会很尴尬了。

为了避免类似的情况发生,我再次提醒大家应该注意以下几个问题:

1. 充分了解任教国、任教地区的相关文化。马来西亚作为一个多民族国家,其民族融合非常好。三个主要民族的重大节日,全国都会放假。整个国家的生活节奏除了发达城市以外,都相对较慢。作为一个移民国家,其多元文化并存,在食物方面,也表露无遗。马来西亚汇集了本土民族、中国、印度和西方的食物,使得各种风味的美食琳琅满目。

2. 上课前应主动询问学生名单,提前了解学生信息。作为一名走出国门的汉语教师,积极主动非常重要。如果所在的学校没有主动提供学生名单及相关信息,应主动与负责人联系。对于自己不熟悉不了解的各种情况应该积极向当地老师请教。

3. 课堂设计需灵活,力争形式多样,内容丰富。教师可适当根据学生的具体需求准备教学内容。同时课堂上需要教师具有随机应变的能力,对学生提出的各种问题具体分析,自己一时答不上来的问题可适当放下,待核实查证后再作答。

4. 尊重当地人的风俗习惯及宗教信仰。在马来西亚，大部分马来人信奉伊斯兰教，说马来语，奉行马来风俗。而印度人和华人也有自己的宗教选择和风俗习惯。因此汉语教师应注意这方面的知识积累，不去触碰跨文化交际中的敏感问题，与学生平等、友好相处。

作者简介

罗晨阳，澳门科技大学汉语国际教育专业硕士。本科期间，曾在泰国孔敬府曼乍奇里中学教授初中三年级和高中一年级的汉语课程。硕士研究生期间，作为研究生助教，曾教授来华留学生的汉语课程。在马来西亚新纪元大学学院实习期间，担任该校中文教师一职。除了课堂教学以外，还曾在线上教授泰国学生汉语课程。

思考与实训

1. 阅读"案例描述"部分，作者在提问学生时误将马来人等同于马来西亚人，有学生提出了疑问。作者当时是怎么处理的？如果是你，你会怎么做？
2. 结合"案例反思"部分，谈一谈在任教之前，你应该对学生做哪些了解。汉语教师应该具备哪些跨文化交际知识？
3. "案例反思"部分提到教师需要具备随机应变的能力，当你发现自己准备的教学内容高于学生的汉语水平时，你应该怎么做？

领导的期望有点儿高

/张 月/

菲律宾

🎬 案例场景

我所在的公司是一家着眼于全球商务语言培训的公司。公司提供远程语言培训、在线学习、写作辅导及其他补充方案的课程或服务,帮助跨国公司与国际合作伙伴沟通。截至目前,公司已经在跨国商务和跨文化管理方面,协助全球两千多家公司(如中国的海尔集团等)的 20 多万名学员获得了技能上的提高,客户满意度高达 98%。

我有幸以"国际实习生"的身份加入公司内容开发中心开发汉语课程。在我和另一位搭档的努力下,汉语在线自学平台成功设立,很多客户在使用自学平台之后,开始询问是否有真人在线的汉语项目。公司经过再三考虑,决定让我作为第一位在线汉语教师,来测试一下汉语项目的在线课堂效果。

💬 案例描述

在项目组长刚向我提出"在线汉语教师"这个提案的时候,我心里波涛汹涌,激动万分——能够重新进入课堂上课,是我盼望已久的事情。在这之前,我一度因为怀念和学生真切交流的线下真实课堂,动起了去公立学校工作的念头,最后是组长的几句话让我决定留下来:

"现在汉语在线自学平台的内容有一半是你做的。相比其他的语言教师，你对平台更熟悉，会更好地安排课堂材料。目前这个项目还在试验阶段，而汉语对我们来说，不论是内容还是上课形式都是新领域，所以我们希望你能留下来，和我们一起打好这第一仗。"这一番话，把我心里的犹豫扫净，我摩拳擦掌，准备在这个新的领域开疆拓土。

然而，在接下来的培训课中，我的昂扬斗志却被语言障碍泼了冷水。

公司在培训英语教师方面已经有了十几年的经验，但是汉语教师方面却没有前人来为我指导。主管经理没有选择，只能请培训英语教师的培训师来给我做指导。

第一次培训定在了周二的下午，时间为一个小时。我早早到了会议室等待。培训会开始后两三分钟，一位身材精瘦、西装革履的中年男士走进会议室。他先和我礼貌性地打了个招呼，说他就是培训我的老师，然后目光便从我身上撤回。他托了一下鼻梁上的眼镜，放下手中的笔记本电脑，打开投影仪，找画面，调亮度，一系列连贯的动作让安静的会议室变得更加安静，只能听到机器调试时偶尔发出的杂音。

这次培训总共分两个部分：公司介绍；上课平台介绍。

公司介绍部分进度很快，因为我在做实习生时已经了解过了。但是在这部分快结束时，出现了一个乌龙。培训师提到了公司签约教师的合同，说每位老师会有六个月的试用期，六个月内不享受正式员工的福利待遇。事实上我是在公司内部调动的，并不是新员工，公司在和我签合同的时候并没有说有六个月的试用期。在培训师说完之后，我就向他说明了这个问题。他看了我一会儿，说让我稍等，便离开会议室去了人事部。没多久，他回来说，确实我没有六个月的试用期。尽管这个乌龙解开了，但是我心里好像结了一个疙瘩似的，直到培训结束。

第二部分为介绍网络课程平台的使用方法。在这一部分，我语言能力的不足暴露无遗。公司自主研发的网络平台分为教师页面和学生页面，由不同的通道分别进入。教师页面的上课窗口中有三个分区：permanent bar（永久栏），left pane（左窗格），right pane（右窗格）。永久栏贯穿课程窗口顶部，提供学习者的关键信息以及其他超链接按钮。除此之外，培训师还讲了这些信息何时需要被修改以及按钮何时需要被按下。左窗格可以用来编辑信息，查找课程资源和报告；右窗格则是专为写当堂课的课程报告用的，其中也有许多超链接与左窗格按钮相连。

如今我可以非常熟练地介绍这些分区的功能和名称，而在当时，我却是一头雾水。且不说这些英文名称很多是第一次见到，各种功能备注也令人眼花缭乱，而且培训师的语速有些快，我有点儿跟不上。当他对着 PPT 快速流利地讲解时，我则瞪大了眼睛全神贯注地想搞明白这些英文单词。尴尬的是，还没等我把所有的英文单词认全，临时测试就来了。只见屏幕突然被关掉，培训师在白板上画出一个跟刚才网络课程平台差不多的页面，上面有三个空白的分区。培训师坐直腰板，身子一扭，上来就问我："最上面的那个分区是什么？请你写出来。"我握着笔的手在白板前晃了晃，犹豫了半天，终于写出来我记住的唯一一个字母 P，然后就停住了。我回过头小心翼翼地看了看培训师，只见他盯着这个大大的 P 看了好一会儿，摇了摇头，又问了一句："那左边的分区是什么？"我咬咬嘴唇，使劲想了想，可是脑子里还是一片空白，于是我索性写了一个"left（左）"，又转过头去看他。培训师满脸无奈地微微笑了一下，问："那右边的分区你知道吗？"我索性破罐子破摔了，握了握手中的笔，在那个空白分区里写了一个大大的"right（右）"。临时测试在尴尬的气氛中结束了。

我回到座位上。培训师叹了口气，又重复了一遍刚才讲过的内容。这一次我感觉他的讲解好像比第一遍更快了，只是比第一遍时多了些眼神交流，似乎在问我听明白了吗。

一个小时的培训时间所剩无几。第二遍讲完，培训师突然改变了画风，整个氛围轻松了些。他变得和蔼起来，鼓励我说，参加完这次培训后，我的第一节在线课一定没有问题。听到培训师的鼓励和安慰，我瞬间有了一点儿勇气，对他说："我能不能说一点儿自己的想法？"

培训师说："当然可以，你是对培训课有什么想法吗？"

我点点头说："是，我觉得这节课很好，内容也很实用。但是我想说的是，您能不能讲解的时候不要那么严肃，稍微笑一笑行吗？"我一边说一边做出一个笑脸。

"啊？我很严肃吗？"培训师像是吃了一惊，"不好意思，我刚才只顾着讲课了，没意识到自己很严肃。其实我脾气很好的，经常开玩笑。"培训师一脸和蔼。接下来，为了证明自己很"幽默"，他问我："你多大了？你猜猜我今年多大了？"

我从小心翼翼的状态中慢慢缓了过来，壮着胆说："我今年23岁。您有40岁吗？"

他一拍大腿说："我快50岁了，都可以当你爸爸了！"

说完，我俩都有点儿尴尬，互相笑了笑。不过这个尴尬的问答却也多少缓解了刚才上课时的尴尬。

"下次上课，您能多给我点儿时间吗？"我"得寸进尺"地要求，"您可以先把培训材料发给我，我先预习，然后我们推迟几天再上第二次课。因为在这节课里，我有很多单词都不认识，所以这次上课真让您费心了。"我小声说明我的情况。

"很多单词不认识？你的英语是在哪里学的？"培训师一脸惊讶。

"就是在中国上学时学的，没有在校外特意学过。"我实话实说。

"那你来菲律宾多久了？"

"一年,去年八月来的。"

"才一年啊!"培训师像是明白了什么,"这么说,你的英语还不错。我也很抱歉,我以为你已经很了解这些词了。"

"不是,很多词都是新的,我从没见过。我的英语还没有那么好。"

"好吧,"培训师点了点头说,"那我们就先推迟下一次的培训,你先熟悉一下培训内容,下次我们就可以轻松点儿了。"

就这样,第二次培训课被推迟了一个星期。这一个星期里,我每天除了完成自己的工作,其他时间基本都一头扎在培训材料和词典里。为了缓解培训的紧张感,我还特意咨询了其他语言老师,"自作主张"地旁听了几节课。有了这些准备,接下来的几次培训进行得都比较顺利。最后的考核我以满分的成绩正式成为公司的线上汉语教师。

案例反思

从决定留在公司,到第一次培训开始之前,我整个人都非常兴奋。我每天都在准备撸起袖子随时待命,但是由于过分高兴,自己也有点儿飘飘然了。我对自己的期望过高,导致第一次培训时挫败感很重,一度怀疑自己能不能胜任这个工作。好在我没有沉溺在挫败感中,而是积极寻找解决办法,有效沟通,最终让自己顺利度过了培训阶段。

反思我在整个培训过程中的表现,我的经验是:

第一,身在异国,语言学习一刻也不能放松。一门语言要精通到可以了解各种专业词汇的地步,需要日积月累持续不断地努力,有目的地进行词汇学习和积累。比如我的书架上除了有一本词典,其余都是和语言教学、商务、二语习得研究相关的英语书,我经常阅读这些书。这样做,一方面可以了解相关领域的研究,另一方面在阅读的过程中也可以积累更多与专业相关的词汇。

第二，跨文化环境中的工作态度要"一是一，二是二"。在跨文化环境中工作，有时因为文化、语言或者对方性格的原因，有些信息沟通会出现偏差。为了尽可能地避免这种情况，一定要及时表达自己，及时反馈，这样做也是为了让工作能够顺利进行。比如第一次培训时，培训师对我的情况并不了解，对我英语水平的期待过高，理所当然地认为我会理解他讲解的全部内容，这是导致第一次培训时尴尬情况的主要原因。如果我们两个人当时不沟通，对误解放任不管，恐怕无论是我还是他，都很难完成接下来的培训任务。

第三，克服恐惧，合理提出诉求。在陌生的环境里工作，尤其是在一个不同文化背景的环境中工作，有担心是难免的，比如怕出错、怕和别人不一样、怕给别人添麻烦等。克服恐惧最好的办法就是及时思考如何解决问题，提出自己的合理诉求。如果觉得自己不能处理，要立刻寻求帮助，尤其是团队分工任务，这样才不会耽误整个工作进程。比如我的第一次培训课，"临时听写单词"已经超出了我的英语能力范畴，但是当时我没有立刻反馈，所以才让自己变得很窘。后来我主动请求培训师改变讲课风格，同时请求推迟下一次培训，并利用接下来的一周旁听其他老师的课……这些事情，其实都是我在克服了自己的心理恐惧后的一些合理诉求。至于如何判断提出的诉求是否合理，那就要看这个诉求是不是建立在促进公司的发展或者项目发展上了。

总之，汉语教师在异国他乡工作，跨文化交际不只出现在课堂，还出现在课堂以外的方方面面。在世界"汉语热"的大背景下，对外汉语教学领域也慢慢有了更多需求。这就需要汉语教师不能再只局限于传统课堂，而是要有更广阔的职业选择，同时也需要面临更多的跨文化、跨语言的挑战，但只要自己能有意识地学习和控制，就能慢慢适应充满挑战的每一天。

作者简介

张月,大学本科期间在新环球汉语培训基地做了两年兼职汉语老师,之后通过海外志愿者平台,申请到菲律宾的商务语言培训公司做汉语课程开发项目实习生,正式赴菲开始实习工作。同年十月,转为汉语课程开发顾问,后以线上汉语教师身份与公司签约,并继续负责汉语课程开发项目至今。

思考与实训

1. 阅读"案例描述"部分,作者在公司培训时遇到了什么问题?第一次培训结束后,作者提出了什么请求?如果你是作者,你会怎么处理?

2. 在"案例反思"部分,作者是如何处理跨文化工作环境中遇到的问题的?在国外遇到语言交流问题时,你觉得还可以怎么做?

3. 正如文中提到,跨文化交际不只出现在课堂,还出现在课堂以外的方方面面。假设你初到国外的一所国际学校任教,请列举出你可能遇到的挑战和应对挑战的准备。

不能吃的月饼

/ 李艳艳 /

印度尼西亚

案例场景

笔者曾在印度尼西亚（以下简称"印尼"）哈山努丁大学孔子学院（以下简称"哈大孔院"）担任外派汉语教师。当时哈大孔院有四个教学点，笔者第一年所在的教学点设在校外，属于社会补习班性质。这个教学点设置的汉语课程每季度一期，每期开设少儿班、入门班、初级班、中高级班四种班型。其教学对象身份不一，包括不同层次的学生、商人、教师、公司职员等；学习者以华人为主，当然，印尼本地人的学习人数在呈上升趋势；教学目的以提高学生的汉语水平及文化兴趣为主。

笔者下面要讲的故事发生在一个由当地华人与印尼本地人19人混编的高级班，讲述的是在一次文化课上，师生之间因宗教禁忌而引发的一次"小误会"。

案例描述

那一年中秋节的前一天晚上，我所教授的高级班正好有一节文化课，于是我就把主题定为了"中秋节"。按照中国的传统习俗，中秋节意味着团圆，要吃月饼、赏月。为了加深学生们对这一节日文化的理解，我提前准备了关于中秋节的PPT和视频短片，还特意跑到当地的华人市场买了最好的蛋黄月饼，打算上课时让学生们一起分享。

课程进行得很顺利，学生们饶有兴趣地听完介绍，也看完了视频，大家讨论了一会儿，最后到了品尝月饼的环节。我端着事先切好的月饼按顺序分发，拿到月饼的学生高兴地吃起来。可是，当我走到一位印尼本地人面前时，他刚想伸手去拿月饼，却又把手缩了回去，只听他问道："老师，这个月饼是用什么油做的？"被他这么一问，我愣住了，这是什么油做的啊？我还真没想过这个问题，而且确实也不知道答案。

这时，班里的一个华人学生问："老师，您是在哪儿买的？"

我说："Bajang市场那家店，听说他家的月饼是这里最好吃的。"

那个华人学生说："哦，老师，他家月饼是好吃，不过一般华人做月饼用的都是猪油，印尼人不能吃。"

我马上意识到自己可能犯了一个很严重的错误。不会前面已经有印尼人吃了月饼吧？那我的罪过可就大了。我回头扫视了一下，幸好，前面分到月饼的都是华人。可是，月饼都发了一半了，印尼学生不能吃，那剩下的华人学生，还要不要继续发给他们？距离下课还有10分钟，剩下的时间怎么办？这些念头在我的脑海里闪了几秒，哎，不管了，先停下再说。

于是，我走到讲台前，放下手中的月饼说："同学们，对不起，老师不知道这个月饼是用什么油做的，所以今天可能有的同学没法吃了。不过没关系，今天没有吃到月饼的同学下次课老师会送给你们一个中秋节礼物哦。"我观察到刚才那位印尼学生脸上紧张的表情缓和了很多。于是我又接着说："中国人过中秋节呢，还有一个习俗，那就是赏月。全家人团聚在一起，一边赏月一边聊天儿，那是多么幸福的事啊！然而，在这样一个团圆的节日，有些人却不能和家人团聚，他们只能望着天上的明月思念自己的家乡和亲人，那最后让我们一起来听一首和思念有关的歌曲吧，歌曲的名字就叫《望月》。"

听完歌正好要下课了。看着大家陶醉的样子，我想，美妙的音乐应该已经冲淡了一些"不能吃的月饼"带来的尴尬吧。

就这样，这堂文化课结束了。下课后，我把剩下的月饼分给了那几个没吃到的华人学生。下一次课，我把自己从国内带来的剪纸送给了没吃到月饼的印尼学生，他们拿到礼物后也很高兴。

案例反思

汉语教师在海外课堂开展文化教学，除了讲解和让学生观看视频，有条件的情况下，一般还要增加体验环节，以增强趣味性，加深学生对中国文化的理解，如春节包饺子、端午包粽子等。但是如果涉及饮食禁忌的话，教师应考虑得周全一些，事前应全面了解学生的宗教信仰和饮食禁忌。

我所任教的国家印尼是一个以伊斯兰教为主要宗教信仰的国家，穆斯林在饮食、服装、卫生等方面有很多禁忌。比如穆斯林不能吃猪肉。而当地华人制作的月饼为蛋黄月饼，为保证口感，他们一般用的是猪油。吃猪油做的月饼对穆斯林学生来说，当然是一大禁忌。

其实，关于穆斯林禁食猪肉这一点，我是知道的，平时也很注意，但是在月饼用油方面确实疏忽大意了，差点儿犯了大忌。为了避免再出现类似问题，我事后进行了深刻的反思，总结如下：

第一，事前考虑全面。做事情不能想当然，要考虑周全，尤其要注意尊重当地的一些宗教信仰、风俗习惯。赴任前，老师们一般都会参加培训，对赴任国大概的风俗禁忌都已经有所了解，但往往会由于一些平时注意不到的细节而犯错误。这就要求汉语教师在海外生活中要多留心、多观察、多了解。比如我自身的例子：我了解伊斯兰教禁食猪肉这一风俗，可谁知道月饼里放的是猪油呢？这个细节确实不容易注意到。为了进一步了解情况，过后我又查询了相关资料，其实月饼用油种类很多，有猪油、玉米油、花生油等。不过传统月饼一般用的是猪油，因为猪油做出来的月饼口感柔软，味道更加香浓。我所任教的地区住着很多华人，他们的祖籍地以广东、福建为主，华人制作月饼还是沿袭了传统的制作方法，因此大多用的是猪油。如果我提前考虑到这个细节，就不会发生这次误会了。好在先拿到月饼的学生都是华人，否则后果会更严重。

第二，遇事不必慌张。遇到突发状况，首先要迅速调整状态，理清思路，采取恰当的解决办法。汉语教师在海外任教，难免会遇到文化差异带来的各种问题，问题出现后不能隐瞒、欺骗、回避，要直面问题，实事求是地说明原因，诚恳道歉。其实，学生跟老师相处一段时间后都会建立感情和信任感，面对老师无意的"失误"，只要解释清楚，学生一般都会宽容和理解。案例中我先让大家停止吃月饼，这是对印尼学生的尊重；然后道歉并解释了原因；最后10分钟我用让大家听歌的方式转移了大家的注意力，淡化了问题的焦点，同时补充了知识，最后问题得以妥善解决。

第三，事后及时补救。遇到问题和挫折并不可怕，也许它正是老师进步的一个绝好机会。比如案例中，我在事后准备了剪纸送给那几位没有吃到月饼的印尼学生，他们收到后非常高兴，因为只有期末考试成绩优秀的学生才可以得到剪纸。这件事情反而成了加深师生之间感情的契机和纽带。

最后，结合我的亲身经历和反思，针对伊斯兰教的有关宗教禁忌，我在此提醒大家注意以下几点：

1. 日常生活。在伊斯兰国家，公共区域特别是办公室是不允许带非清真食品的。如汉语教师被安排住在穆斯林学校内，一定不能将含猪肉或猪油的食物、含酒精饮料等非清真饮食带入。

2. 教学工作。选教材时，最好先查看一下教材中是否出现了回锅肉、糖醋里脊之类的菜品及图片。如必须使用，出现相关内容时不要过多讲解，淡化处理。涉及十二生肖时，遇到"猪"也要刻意淡化。再如，为学生播放关于中国文化的电影或视频时，避免播放出现有猪的场景或带"猪"字眼的电影或视频。

3. 文化活动。如举办美食节之类的活动，一定要注意不使用猪油。展示时可在宣传海报或横幅上说明食物可放心食用。

4. 穿着打扮。印尼人在穿着上总体比较保守，女性不要穿无袖的衣服，因此平时上课要穿长袖的衣服。如有国内文艺团体赴印尼演出，应提前告知表演团成员表演时不能露胳膊或肚脐。印尼人在重大节日时喜欢穿白色的衣服，赴任前汉语教师可提前准备一套，如到当地再买，款式上有局限性。

作者简介

李艳艳，大连外国语大学讲师，孔子学院专职教师，曾任教于韩国顺天乡大学孔子学院、印度尼西亚哈山努丁大学孔子学院。在多年的国内外汉语教学工作中积累了丰富的教学实践经验，并对外派汉语教师如何适应孔院工作和生活有诸多思考。

思考与实训

1. 在"案例描述"中,该教师在问题出现后采取了哪些补救措施?如果你遇到这种情况会怎么处理呢?你认为文化课上请学生品尝食物的做法合适吗?为什么?

2. 在"案例反思"中,该教师提到,在课前自己已经对伊斯兰教的饮食禁忌有了一定了解,那她为什么还是在课堂中遇到了问题呢?请你找出该教师自己总结的原因并思考其他的可能原因。

3. 如果你是一个无宗教信仰人士,而即将赴任的孔院所在国信奉伊斯兰教,你得知自己将被分配到穆斯林中学任教,不能吃猪肉,你会服从安排、"入乡随俗"吗?请进一步思考:融入当地是否意味着"文化身份"的转变?二者的关系应该如何处理?

印尼慢生活

/赵 媛/

印度尼西亚

🎬 案例场景

我所任教的学校有个好听的中文名字，叫圣天使学校，它位于雅加达的西部，是一所天主教学校。学校规模不大，分为幼儿园部和小学部。我工作的小学部有6个年级，每个年级一个班，共130名学生。学生基本上全部为华裔，家里有一定的汉语语言环境，家长对汉语也比较重视，希望孩子能够学好汉语将来去中国读书。每个班每周有4节汉语课，每节课60分钟。学校重视对学生听、说、读、写各方面能力的培养，尤其重视对学生的口语表达能力和汉字书写能力的培养。因此，每周会有汉字听写测验，每月会有汉语口语测验，意在通过测验督促学生学习，也让老师更好地了解学生学习汉语的情况。

💬 案例描述

"老师，你为什么每天都很焦虑"

突然有一天，校长把我叫到办公室，特别严肃地问我，最近是不是特别焦虑，状态不好，上课总是很着急。校长还说，如果我状态不好，可以请假调整一下，不要带着焦虑的情绪来上课。校长突如其来的问题让我感觉一头雾水，我不知道自己究竟做了什么才会让他产生这样的感觉。我脑子里飞快地回想着那段时间教学上的所有细节，试图从中寻找到蛛丝马迹，找到自己焦虑的原因及表现。但是无论我怎么想，都无法找到答案。

在我心里，我认为那段时间的工作效率很高，上课的进度较之前的一个阶段也加快了不少，而且学生们的课堂表现、汉字听写测验和口语测验的结果也非常好。我真的没有理由焦虑啊。于是，思考了两三个小时却依然百思不得其解的我带着满脸的困惑再一次走进了校长办公室，希望从校长那里得到答案。校长直截了当地问我，最近上课是不是经常让学生快点儿写，快点儿读，经常把"快点儿"这个词挂在嘴边。而且每周的听写和作业是不是也布置得很仓促，没有给学生充足的时间完成作业；为听写测验做准备，经常是今天布置了作业或者是给学生发了听写单，第二天就收作业，两三天以后就进行听写测验；课堂练习时，每次都给学生很少的时间完成，总是不停地告诉学生快点儿。校长这么一说，倒真的点醒了我。

最近上课，我确实经常说"快点儿"这个词，那是因为学生在课堂上做一件事情时，总是不能快速开始，每次我发出指令后，学生不能在第一时间根据我的指令开始相应的课堂活动，完成课堂任务。所以我才在上课的时候提醒学生要快点儿，不要浪费时间。今天布置作业，明天就要学生交，完全是为了让学生通过做作业巩固当天所学的知识。为了不给学生造成太大的学习负担和学习压力，我对作业的量都进行了严格的控制，一般半个小时左右就能完成。没有给学生充足的时间准备汉字听写测验和汉语口语测验，也是因为最近所学的内容较简单，所以我才有意加快了速度。而且我也是结合学生课堂实际的学习情况，综合考量后确定的考试日期。但校长告诉我，就是因为我的这些表现，学生、家长一致认为我最近很焦虑。

意想不到的投诉

当我经常把"快点儿"一词挂在嘴边,学生会认为我很着急、很焦虑,总是不停地在催促他们。家长看到我最近布置作业,总是今天布置明天就要学生上交;汉字听写测验留给学生复习的时间也很短,家长也会认为我最近很焦虑。所以他们就投诉了我,把这个情况告诉了校长,希望校长能了解一下我最近工作、生活的情况。如果状态不好,可以休息一下,调整调整。在他们看来,每天带着焦虑的情绪来上班,无论对我还是对学生都不好。

而在我看来,我是为了督促学生更好地学习,提高学生课堂学习的效率,让学生不要浪费时间。我眼中的高效率却成了学生和家长眼中的焦虑。为了能够更好地了解彼此的想法,我决定与学生、家长好好地聊一聊。

沟通化解误会

首先,我利用中文课的时间先和我的学生们进行了交流。他们告诉我,每当我让他们快点儿写、快点儿做的时候,他们都觉得我是因为着急而不停地催促他们。当我经常把"快点儿"一词挂在嘴上时,他们就觉得我是因为焦虑才会每天不停地催促他们。学生告诉我,在印尼,大家做事情的节奏都比较慢,这种慢节奏体现在生活的方方面面。比如,你在超市结账,尽管排队结账的人很多,但是收银员的速度仍然是不紧不慢的,并不会因为结账的人多而刻意加快速度。排队的顾客也都很有耐心,基本不会表现出不耐烦的情绪。

也许,在中国人眼里,这是一种效率低的表现。但在印尼人眼中却很正常,大家已经习惯了这种慢节奏的生活。同样,在学习上,他们也习惯一种慢节奏,并非是浪费时间,只是完成任务的节奏比较慢。随后,我也把我的想法告诉了学生，我经常说"快点儿"一词，并不是因为焦虑，而是希望大家能够快速进入学习状态，因为课堂上总有一些学生走神。课堂时间非常有限，我不希望宝贵的课堂时间被浪费。

随后，我又利用放学后的时间和一些家长进行了交流。家长说，他们希望我能给学生更加充足的时间来完成作业和准备考试。时间充足，学生能够根据自己的学习情况来完成作业、准备考试，因为汉语对他们来说是一门比较难学的科目，需要花更多的时间去学习。同时，我也告诉家长，我给学生做作业或准备考试的时间短，是因为学习内容相对简单，学生在课堂上的学习反馈比较好，并不是因为我自己急躁或是焦虑。我只是想督促学生及时复习，提高学习效率。

经过沟通，我们了解了各自的想法，也更加理解对方了。学生和家长们终于明白了，我并不是因为焦虑才把"快点儿"一词挂在嘴上的。我也更加理解和明白了印尼人的慢节奏和慢生活。一切又恢复到了平静。

案例反思

说实话，当我眼中的"高效率"变成学生和家长眼中的"焦虑"时，我还是挺吃惊的。我刚开始觉得是学生因为不想学习而故意找碴儿。但是后来仔细一想，每次布置课堂活动时，学生好像并没有浪费时间，他们一直很努力、很积极地参与课堂活动，能较好地完成我给他们的课堂任务。家长们的想法，我后来也深刻地理解了。为了避免再出现类似的情况，我总结出以下几点：

1. 多反思。面对学生、家长提出的问题和质疑，应该首先从自己身上找原因，学会反思，寻找问题出现的根源。只有找到问题的症结所在，才能更好地解决问题、改进教学。

2. 多沟通。很多时候误会来自彼此的不了解。所以当问题出现后，在反思自己行为的基础上，还要积极地与对方进行沟通。只有多沟通，我们才能更好地相互了解，才能更好地解决问题。

3. 多理解。学会站在对方的角度考虑问题。对方为什么会产生那样的想法，当我们站在对方的角度和立场考虑问题时，我们会在同理心的作用下，更加公平、客观地去思考整个事情的来龙去脉，也就明白对方的想法了。我们如果只是将关注的焦点集中在自己身上，集中在他人对我们的不理解上，处理问题时就会变得武断和片面。这样非常不利于问题的解决，甚至会激化矛盾，使我们处于更加不利的局面。

4. 多适应。当我们眼中的"高效率"变成对方眼中的"焦虑"和"急躁"时，我们除了多反思、多沟通、多理解外，还要学会适应当地人的慢节奏。如果我们一味地坚持自己固有的价值观，就不能很好地融入当地社会，不能很好地与当地人相处。因此，我们要积极调整自己，让自己去适应当地的社会文化、生活节奏。这样有利于我们更好地开展工作，也可以让自己生活得更加快乐。

作者简介

赵媛，鲁东大学汉语国际教育专业硕士，曾在韩国首尔担任汉语教师志愿者，后在印尼雅加达担任汉语教师志愿者。

思考与实训

1. 阅读"案例描述"部分,谈一谈作者在印尼任教时,为什么经常会把"快点儿"一词挂在嘴边。校长和学生家长为什么会认为作者在面对工作时非常焦虑?

2. 结合"案例反思"部分,谈谈在海外任教时,面对因观念或处事风格不同而带来的误解甚至是冲突时,你会如何处理。

3. 中国人追求高效率、快节奏,但印尼人的生活节奏比较慢。这不仅反映在文中提到的学生的学习上,也反映在超市结账、餐馆点餐等方面。请查找相关资料,比较一下中国人和印尼人在生活、工作等方面的观念上的异同,并谈谈如何让自己尽快适应。

一张照片的风波

/ 黎彩虹 /

阿联酋

🎬 案例场景

我所在的女校（阿联酋所有的公立中学都实行男女分校制）位于阿联酋东北部的富查伊拉酋长国，是该酋长国第一所公立女子中学。学校共有在校生约500人，教师50人，除了一位男教师外，其余都是女教师。我负责教授九至十二年级的学生。学校大概90%的教师、学生是阿联酋本地人，剩下的来自周边阿拉伯国家，如埃及、约旦、叙利亚、突尼斯等。2017年9月，中文作为第二语言在阿联酋公立中学开课，截至目前，中文教师主要以代课为主。

💬 案例描述

在一次十年级英语公开课上，我作为听课教师去听一位我非常喜欢的本地老师阿依莎的课。这节课的主题是"旅游"，阿依莎一开始就将学生分成几组，采用教师引导、学生主导的授课方式。整节课条理清晰，生动有趣，讲到高潮部分，阿依莎神采飞扬，学生热情高涨，争先恐后地回答问题。看着这热闹活跃的课堂，我心想，这不就是我们想要的氛围吗？于是我没忍住，悄悄拍了张照片，想等下课后发到当地流行的社交媒体上让大家观赏学习。

埋下隐患

由于刚到学校没多久,对很多习俗、禁忌都不是很了解,加上作为新老师很想与学生处好关系的渴望,在很多学生要我电话号码和社交媒体账号时,我想都没想,便很爽快地给了她们。正是这些"爽快"的举动,让我后来付出了沉重的代价。

十年级的阿米娜同学,是一位见过一次就让人印象深刻的典型阿拉伯女孩儿。她浓眉大眼,五官立体,极其聪明礼貌,上课回答问题时总是积极举手,赢得了包括我在内的许多老师的喜爱。然而,正是她,将我"晒"出来没几分钟的照片,自己下载下来,并配文:"最喜欢阿依莎老师的英语课",然后发到了自己的社交媒体上。

祸从天降

第二天一到学校,大家都跟平常一样很热情地互相问好,行贴面礼(阿拉伯人见面打招呼的方式)。看到阿依莎,我兴奋地跑过去跟她打招呼,并告诉她我发了她上课的照片,大家都评论很好,也希望听听她的课。没想到还没等我说完,她脸色一黑,质问道:"原来是你拍的照片?"这突如其来的质问让我不知所措,顿了顿,我回答道:"是的。"她阴沉着的脸变得愈加难看,情绪也激动起来,怒吼道:"那你就等着警察来抓你吧。"我整个人懵在原地,不知如何是好。

真相大白

后来我被校长叫到办公室,从她那儿我才得知:作为伊斯兰国家的阿联酋,极其注重隐私保护,尤其是女性。伊斯兰教法规定,女性的面容只能给自己的丈夫和亲人看。在阿联酋,未经他人允许,给他人拍照,并且上传到社交媒体上,是属于网络犯罪行为,除罚款外,如果当事人指控,还可能会判处6个月的监禁。校长又说:"还好阿依莎老师的丈夫没有看到照片,不然他很有可能会跟她离婚。"听到这里,惊慌错愕之余我竟无言以对,我这才意识到事态的严重性。学生阿米娜因为这件事已经被开除了,但学校考虑到我刚来不久,原谅我"无知者无畏",会再给我一次机会,希望我以后谨言慎行。阿依莎老师的事情,学校希望我能争取协商解决。我慌忙点点头,告诉校长请她放心。

从校长办公室出来后,我急忙去找阿依莎,向她道了歉,并表示自己不是有意为之,希望能得到她的理解和原谅。阿依莎无奈地摇了摇头:"要是别人,这会儿已经在警察局了,但是因为是你,我才没有报警。刚才我太生气了,所以吓唬吓唬你。"听到她的话,我那颗悬着的心才放下来。我故作镇定地笑了笑,轻轻舒了一口气道:"谢谢你的信任和包容,我以后再也不会了。"

自我反省

虽然我和阿依莎后来和好如初了,可是此事却在我内心留下了不可抹去的阴影,一来为被开除的学生自责、懊悔,要不是自己发那张照片,学生也不会被开除;二来为自己的无心之举给别人造成的伤害感到愧疚和不安。这件事将伴随我的整个教师生涯,它时刻警醒我:在跨文化交际背景下与人交往必须谨言慎行,不能将自己的文化习惯想当然地凌驾于对方之上。在中国,或许我们会在社交媒体上毫无顾忌地发朋友或熟人的照片,来分享自己的喜悦或者来表达相互之间的亲密之情。可是在包括阿联酋在内的许多国家,未经他人允许的情况下发对方照片属于侵犯对方的隐私。因此,作为一名海外汉语教师,一定要注意谨言慎行。

案例反思

阿联酋是一个外国人比本地人多的国家，本地人只占阿联酋总人数的 12% 左右，剩下的 80% 多的人口中，印度人最多，其次是巴基斯坦人、菲律宾人等。虽然本地人只占少数，但身在其中，你依然能感受到阿联酋浓厚的宗教氛围和森严的法律制度。从小在汉文化背景下长大的我们，需要全面了解和注意他们的避讳及禁忌。

一张公开课上小小的照片，本意是想表达对同事的赞美和欣赏，不料却对学生和同事都造成了严重的伤害。为了避免类似情况再次出现，我总结了以下几点建议，希望对大家了解阿联酋以及在阿联酋教学有所帮助。这些建议不仅适用于去阿联酋工作的教师，也适用于到其他阿拉伯国家工作的教师。

1. 与同事相处不轻易打听对方隐私，如，你结婚了吗？你多大了？你有没有孩子？有几个孩子？你丈夫在哪儿工作？这样的问题不要去问对方。在国内你这样问也许大家都不会介意，但在阿联酋，他们会觉得自己的隐私受到了侵犯。

2. 与学生相处，在尊重对方隐私的基础上，也应该保护好自己的隐私。如不轻易给对方自己的电话或社交媒体账号，与学生保持一定距离，不可太近。尤其是男性教师在女校，一定要和学生保持距离。

3. 不知道的情况要多问，最好到学校后就向校长要一份教师及学生行为准则，知道自己的权利、责任、义务以及对方的禁忌、学生的行为范围等。阿联酋学生整体较淘气，不好管，因此教师一定要知道自己在哪些情况下可以使用自己的权力。

4. 如果遇到自己解决不了的问题，要及时给学校相关领导打电话，切记不要和学生发生肢体冲突；对于学生的不规范行为，要留存证据，以免被不诚实的学生倒打一耙。

5. 注意个人形象，衣着要大方得体，不能过于暴露。阿联酋对教师的穿着要求较严格，最好穿较正式的长袖上衣和长裤、长裙，不穿牛仔裤及紧身衣裤。女性教师在男校工作，如有必要，最好和本地女性一样穿黑色落地长袍。

6. 特殊节日期间，如斋月，应避免在办公室或其他公共场合喝水、吃东西等，自己的饮品或食物也应该放在别人看不见的地方。

总之，不同的国家、民族，由于不同的历史渊源、不同的社会习俗，形成了特定的文化背景，特定的文化背景又形成了不同的价值取向、思维方式、社会规范、语用规则，这些因素给跨文化交际带来的潜在的障碍、低效率的沟通、相互间的误解以及可能导致的文化冲突，都可能给人们带来不必要的麻烦。本文的案例也只是其中一个，希望日后我们都引以为戒，避免类似的情况再次发生。

作者简介

黎彩虹，北京语言大学专职教师，北京语言大学汉语国际教育专业硕士毕业。曾任教于埃及苏伊士运河大学孔子学院，教授苏伊士运河大学文学院中文系一年级的汉语综合课，苏伊士运河大学孔子学院HSK三级、四级课程。现为阿联酋公立中学的中文教师，主要教授九至十二年级汉语课程。

**思考与实训**

1. 阅读"案例描述"部分,作者刚赴任不久,由于对当地文化了解不够,为表达对同事的欣赏与尊敬,拍摄同事上课的照片并上传至社交媒体,你认同这种做法吗?如果是你,你会怎么做?

2. 结合"案例反思"部分,谈一谈当你遇到类似情况时,你会如何应对。

3. 本文谈到穆斯林隐私文化,谈一谈在如今网络盛行时代,我们该如何更好地保护自己和他人的隐私。

从诗歌朗诵看伊朗宗教禁忌

/李 娟/

伊 朗

🎬 案例场景

作为汉语教师志愿者,我任教的孔子学院位于伊朗伊斯兰共和国。伊朗,波斯文明传承至今的国家,有着丰富的文化内涵和优越的地理位置,北临里海,南临波斯湾,自古就是东西方陆上交通的枢纽。当代的伊朗,也总是国际社会的关注焦点,自1979年伊朗伊斯兰革命后,政教合一的政权建立,其显著特点是:全面伊斯兰化国家的政治生活,全国推行单一的信仰,宪法突出伊斯兰信仰、体制、教规。这里98.8%的居民信奉伊斯兰教。到伊朗这样一个伊斯兰国家任教,作为非穆斯林信仰者的我,也入乡随俗,和伊朗姑娘们一样戴上了头巾。经过两个任期的亲身体验后,我发现不仅仅是戴头巾,教师的教学与生活都要遵循伊斯兰教义规范,避免触犯宗教禁忌。

💬 案例描述

伊朗作为一个政教合一的伊斯兰国家,不推崇娱乐活动。但和中国一样,诗歌也是伊朗的文化瑰宝。伊朗作为一个古老的诗的国度,历史上出现了很多著名的诗人,如菲尔多西、哈菲兹。诵读诗歌是伊朗人喜爱的休闲活动。

基于伊朗的国情与历史文化，在伊朗能举办的中国文化活动并不多。"汉语诗歌朗诵"不仅能促进学生对中文诗歌有进一步的了解，还能让学生在朗诵中感受汉语抑扬顿挫的声调、语言的韵律与节奏。最重要的是，这种文化活动也符合伊朗的国情。

在朗诵课上，同学们选了很多中国经典诗词或散文进行展示，如《春江花月夜》《水调歌头·明月几时有》《沁园春·雪》《再别康桥》《寻梦者》《启航》《面朝大海，春暖花开》……这些诗词散文或古典或现代，或大气磅礴或婉转优美。选手们抑扬顿挫的发音，富有感染力的朗诵，精心准备的配乐，恰到好处的肢体语言，为课堂营造了美妙的诗歌意境，也展现了他们的汉语水平，使我不断拍手赞叹。

其中有一名学生选择了苏轼的《水调歌头·明月几时有》这首词进行朗诵。这首词作为宋词中的经典名作，望月、思人、抒怀，将人世间的悲欢离合纳入宇宙的哲理追寻中，百年来传诵不衰。全篇皆是佳句，但是有意思的是，学生一开始朗诵，我们就发现他朗诵的这首词有点儿与众不同。

原来，这首词开篇就是"明月几时有，把酒问青天"，而作为一个伊斯兰国家，伊朗全国禁酒，谈论饮酒的话题就显得不合时宜。

所以这位同学灵机一动，把"把酒问青天"读成了"把茶问青天"，以茶代酒，巧妙地回避了"酒"字。其他同学也都会心一笑，纷纷送上阵阵掌声。整个课堂充满了欢乐。

一千多年前，茶叶通过丝绸之路从中国传到伊朗，伊朗人民爱茶如命，一日不可无茶，甚至在波斯语中，茶的发音也是"茶亦"。从"酒"到"茶"，仅一个字改动，不仅化解了诗词中出现伊朗文化禁忌的尴尬，还把中伊两国的国民饮品——共同爱好的茶叶替代进去，显得合乎规范而又不突兀。众所周知，苏轼这首词已经被改写成旋律优美、婉转动听的歌曲《但愿人长久》，原唱邓丽君那与生俱来的幽幽情怀唱出了典雅庄重和温柔惆怅，使这首歌曲家喻户晓，让人们看到词就不自觉地按旋律哼唱起来。

原本我想通过配上旋律教唱歌曲的方法，使学生的朗诵表现更丰富，但是在伊朗，女性在公开场合是不允许进行娱乐表演的，包括唱歌跳舞，因其不符合伊斯兰教的教义和道德约束。所以，这个美好的教学活动设想也只能作罢。

案例反思

通过诗歌散文朗诵活动，体现出充分了解任教国家文化的重要性。伊朗作为一个几乎全民信仰伊斯兰教的国家，风俗习惯也打上了宗教的烙印。而作为一个非穆斯林信仰者，被派往伊朗任教，我们更得提高自身对文化的敏感度，尊重国家宗教的教义和道德规范，在教学与交际中避免触犯禁忌。无论是在课堂上还是文化活动中，不仅教师要注意自身言行，在学生出现不合适的行为时，也要有及时反应和正确处理的能力，以免冒犯宗教或者做出违反教义、法律的行为。

对于日常生活和工作而言，我们需要知晓的关于伊朗宗教禁忌的内容大概总结如下：

1. 着装禁忌。所有入境伊朗的女性，从下飞机的那一刻起，都要带上头巾，这是伊斯兰教教法的规定。关于女性穿着，一般要求上衣必须及臀，或者过膝，身体肌肤不能外露。伊朗还曾有法令规定大学的女性必须要戴上玛格纳艾（maqnae），这是一种类似修女的围巾和盖头，比围巾式的头巾显得更为正式。都说入乡随俗，在伊朗当老师，穿上黑色长袍，带上玛格纳艾，看起来既庄重又大方。除了自身遵守着装规定外，在课堂和文化活动中，教师也有责任和义务提醒学生遵守这一规范，提醒女学生戴好头巾，及时整理掉落的头巾。关于衣着，从宗教禁忌来说，对于信教者是神圣而不可侵犯的。未遵守规范的人会被拒绝踏入校园，警察也可以施行警告、罚款甚至逮捕的处罚。在伊朗，关于着装一定要谨慎。

2. 歌唱禁忌。伊斯兰教对女性的行为多有限制，包括不得从事唱歌跳舞的职业，不得在公开场合唱歌跳舞。在这一规定下，进行汉语教学设计时，若安排通过唱歌学习中文的活动就十分不妥。而如若有学生提出在课堂上学唱中文歌的想法，教师也应谨慎考虑，先咨询伊方、校方意见再答复学生。

3. 酒的禁忌。1979 年伊斯兰革命以来，伊朗颁布了全面禁酒的法令。不论白酒、葡萄酒、啤酒，也不论成分的差别和度数的高低，只要含酒精一律禁止生产和销售。即使是接待外国人士的饭店，也只供应不含酒精的饮料。伊朗人早已习惯了没有酒的生活，亲朋好友相聚也只以茶代酒。伊朗发明了无酒精的莫吉托饮料以及无醇"啤水"。在汉语教学和文化活动中，也应当避免和学生讨论"喝醉""猪肉滋味"等话题。

4. 交际禁忌。《古兰经》教义规定，在公共场合，男女行为是有约束的。伊朗人见面的礼节中不推崇异性间的身体接触。两位同性见面通常以握手、拥抱和贴脸的方式互致问候，但异性之间在公共场合绝不会有这种礼节，通常只需微笑点头示意即可。男女双方会面时，男士不主动与女士握手，女士主动握手时，男性会礼貌拒绝。如果女士不主动伸手和男士握手，男士是不能同女性握手的。地铁和公交车甚至专门设置了"女性车厢"。作为汉语教师，我们也一定要尊重当地的文化和宗教习俗，切记不要与异性发生肢体接触。在教学设计、课堂活动安排时，也应当避免"男女搭配"的文化套用错误，安排小组活动或双人活动时，尽量安排同性别的学生为一组。

总之，作为汉语教师，来到伊朗这样一个政教合一的伊斯兰国家任教，所带来的跨文化交际充满挑战。因为文化方面差异巨大，所以我们在公开场合要做到禁忌最大化，即凡是有可能会犯忌讳的行为，都不要冒险尝试。对于教师而言，宗教类、政治类的话题更为敏感，能不谈就不谈……宗教禁忌对于缺乏相关文化背景、敏感度不够的我们，真是有做不完的功课！要时刻记住自己身处伊斯兰国家，在了解差异的同时尊重风俗，并做到入乡随俗。

作者简介

李娟，云南大学汉语国际教育专业本科毕业。在校期间多次作为在线中文教师、中文语伴参与美国沉浸式中文项目、新西兰中国游学项目以及美国在线中文课程项目。曾在泰国暖武里府小学任教，在伊朗德黑兰大学孔子学院担任汉语教师志愿者。

思考与实训

1. 阅读"案例描述"部分，作者在伊朗任教时，面对伊朗的国情与文化，作者开展了什么文化活动？如果你在伊斯兰国家任教，还有哪些文化活动可以开展？
2. 结合"案例反思"部分，谈一下如果你被派往伊斯兰国家，在其文化环境中能否适应文化差异，培养开放宽容和移情的跨文化态度以及有效的交际能力。
3. 本文描述了在伊朗这一伊斯兰国家任教需要注意的一些禁忌，世界上除了伊朗以外，还有哪些国家是伊斯兰国家？除了文章中提到的这些禁忌，你知道在伊斯兰国家任教还需要注意哪些问题？

12 死海新生：
初到约旦的调整与适应

/ 李顺琴 /

约 旦

🎬 案例场景

我曾经任教的约旦伊斯兰教育学院，是一所涵盖了从幼儿园到高中的私立学校。作为老国王的母校，该校曾在约旦教育界具有非常重要的地位。这所约旦名校，发展了三大教育体系：国民体系更多地承袭阿拉伯传统教育；英国教育体系则与英国教育接轨；美国教育体系按照美国标准培养学生，学生毕业后可以直接申请美国大学。教师大多在美国接受过高等教育，国内教师通常为该国名校毕业生。

汉语项目在美国教育体系下开设，学校按照美国教学标准对汉语教学提出要求。在约旦任教期间，我主要负责幼儿园和小学的教学工作，也协助中学的老师进行汉语教学。

初到死海边的伊斯兰国家约旦，我在适应这完全不同的文化和教学环境中，经历了一些事情，更新了一些观念和看法，在汉语教学的道路上获得了新生……

案例描述

一落千丈：初到约旦的心理落差

2013年7月，我们这批赴约旦伊斯兰教育学院的汉语教师，在昆明参加汉办培训后，命运就紧紧连在了一起。

根据对方学校要求，我们需要在8月18日到约旦参加学校组织的教师培训，那意味着在汉办培训结束后的第二天就要到达。因此在昆明培训期间，赴约旦的老师们经常在一起开会讨论赴任前需要解决的各种问题，大家齐心协力，想尽办法，排除万难，终于在培训结束后第二天坐上飞机，满怀憧憬，开启了我们的约旦汉教之旅。

到达学校后，大校长接待了我们。与我们热情洋溢、礼貌善意、一直微笑的脸相比，校长的脸则显得十分严肃。简单地问候及互相介绍后，校长的话冲击着我们的耳膜："这是汉语最后的机会，如果你们不能做好，我们就取消汉语课！"我们都懵了，美好心情瞬间跌落到谷底——我们排除万难，满心欢喜，充满热情与希望远道而来，打算"撸起袖子"为这所学校倾尽所学，本以为学校会热烈地欢迎我们，没想到竟然一盆冷水从头顶泼下！能够明显地感受到对方对我们不那么欢迎，也没那么有善意，一落千丈的心理落差让我们感到十分不舒服和不自在。第一天的尴尬不安、难过和沮丧，至今回忆起来，依然能感觉到心底隐隐的痛。

尽管心理落差巨大，我们还是努力地适应新环境，参加了学校的培训后，就开始正式上课了。

五味杂陈：被冤枉的滋味

在学校工作两个月左右，我遇到了"大麻烦"：那天正在小学部上课，一个女孩儿从其他班跑到了我的教室，随即另一个孩子追了进来，两个孩子在教室里你追我赶。我让他们停下来，他们不理不睬，也停不下来。我的学生也站起来想跟着跑，被我制止了。我没法上课，也不能抽身去校长办公室寻求帮助，情急之下我抓住了其中一个孩子的手臂顺势把她推出教室，并关上门。关门瞬间，我看见那个孩子蹿了两步，摔在地上。我心里一颤，但是因为对孩子无理的行为很生气，就没有理会她。另一个孩子觉得无趣了，就从另一扇门悻悻地离开了。我平息了一下心情，接着上课。

第二天，我被校长叫到办公室，课堂上发生的事情被描述成了我拿鞋子把学生砸出了教室！在听到这种描述的那一瞬间，我简直不敢相信自己的耳朵。脱下鞋子砸人是何其糟糕和粗鄙的行为，我感觉这是对我极大的侮辱。尽管心里翻江倒海，我还是镇定下来，跟校长描述了当时的情况，并为自己推了一下学生表示歉意。校长说她会调查，我想那我等待调查的结果就是了。第三天校长找我谈话时告诉我，有三个学生证明我用鞋子砸了那个学生。当时校长的态度很明确：我是被怀疑的对象！我本以为学校调查后会还原事实真相，但没想到校长竟然会相信孩子的谎言而怀疑我，所以我很激动地告诉校长我不会那样做。校长说了一句："Who knows？"这句话把我激怒了，我也毫不客气地回敬了一句："Allah knows（安拉知道）！"当时我气得眼泪哗啦啦地流了下来，心中更是五味杂陈。

死海新生：问题的解决与环境的适应

大校长初次见面对待我们态度的原因不得而知。这次的经历，一方面让我们非常沮丧，但另一方面也激起了大家的斗志。我们发誓要好好上课，用努力和实力改变学校对汉语教师和汉语教学的偏见。为了改善境遇,我们每一个人都在奋力拼搏。所有汉语老师都抱成一团,大家互相支持,互相帮助,彼此分享,团结协作,花时间和精力去了解约旦孩子,同时努力向本土教师学习。我们每一个人都谦虚谨慎,认真备课,严肃对待每一节课,努力适应约旦的工作环境。教师的努力与爱心,孩子们能够感受到。慢慢地,有的班级开始用"Yes! Chinese"来迎接汉语课。

对所谓的"用鞋砸人"事件,我们几个汉语老师在一起商量解决办法,最后决定上报给上级主管部门。我们写了具体情况说明,并报给了学校的主管部门伊斯兰教育协会。协会对小学部提出了调查要求。我们同时也在和小学部老师的沟通中获得了更多信息,也得到了更多支持。小学部颇有正义感的体育教师 Basma 为人正直,在小学部非常受尊重。她主动找来当时在场的学生,一个一个地问询、记录,并请学生签名,最后形成的调查报告结论是:那三个学生所说的不是事实,我没有脱下鞋子砸学生。当学校搞清楚事实后,并没有再提及此事,也没有让学生道歉。尽管当时我深受此事困扰,心理上承受了巨大的压力,但是对于那些学生的行为,对于当时没有公平公正对待我们中国老师的学校领导,我选择了原谅与包容。

在经历了一系列事件后,我从不适应到慢慢适应,同时与同事们一起努力,一起成长,遇到问题大家一起面对,共同克服了重重困难。

在最初一些问题解决后,我们团队成员更加精诚合作,共同支撑起约旦伊斯兰教育学院汉语教学的发展。半年后,我们的努力终于得到了学校、学生和家长的认可。一年后,学校将汉语教学覆盖到了所有年级,汉语考试纳入学生参加美国大学升学考试体系。接下来的一年,我们又在正常课程开展之外,增加了周末的YCT辅导,组织了YCT考试,还多次在学校组织中国文化活动。学校对我们有目共睹的成绩,也表示满意。

案例反思

汉语教师初到陌生的环境，会遇到各种各样的问题，本案例出现了心态和心理调适问题、课堂组织管理问题、教师跨文化交际问题、人际关系处理问题，遇到这些问题后该如何恰当处理，我在回顾这些经历并总结经验教训后，建议如下：

1. 正向的心态和心理调适

集体的价值及荣誉要靠每一位汉语教师的共同努力方能实现。个人的努力会贡献个人的价值，所有个体共同努力，才能实现团队的价值。作为一名汉语教师，任何时候，都要想着为团队添砖加瓦。有这样的想法和行动，有正向的心态，教学才会越来越好，人际关系也会越来越好。

汉语教师需要具备较强的心理适应能力，积极做好正向的心理调适：当汉语教师感到受尊重程度没有达到预期时，要做好正向的心理调适，让自己从中国传统的教师尊重期待的文化背景中走出来，根据任教国学生的特点开展教学，用努力和教学实力为自己赢得尊重。

2. 课堂组织管理问题

本案例中，当其他学生出现在教室以致无法继续教学时，我的第一反应是不知所措。我先在语言上对学生进行了制止，后来与学生出现了肢体接触，这是大忌。现在想来，正确的处理方式应该是：打电话给学校管理部门，请专业人士来处理影响正常上课的学生，尽量避免与学生发生任何肢体接触，避免因此造成更恶劣、更严重的后果。

3. 教师跨文化交际问题

处理问题，就事论事，要控制好情绪，否则不利于问题的解决。比如其他学生在自己教室打闹时，我感觉自己的教室被侵犯、自己被挑衅，所以在生气的状态下处理问题，最后给自己和团队带来了麻烦；在和校长沟通的过程中，因为有中国人对扔鞋行为看法的文化背景，我感觉被侮辱,所以和校长的沟通也带着情绪;还有我因为生气、激动而流泪,在别人看来也许是示弱的表现。这些都是情绪控制不太好的表现。

与阿拉伯人打交道,还需要适当亮明态度:有些阿拉伯人在与人交往时会表现出"你弱他就强,你强他就弱"的倾向,所以和他们打交道,适当的时候需要亮明你的态度。我们初到学校,校方带着偏见。当我们集体面对、有理有据、不卑不亢地处理遇到的问题后,校方对待中国教师的态度就有所缓和。

4. 人际关系处理问题

在新的环境中,需要迅速建立良好的人际关系。首先要与汉语教师建立良好的人际关系,其次与本土教师建立好关系。只有建立了良好的人际关系,当遇到问题后,才不会慌张、害怕,也不会一个人独自面对,尽可能地寻求团队或朋友的帮助和支持。

同一所学校如果有一名以上的汉语教师,大家一定要团结起来,要相信团队的力量。在我遇到困难的时候,我的汉教同事们给予了我情感、精神以及行动上的大力支持,大家一起出主意、想办法,最终帮助我克服了困难,解决了问题。

如果独自一人在一所学校任教,也一定可以找到帮助你的朋友,如在同一城市的汉语教师、在同一国家任教的教师、在同一年外派赴任的汉语教师、在同一学校任教的本土教师。在本案例中,本土教师对问题的解决提供了实质性的帮助。

作者简介

李顺琴,湖北人,云南农业大学教师。曾任教于泰国南邦皇家大学、约旦伊斯兰教育学院、美国克利夫兰州立大学孔子学院,主要面向大学生、学校教工以及社区民众(成人及儿童)教授汉语及文化类课程。在约旦教学期间,主要在幼儿园和小学从事汉语及文化教学以及YCT辅导等工作,亦协助中学教师开展教学工作。

思考与实训

1. 阅读案例,谈一下作者遇到学生从另一个教室跑到自己的教室打闹时是怎么想的,怎么做的;在被校长约谈后是怎么想的,怎么做的。案例中解决问题的转机是什么?最终问题的解决,对你有什么启发吗?
2. 如果学生在课堂上发生打闹事件,你会怎么处理?如果你被学生投诉,被学校约谈,你会怎么应对?
3. 中国学生和阿拉伯学生在对待教师的态度上有什么区别?如果你在阿拉伯国家任教,你会采取什么方式来增强你的课堂管理效果?

"堵"不如"疏"
——蒙古课堂教学上的"碰撞"

/ 周海楠 /

蒙 古

案例场景

我所任教的学校是蒙古国乌兰巴托市第一中学,该学校于1923年建立,是蒙古国最好的公立学校之一,地处乌兰巴托市中心,交通十分便利。学校偏重理科学习,但同时也开设俄语、法语、英语和德语四门语言课程。其中法语和德语是选修课程,俄语是七年级到九年级学生的必修课程,而英语则是从五年级开始必修的课程。我所赴任的这一年(2017年)是乌兰巴托一中开设中文课的第一年,因此学校对中文课十分重视。中文课的开设以兴趣选修为主,主要针对七年级到十二年级的学生。每个年级每周5课时,每节课45分钟,教学内容初期自主设计,后期以HSK课本为主。另外,学校还开设了中国文化主题活动课,其目的是培养学生对中文学习的兴趣,增加学生对中国及中国文化的认识和了解。当时我所教授的是七年级、十年级(高一)和十二年级(高三)。因为是兴趣选修课,所以学生在课程开设之初流动性比较大。由于同年级学生的汉语水平不同,各年级学生的家庭背景不同,他们的学习目标也不同。

案例描述

来蒙古一个月后,我从刚来时的兴奋、紧张、期待过渡到中途的烦躁、疲惫。因为学校是第一年开设中文课,来上中文课的学生绝大多数是零基础,大部分学生是抱着对中文和中国感兴趣的心态来的。因此我从一开始就对他们很友好,想以国外轻松愉悦的课堂氛围带动他们对中文的兴趣。因为初来乍到,学生和老师还处在彼此熟悉的阶段,所以上课制定的规则学生都能很好地遵守。没想到经过一段时间的磨合和熟悉,有些学生就开始"放飞自我"了。比如,七年级的两个男生经常上课开小差,说话打闹,有时甚至会翘课。其他学生经常迟到,有时甚至迟到半小时。个别学生上课吃东西,随意走动。每次我讲词语或语法、把句型和例句写在黑板上的时候,总有两三个学生在下面讲话,不听讲,不写笔记。批评他们,他们一开始会感到抱歉,但次数多了,就觉得无所谓了。有时我讲课的时候,学生还会脑洞大开突然打断我的话,问我一些和上课不相关的问题。这和中国的学生太不一样了!那段时间我感觉每次上课都要和学生们斗智斗勇,很是心累。想要课后找个别学生聊天儿谈心,但课间休息只有5分钟,学生一下课就开始收拾东西,急急忙忙赶去下节课上课的教室。因此每天下课后我都觉得非常沮丧,没有成就感。

为了解决课堂秩序问题,我尝试了几种解决方法,有些起到了一定作用,有些收效甚微。最初我会点名,但效果不明显。于是我加大了惩罚力度——对严重违反课堂秩序的学生进行罚站。然而这个方法对蒙古学生并没有作用,课上的罚站更助长了他们的"气焰"。后来我觉得解决问题时"堵不如疏"。因此我又改变了方法:如果我在讲生词时学生在下面说话,我会让说话的学生站在黑板前带领大家一起读,并告诫他不要再说话;如果是在练习环节,我会当场提问让他回答问题。这个方法一开始很有效，但我发现，如果被提问的学生一时半会儿回答不上来，其他学生会"钻空子"，也在下面讲话。所以这个方法只起到一定的作用。

后来我就此事咨询了同事，同事分享了一个分组PK的方法。于是我设置了一个得分板，把班里的学生分成三组，组内人员互相监督，如若违反课堂秩序，便会扣掉一分，回答出来问题则会得一分，最后在课堂结束时统计各小组的得分情况，得分高的小组会有奖励。然而这个方法实行之后并没有达到预期中的好效果。一个原因是全英语授课，学生的英语水平参差不齐，班上有的学生有时听不懂，而我自己的蒙古语水平也很有限，因此上课时有学生会帮忙翻译，而我则误以为学生在讲话，没有认真听课，因此有时会误解学生。另一个原因就是在学生回答问题时，我无法关注其他学生，有的时候课堂秩序甚至更加混乱，因此这个方法在试验了两周后不幸"夭折"了。

后来，我经过仔细观察，发现蒙古学生很喜欢竞争，他们在课堂游戏环节中会更积极、更认真。于是我灵机一动，想到了这个方法：把每一个要讲的语言点和练习作为一个环节，每个环节约15分钟，这样每节课大概分两到三个环节；练习的内容则以游戏的方式展示，把学生分成两组，赢的小组会得到相应的积分，积分高的小组有奖励。同时，我了解到班上有两个男生之所以经常上课开小差，是因为自身的英语水平不是很好，有时上课听不懂，久而久之就失去了兴趣。但他们的家人对中文很重视，希望他们能学好中文。因此，我会在课前做好准备，把重要的内容提前翻译成蒙古语，另外指定两名英语较好的学生在课上帮忙翻译。果然，这个办法实行之后，学生的上课秩序好了很多，学习汉语的热情也更加高涨了。

案例反思

蒙古课堂的秩序有一点与中国有很大的不同，就是学生可以在课堂上随意走动、换座位或随意吃东西。因此课堂秩序需要花心思去管理。在课后我也多次和几位不同学校的汉语老师沟通交流过，大家都表示课堂管理是蒙古中学生上中文课的一大重点难点。初期接触蒙古学生时，会感觉他们很腼腆，但其实他们活泼好动，如果老师太温柔，学生会得寸进尺。因此不少同事建议我在上中文课时要严厉，给学生树立一个威严的老师的形象。然而我认为学校校情不同，方法不能一概而论，要视情况而灵活变通。同事所在的学校是蒙古的私立语言学校，中文是那所学校的学生必修的课程。而乌兰巴托一中是第一年开设中文课，中文对本校学生而言是选修的第二外语。因此我觉得中文给他们的第一印象应该是有趣的、好玩儿的，而不能像是国内的填鸭式教育。

虽然刚开始的时候，因为没有认清课堂管理出现问题的原因，导致我屡屡碰壁，但经过一个学期的磨合和熟悉，现在我已经掌握了适合蒙古中学生有效的教学方法：不再以老师为中心，而是以学生为中心；不再以讲解为主，而是将讲解与游戏结合起来，让他们多做小组活动，以游戏的方式让他们在学中玩儿，在玩儿中学。

因此，针对第二语言教学中类似的课堂问题，我总结出以下两点经验和建议：

1. 课堂秩序的管理与课程设计和教学内容息息相关。课程设置和教学内容要充分考虑学生的需求和兴趣，要根据学生的反馈不断进行调整和改进。

2. 学生是教学过程的主体。课程设计要以学生为中心，减少教师"一言堂"的现象。教师可以在课堂上多组织体验式学习活动，如角色扮演、情景模拟、小组任务等，充分调动学生参与学习活动的积极性。

  当然，各个年级的学生特点不同，课堂教学形式也会有所不同。比如，活泼好动的七年级中学生，应以培养能力为主要教学目标，采用体验式学习（experiential learning）的教学模式；而对成熟稳重的十年级和十二年级的学生来说，更多的应以传授知识为主要教学目标，采用教诲式教学，重视学习的内容和结果。

  所谓因材施教，就是要针对不同学生采取不同的方法。同时，对待学生要付出极大的耐心和爱心，不能轻易放弃任何一个学生。教师在教学的过程中，要不断尝试新方法，不断探索新模式。

作者简介

  周海楠，长期致力于国际汉语教学工作。曾任教于蒙古国乌兰巴托第一中学，也曾多次对韩国三星企业职员进行中文培训。在教学过程中，对于国内外的语言教学问题有深刻的体会和思考。

思考与实训

1. 对于课堂管理，作者使用了几种方法？效果怎样？如果是你，你有什么其他的方法管理课堂？
2. 本文中谈到蒙古课堂与中国的不同，且本土各学校中文学习情况有所不同，因此在管理课堂秩序方面，作者的态度是趣味式教学为主，你同意这种观点吗？你有什么想法？
3. 查阅相关资料，比较中国和蒙古国在课堂秩序和课堂管理方面的差异。

小教具　大课堂

/ 蒋湘陵 /

亚美尼亚

🎬 案例场景

我所任教的契诃夫中学孔子课堂是亚美尼亚埃里温"布留索夫"国立语言与社会科学大学孔子学院下设的孔子课堂，学校里的学生大部分为亚美尼亚上流社会的孩子，算是一所贵族学校。这里的汉语课程与英语、俄语一起，被纳入亚美尼亚基础国民教育体系，也就是说，汉语属于学分课程。目前开设汉语的是五年级到八年级，大致相当于国内的初一、初二、初三年级。每周两次汉语课，每次45分钟，使用的教材是《快乐汉语》，主要目标是让学生对汉语产生兴趣并掌握基本的汉语词汇和对话，同时定期举办文化推广活动。学校采用平行班制度，大约12至15个学生组成一个班。学生都是亚美尼亚人，他们有着俄语、英语、意大利语的外语学习背景。所有的汉语教师都是中方外派教师，没有本土汉语教师。

💬 案例描述

一夜回到解放前

十年前在加拿大的中学，我上课使用的是智能白板；五年前在印尼教中学生，教室里至少也有一台投影仪，书写用的是马克笔加白板；如果不是来到亚美尼亚，我怎么都不能想象，这里依然使用粉笔在黑板上书写。第一天上课，我准备好的幻灯片只能默默躺在 U 盘里，于是我硬生生地拿起课本，想尽各种办法与学生进行互动，但当时的场面却很尴尬。

还有一点与以往不同的是，我曾经任教过的国家，不论是加拿大，还是印度尼西亚，不管文化差异有多大，当地的学生在课堂之外总有机会接触到汉语或者中国文化，因而在教学过程中，很多东西并不需要过于费力地去解释就能引起共鸣。而在亚美尼亚，中国人很少，可能总数不超过 200 人，除了在商店里能够看到一些中国制造的东西以外，走在路上能看到的亚洲面孔都很少。这就意味着，对于这个外高加索地区的小国来说，除了丝绸之路所留存的那点儿历史渊源以外，中国太遥远，汉语和中国文化对于当地人来说很陌生。

我理想中的汉语课堂气氛的活跃，是老师精心准备了各种活动和游戏，学生们踊跃参加，大家都不亦乐乎；而现实中的课堂气氛"活跃"是"活跃"，不同的是，学生要么在课堂里任意走动，要么三两个聚在一起聊天儿，就是不学习。作为一名老师，最沮丧的莫过于学生对自己的不尊重了。中国文化中，除了孝悌，最重要的就是尊师重道。中国的学生，哪怕在课堂上睡大觉，也不会出现随意走动或者聚在一起聊天儿的场面。但是当我问他们"你们不喜欢老师吗""你们认为应该怎样尊重老师"这类问题时，学生们满脸无辜地看着我，认真地说："我们绝对没有不尊重您的意思，我们的父母和学校也一直强调要尊重老师。可是汉语真的太难了，中国离我们也很远，我们用不着学中文。"

技术不足，教具来补

在不断旁听其他老师的课以及在自己课堂的观察中，我发现亚美尼亚的中学生非常具有创造力和动手能力，而且小组的协作能力和个人荣誉感比较强，实物教具在这种情况下便有了用武之地。我开始在汉语课上使用各种实物教具。我所使用的实物教具分为三类。第一类是利用软件工具制作的，如汉字拼图。制作汉字拼图很简单，我只需要将所要教授的汉字放在米字格里打印出来，沿着十字线剪成四个小方块，上课的时候让两三名学生一组进行拼字比赛。第二类是将生活中现有的物品稍加改造，制作成适合教学的教具，如用正方体包装盒制作的大号骰子，一般是两个盒子为一组。将骰子图案打印出来，贴在盒子的四面，就成了一个骰子，可以用掷骰子的方式教数字；也可以用来让学生掷骰子，读出与骰子数字对应的生词或者句子；还可以将需要的生词按照语素进行切分，打印出来，盒子的每一面贴上一个语素，学生掷骰子，然后读出两个骰子掷出来的词，正确的词语可以得分。当然，也可以从网上购买大小合适的正方体积木来使用，这样更加便捷。第三类是成品，比如眼罩。我先带领学生用手指在空中书写汉字，熟悉汉字的字形和笔顺，然后将学生分成两组，每组派一个代表，让他戴上眼罩，在黑板上书写，看哪组学生写得快，写得好。

在使用大量实物教具之后，原本让学生和我都觉得非常难熬的课堂时光变得非常愉快，一堂课充满了欢声笑语。以前的汉语课堂，热闹得像个菜市场；现在依旧热闹，却是一组一组的学生彼此合作，大家一起认真学习汉语，学习的氛围变得异常浓烈。开始的时候，课堂管理是最让我头疼的事，一节课真正有效的上课时间能达到20分钟已经是极限，但是我现在根本不用花费太多时间去管理课堂纪律，学生都是自发地参与到课堂活动中来，并且对我布置的每一项任务都非常投入。另外一个非常明显的变化就是，之前走进教室，学生们一看是中国老师来了，要么不屑一顾，要么垂头丧气。可是现在我一走进课堂，学生们就开始摩拳擦掌，两眼放光，很期待地问我："老师，今天我们要玩儿什么？"甚至有的学生会提出来："老师，今天我们可以玩儿汉字拼图吗？"这个时候，课堂管理已不在话下。

案例反思

在亚美尼亚，我第一次接触到了完全没有汉语背景的学生，我们之间产生了文化上的碰撞，而这种碰撞直接影响到了课堂教学。曾经一想到契诃夫中学，我的内心就会充满沮丧和排斥。而现在看来，我却感激在这个中学经历的一切。正是因为这段经历，让我站在一个全新的视角去看待海外中学课堂的汉语教学，也让我有了诸多体会。

第一，跨文化交际，不仅有跨文化，还有交际。既然有交际，那么我们应该寻找的，除了差异性，更应该有共通性。对于中小学生而言，闹腾是他们的天性，这个特点世界各地都一样。中国文化中尊师重道在课堂中的表现就是遵守课堂纪律，保持安静；而亚美尼亚学生却更彰显个性，但这并不代表不尊重老师。在汉语和中国文化辐射小的地方，因为学习汉语不是刚需，所以学生的积极性不高。这个时候就需要老师们换位思考，如果我是一名中学生，在玩耍和学习之间，我会如何选择？既然是跨文化交际，那就是一个双向的过程，没有哪一种文化绝对的好或者绝对的坏，只不过是有差异，因此我们在把中国文化推出去的同时，也要把对方的文化融进来。

第二，不要对信息技术辅助汉语教学产生依赖。亚美尼亚教学环境与中国不同，汉语教师应适应当地的教学环境。虽然现在的大趋势是信息化教学，但是针对中小学课堂的汉语教学，我发现实物教具有着多媒体所不具备的优势。首先，海外一线汉语教学由于地域的不同，硬件设施的配置也不一样，在不具备多媒体的条件下，实物教具是一个相当好的补充;其次,实物教具能够让学生有真实的触感和观感,在拿到教具时,学生会觉得这是属于自己的学习用品,首先从心理上就产生了一种认同感,也就更乐意参与其中。实际上,在某种层面上,这也是一种文化的互通,没有哪个国家的孩子不爱玩儿玩具,我们要做的,不过将普通的玩具变成教学用具,寓教于乐。

第三,研发教具的过程,实际上也是一个了解学生的跨文化交际过程,不同地区的学生,教具的选材、改造和使用方法会有所不同,需要因地制宜。实际上,我所使用的教具,除了将网络教具实物化以外,更多实物教具的制作灵感来源于学生。有一段时间,在不同年级的好几个班,有一些学生手里出现了魔方,而且一个学生玩儿的时候,旁边总有几个学生围观,或者几个学生比赛,看谁拼得快。由此我发现,亚洲的学生更倾向于用做笔记的形式来学习,而亚美尼亚的学生喜欢用动手的方式来学习。我后来也了解到,亚美尼亚的中学都开设有专门的国际象棋课,更加证明了这一点。于是我从中国采购了一批类似于华容道的塑料移动拼图板,制作了汉语课堂专用的拼图板。制作的过程,我也让学生全程参与,我只需要打印好素材,剪切和粘贴工作让学生来完成,这个过程也是学生对知识点进行预习和复习的过程。

第四,文化差异直接导致的便是心理活动和思维方式的差异,所以与其说跨文化交际是处理文化冲突,倒不如说是师生之间心理状态的调整,而在这个过程中,教师应该起主导作用。如果教师引导得好,学生当然会提高学习的兴趣,对汉语的认可度、熟悉度、接纳度都会越来越高。

作者简介

蒋湘陵,大连外国语大学讲师,孔子学院专职汉语教师,具有丰富的国际汉语教学经验。曾先后在法国图卢兹第一大学孔子学院、加拿大蒙特利尔担任汉语教师志愿者;后在印度尼西亚、亚美尼亚担任汉语教师。主要承担当地中小学的汉语教学工作,孔子学院的文化活动组织与策划以及本土汉语教师的培训工作。曾带领印尼学生参加暑期赴华夏令营项目,主持了印尼规模最大的汉语文化活动中心的建设。

思考与实训

1. 多媒体的使用在汉语教学中扮演的到底是什么角色?在不能使用多媒体教学资源的情况下,如何让汉语课堂变得生动有趣?
2. 在"以学生为中心"的教学理念下,教师应当充分发挥自己的主导作用,让学生积极参与到课堂活动中来。谈一下如何借用教具让学生有足够的参与感。
3. 在进行课堂活动设计时,是应该基于学生主动学习的理念进行设计,还是应该基于学生学习动力不足的情况进行设计?

欧洲

欧洲位于亚洲的西面,是亚欧大陆的一部分。欧洲的地形,大体上以波罗的海东岸至黑海西岸为界,分为东、西两部分。欧洲近代以三大思想解放运动闻名:文艺复兴、宗教改革与启蒙运动。近些年来,欧洲开始大力推展汉语学习项目。在英国,有5200多所中小学开设汉语课,学生达20万人;法国中小学里学习汉语人数连年增长率达40%;德国学习汉语人数在5年内增长了10倍。[1]

本章的教学工作案例来自东欧的俄罗斯,西欧的英国、法国和爱尔兰,南欧的塞尔维亚。

让我们与赴任各国的老师们一起,走进不同的教学场景,一起思考以下问题:如果学生问"中国人喜欢吃动物的内脏吗",你怎么回答?如果你为学生好,义务加课却被家长投诉怎么办?如果你到了教室,发现除了黑板和粉笔,没有电脑、投影仪,你怎么上课?如果遇到学习有障碍的学生怎么办?

---

[1] 数据来源于 http://www.gov.cn/xinwen/2019-12/10/content_5460063.htm。

寓教于乐的挑战

/ 谭雪花 /

英 国

案例场景

作为一名英国文化教育协会(简称BC)项目的汉语助教,我在英国西约克郡的一所公立小学教授汉语。学校十分重视汉语学习,已经连续6年开设汉语必修课,但每年会更换汉语助教老师(BC项目汉语助教任教10个月,不可以留任)。我的教学对象分为四个部分,第一部分是幼儿园,分为彩虹班和阳光班;第二部分是1至2年级,中间又分为1年级、1/2年级、2年级;第三部分是3至4年级,包括3年级、3/4年级、4年级;最后一部分是5至6年级,也包括三个年级。每个班大概25—30名学生,每周1课时,每节课40分钟。每个年级因为学习汉语的时长有差别,所以学生汉语水平参差不齐,有些是零基础,有些会说基本的单词,有些甚至能说出一些简短的对话。学校对于汉语的教学要求是在学生们提高汉语学习兴趣的基础上,让他们掌握交际化的语言,强调汉字的作用大于拼音。

案例描述

自我感觉良好的背后

因为在韩国有一年任教的经历,对于教学内容有一定的把握,我刚开始上课的时候自信满满。上完第一次课后,我感觉学生的参与度很高，发言非常积极。高年级已掌握了一些基础汉语，有时还能与你说上几句话，我感觉要开始自我膨胀了。但是，在我上完第三次课后，校长很亲切地邀请我去她办公室谈谈关于汉语教学计划的事情。

校长拿出法语计划表，说："学校的法语课程有完善的教学课程体系，每节课的教学内容都很详细，每个年级的教学内容都不同。而你的汉语教学计划，有点儿太过简单，内容不详细。你需要拓展一下教学内容，把教学计划写得更具体一些。特别是幼儿班部分，不能与高年级教学内容一样，因为他们的理解水平和参与程度是不一样的。另外，高年级的文化课程偏多，但是因为暑假有一部分学生会去中国游学，所以应该增加一些日常交流部分的汉语。"我一边点头，一边琢磨应该怎么扩展这个汉语教学计划。我有点儿后悔当时没有问清楚学校的要求，但细致和认真确实是老师备课的基本修养。

突如其来的听课

在与校长沟通后的第二天，我呈上了与另一位汉语助教连夜修改的汉语计划表。校长很高兴我能这么快给她反馈，我说如果计划有什么问题可以再随时跟我说，说完便去上课了。

在我刚刚点完学生的名字之后，校长便拿着笔记本进来了，只见她坐在一把椅子上准备听我上课。我刚开始十分惊讶慌乱，但我迅速调整好自己的状态，继续镇定地上课。这节课的教学主题是"中秋节"，我打算给学生介绍中国的这个传统节日。我当时设置的教学步骤是：先让学生看视频了解中秋节传说，再了解中秋节的时间（与英国的丰收节作对比），然后了解中秋节的习俗、意义，最后学习关于中秋节习俗的几个生词，并在游戏中巩固生词。

因为这节课是文化课，我的初衷是让学生重点了解中秋节的文化内涵，如果时间充足的话可以再讲生词。校长听了大概20分钟后便出去了。

语重心长的谈话

下课后我收到短信，校长想请我去办公室谈谈。我一进校长办公室，她便微笑着问我："这节课感觉怎么样？"我微笑着答道："还行。"然后校长说："我今天听了你的课，想跟你谈谈我的看法。第一，你上课用的中秋节的视频，上一位汉语助教讲中秋节的时候也用到过，你有没有与其他老师确认是否用过？第二，视频长达6分钟，中间你只请了一位学生讲，要描述整个故事，全体学生的参与度高吗？第三，最重要的一点，你的课上得有点儿无趣。学语言，学单词，不是一味地重复读单词。你用的星星月亮的游戏值得肯定，但是这远远不够。老师需要的是热情、激情，充满活力，你讲得太平淡了，学生会感到无聊的。第四，幼儿班的课我也确认过了，你给他们上课不能与高年级的一样，他们的接受能力远没有你想象的高，他们一节课只需要讲一两个语言点，通过玩儿游戏不断地重复就行。我们不要求她们掌握多少内容，但是一定要让他们快乐地学，让他们感觉到学汉语是快乐的而不是有压力的。"

西方人在工作上确实是就事论事，不会碍于情面而不好意思不指出你的错误。虽然我承认校长说的有些方面是正确的，但我仍然因为禁不住直面批评而当即落泪。从实习到在韩国教学，一直以来我都以有耐心、有亲和力、稳重为特点，得到了学校和学生的认可，第一次面临教学上的指责，我有点儿接受不了。

虚心求教后的光明

我一边肯定校长的话,一边在寻求突破口。其实教师的教学风格一定程度上是由性格决定的,并不是所有的老师都能活蹦乱跳,充满热情与激情。但是对于小孩子,他们拥有无限的生机与活力,你要变得更加活泼,才能顺应他们的性格特点。当然,在一定场合又要保证权威,否则会管控不了整个课堂,进而导致课堂教学无法进行下去。

我调整好自己的心态,非常虚心地接受校长的建议。最终我总结了以下方法:

1. 多与学生、老师沟通

首先,与学生沟通,确认哪些内容是已经学过的但是忘记了,哪些内容是已经学过并且记得的,哪些内容是没有学过的,哪些内容是学生们感兴趣的。

其次,在上课前,提前跟该班的助教老师确认内容是否学过,要不要继续以这种形式教学,有什么方法上的改进,等等。

2. 去本土老师的课堂观摩

最好的方式是观摩,去观摩本土老师如何与学生沟通、如何组织课堂语言以及如何把握课堂节奏等。

3. 认真备课,提高英文表达

备课不是说简单地做个PPT,顺一下教学活动就行,而是必须根据每个年龄段学生的特点,设计不同的教学内容和课堂活动,包括游戏。对于一些文化知识点的讲解,一定要确保正确。最重要的一点,上课的时候,不是仅用汉语讲就行,还要学会如何用熟练的英语去描述汉语的知识点。这不仅仅是对我的汉语专业知识的考验,也是对我的英语运用能力的考验。这一点,对于非英语专业的我来说,也很有挑战。

4. 多积累课堂游戏

对我来说,最重要的一点,即让自己变得更活泼,在课上多增加一些课堂活动,争取让学生们全身心地参与其中。

通过学习—准备—实践这样不断地摸索,我的汉语课堂在几周后终于有进展了。学生们积极热情,高年级的学生能够快速掌握汉语知识,低年级的也能学会基本的汉语表达和唱儿歌了。校长也对我的变化看在眼里。终于我的课不再无聊,不是一味灌输的课堂了,我开始与学生们有了更多的交流,并且与其他同事的交流也渐渐变得多了起来。

案例反思

说实话,我以前真的从来没有为自己的汉语课堂担心过。面对校长的批评,我刚开始有点儿放不下面子。但是仔细想想,他们所追求的课堂是寓教于乐的课堂,也是学生参与度很高的课堂,这其实是大多数人向往的课堂。我们必须承认,成功的课堂永远是富有生机与活力的。

英国的小学比较轻松快乐。让学生们学得更轻松更有趣是教学目标,而不是要求学生必须掌握多少。如何使死板的知识活起来,那就是我们要学会的本领了。就像校长说的,"要成为一名好老师并不是那么容易的"。

对于营造寓教于乐的课堂,我根据自己的经验总结了以下方法:

首先,制订完善的教学计划,准备详细的教案。教师平时要做好充足的素材积累和计划。任何课堂只有你在充分准备后才有更大的发挥空间,并且可以预测突发情况。有时候,你觉得十分容易开展的活动可能在实际课堂中根本不被外国学生理解；有时候，你觉得很容易发出的音节可能学生们认为发音很难。所以，教师要做好充足的课前准备。

其次，交互式课堂，意味着上好一节课并不是你一个人在讲，必须要让学生参与进来。只有让学生真正参与进来，他们才有可能会有兴趣学，才可能掌握。反之，势必会增加课堂的无趣性。

再次，设计多种多样的游戏。我的课堂管理方法是——每个学生被分在不同的小组，每个小组答对一个题就可以获得一颗星星，集齐五颗星星就能获得一个月亮，集齐五个月亮就能获得一个太阳。下课前，统计获奖最多的小组，然后在汉语记录册里记录下来，以便给学生颁发奖品。关于游戏，我列举两个。第一个是信息差游戏。在学生已掌握多段对话后，我会给每个人发一张卡片，正面是一个问题，背面是另一个问题的答案，按小组对小组的形式，让大家在一定时间内找到自己问题的答案和对应答案的问题。对这个游戏，学生们的参与度很高。第二个游戏是让学生成为"专家"，即给每一个组设置一个话题，让小组内成员共同完成类似头脑风暴的任务，然后做展示，展示多以画画儿、唱歌等形式呈现。

最后，多模仿，多总结。有些时候并不是你没有好点子，而是你没有用心去想。如果实在想不到，我们可以在网上搜寻一些可利用的教学素材和游戏，然后拿过来使用。如果不合适，可以再另辟蹊径，另找方法。但是永远不要放弃学习，也不要全部"拿来主义"，不要"生搬硬套"，要根据情况，自己主动调整。

作者简介

谭雪花,澳门科技大学汉语国际教育专业硕士。曾任教于韩国某孔子课堂、英国某公立小学。曾在早安汉语、易桥汉语等机构担任兼职汉语教师,并参与汉语教师培训工作。创办"对外汉语的那些事儿"微信公众号,原创文章达百余篇,主要探讨针对不同年龄层次和学习目的的学生的教学策略和方法。善于教学反思,善于表达自己的见解。

思考与实训

1. 面对校长的质疑,在课堂无趣、学生参与度不高的情况下,谭老师是如何改善课堂、提高学生的积极性的?
2. 根据本文案例反思的一些策略,谈谈你对课堂管理的理解。如果是你,你会怎么管理课堂?
3. 谈谈中国的教育与欧美教育的异同。
4. 试从教学内容、教学方法、学生参与度等角度评估一下你自己的课堂教学。

我该怎么保护你幼小的心灵

/谭雪花/

英 国

案例场景

我目前就任的学校是英国西约克郡一所非常有名的公立小学,所以总体上对于老师的期望值很高。我一共教11个班,学生层次从幼儿园到六年级不等,每周每个班上一次课,主要以提高学生学习汉语的兴趣为主。六年级学生因为学汉语的时间比较长,所以针对他们的教学内容会偏复杂一点儿。我所在的这所学校与中国成都一所公立中学几年前就建立了合作关系,两个学校之间每年都会有访问交流。

案例描述

早在赴任前培训的时候,我们就了解到,英国有严格的儿童保护法,对于儿童的保护措施做得非常严密,儿童拥有生存、受保护、发展和参与四大类权利,其中受保护这一类中就包括保护学生免受身体虐待、情感虐待、忽视等内容。比如说不能主动与孩子拥抱,不能邀请学生到家里,学生不能与老师单独待在一个封闭的空间,不能未经监护人同意拍摄儿童的照片,等等。我以为这些我都注意到了,在课堂中也很注意规范自己的行为。但不幸的是,我还是遇到了麻烦。

回避学生的拥抱

我们先说一下第一件事情。正式上课的第二周，我在幼儿园的阳光班给四至六岁的孩子上课。下课后，其中一个学生兴奋地跑过来，准备与我拥抱。当时我条件反射地躲开了，因为"不能与学生拥抱"这一规则瞬间出现在我脑海中。然而，学生一脸无辜地瞪着大大的眼睛看着我，她的眼里充满了失落，开始哇哇大哭。旁边的助教忙跑过来安慰她说："老师可能不想抱你，让老师先忙吧。"哎！我真的不是故意不抱她的，毕竟学生们都很可爱，但我不敢触犯规则，不知道到底该不该拥抱。我没有想到这种行为会伤害到学生的自尊心。

打击学生的积极性

还有一件事情也让我措手不及。又到了每年 12 月学校与国内合作院校交流活动的时间了。我们学校准备在欢迎会上演唱《成都》这首歌。原因首先是友好学校来自成都，其次是校长很喜欢这首歌。我主要负责教学生学会唱这首歌。我与其中一个声乐老师商量后，在各个年级挑选了一些中文比较好并且唱歌有天赋的学生，准备教他们这首歌。

我个人认为，《成都》这首歌对于小学生来说还是有点儿偏难。因为一是整首歌偏低沉，语调是往下走的，节奏也比较慢；二是歌词发音有点儿难，歌词也有点儿多，学生们很难理解。所以我提前在网上下载好这首歌，然后给歌词标注上拼音和英文解释，提前发给了六年级的三位学生，让他们有时间的话可以先听听这首歌，然后下周二一起来学习。我认为这样的话可能学起来容易一点儿。学生们当时看起来很兴奋。

但是没想到，第二天，我被邀请到校长室，让我谈谈关于学歌的事情。原来，昨天有个学生的家长连夜投诉到校长那里，说我让他们在下星期二之前要学会这首歌，可是学生觉得自己肯定学不会，痛哭了一晚上，精神状态很不好，觉得很沮丧。因为该学生的家长也是位老师，校长说我的做法严重损害了学校的名誉。我当时听了非常震惊，因为我从来没有想过要让他们在下星期二前全部学会，因为对于他们来说太难了。但是学生们却误会了我说的话，而且他们感觉很受挫。这让我感触颇深。这几个学生平时都是成绩非常优异的学生，也一直保持着良好的学习习惯和行为，但这一首小小的汉语歌竟对他们造成了不小的打击，这是我想不到的。

这两件事充分显示出我的教育方式和理念与英国学校的差异，没想到我的做法在一定程度上伤害了学生的情感或影响了他们的心理发展。如何处理好这两件事呢？我想自己应该先好好反思一下，然后请教一下别人。

寻求帮助

最终，这两件事情还是由校长和本地教师共同帮我解决的，主要解决办法还是沟通加鼓励。怎么说呢？对于一个长期在亚洲文化圈生活的老师来说，英国的儿童保护法则细致到让人一下子不能全盘吸收，也不容易把握好"度和分寸"。儿童的发展，不仅仅是智力的发展，更注重的是身心发展，尤其是心理健康和情绪管理很重要。第一件事情，先由助教跟学生沟通，告诉学生我当时的想法是"想拥抱而不敢拥抱"，同时给予学生适当的安慰。第二件事情涉及两方，所以校长首先跟家长进行了沟通，告诉家长我并没有让学生下周二之前一定学会这首歌，学生们误会了；其次就是跟学生沟通，向学生说明整件事情的缘由，并鼓励学生加油，争取摆脱当前的沮丧状态。

解决措施

后来有人问我,如果你再遇到这样的事情会怎么办?我想,我们都会在实践中不断成长。在这种情况下,最好的办法就是——学习并不断规范自己的行为,谨言慎行。除了学习详细的《英国儿童保护法》的相关规定,还要参照一些具体的案例。英国文化教育协会每年都会举办有关儿童保护的一些培训,是学习的好机会。就我个人而言,主要缺乏的是对于儿童的心理保护这方面的经验,因此给我的教学造成了一些困扰。我想在今后的教学中,自己一定要注意这方面的问题。

案例反思

在儿童保护这方面,英国确实做得非常全面细致。初到英国的汉语教师,尤其教学对象是儿童的老师,应该特别重视这一问题,即儿童的身心发展。我因为缺乏经验,并且没有从心底里引起重视,从而产生了一些不必要的误会。所以,为了避免这种误会再次发生,我们能做的就是充分了解英国的儿童保护体系。每一个人都有责任保护儿童的权益,每一个人也应重视维护儿童的相关权利。

对于儿童保护的相关具体内容,我们可以通过案例来进行学习。比如当学生向你倾诉自己的问题和遭到的不公正待遇时,你会怎么做?作为老师,为了管理课堂纪律让学生罚站并进行言语上的辱骂,这种行为有什么严重危害?与学生们参加完课外活动后发了一些照片到社交网络上有什么严重后果?事实上,这样的案例很多,我们作为老师,能做的也很多,比如说规范自己的行为,在活动过程中给予学生适当的支持和鼓励,及时回应和关注儿童的需求,对儿童友好关心等。另外,遇到紧急情况时,要保持冷静,及时寻求帮助,向儿童保护联系人报告相关的担忧和具体情况等。

儿童这一群体心理发育还不完善,心理承受能力比较弱,所以在教学方面也要引起重视。一是教学内容不能太难,如果太难,在一定程度上会打击学生的积极性,从而抑制学生对该门课的学习兴趣。二是教学方式上应提倡鼓励式教学,不能一味地要求学生在一段时间里必须完成什么,然后也不给予一些正面回应。我们应该做的是及时鼓励学生,多给学生们正面反馈。相信老师们都了解鼓励的力量是多么强大。三是教学内容不能太多,有时候一味地想让学生学习更多的内容往往会适得其反,多并不意味着好,要确保学习内容的消化吸收与实际运用,毕竟学生的学习是一个循序渐进的过程。所以对于儿童的汉语教学,总结起来主要有两点:关注重点,勿贪多;给予正面回应,提倡鼓励式和启发式教学。

作者简介

谭雪花,澳门科技大学汉语国际教育专业硕士。曾任教于韩国某孔子课堂、英国某公立小学。曾在早安汉语、易桥汉语等机构担任兼职汉语教师,并参与汉语教师培训工作。创办"对外汉语的那些事儿"微信公众号,原创文章达百余篇,主要探讨针对不同年龄层次和学习目的学生的教学策略和方法。善于教学反思,善于表达自己的见解。

思考与实训

1. 结合案例及案例反思，谈谈在英国的汉语教学中如何不触犯《英国儿童保护法》的相关规定以及如何把握教学的分寸。
2. 于老师在英国公立小学教授汉语。一天，她接到投诉，说她在课堂上用力地推了一下学生，但是她觉得自己只是无意中触碰到学生了。你觉得她应该怎么应对？
3. 本文谈到老师不能拥抱孩子，不能随便给孩子拍照。结合相关材料，对比中英两国在儿童保护上的异同。

17 遇到有学习障碍的学生怎么办

/ 杨如月 /

英 国

案例场景

我所在的英国卡迪夫大学位于威尔士首府卡迪夫市，是英国罗素大学集团的成员之一，其现代语言学院不仅设有本科和研究生语言专业课程，而且为全校所有学生提供8种不同的语言选修课，中文课是其中之一。我任教的其中一个选修课班级是初级班，班上共有10名学生，有英国人，也有亚洲人（非华裔）和欧洲其他国家的人。大家学历不等，有本科生、硕士生，还有博士生。学生年龄在18岁至30岁之间，专业背景也各不相同，但大家的汉语水平相同，全部是零起点初学者。

案例描述

他突然走了

我们这一单元学习的内容为"是"字句和用"吗"的疑问句。上一节课我已经给大家讲过句型，并且除了课本上的词语"老师、学生、中国、英国、人"等，还补充了全班同学的国籍名称和"大学、中学、小学"等词，这样一来，词汇量拓展到了"大学老师、中学老师、小学老师、大学生、中学生、小学生"等表示职业和身份的词。所以，这节课一开始，朗读复习完词汇句型之后，我设计了一个"猜猜我是谁"的口语练习活动。具体方法是给每个学生发一张标注了拼音的小纸条,上面写有给每个人设定的国籍和身份的词语,如"英国人,小学老师"或者"法国人,中学生"等,每个人对自己纸条上的内容保密。大家互相采访提问,如"你是中国人吗""你是波兰人吗""你是老师吗""你是学生吗""你是大学生吗",等等。受访者只能回答"是"或者"不是",双方通过不断问答直至猜对受访人的国籍和身份。

这个采访活动用到的句式单一,在复习环节能有效地帮助学生更加熟练地掌握句型和词汇。我把规则一讲完,大家就立刻开始互相找伙伴采访了。班上的人数是双数,刚好每个人都能找到伙伴。这时,我注意到安泰埋头在纸上不知道写着什么,而他身后的一个女生落了单。安泰是英国小伙儿,本科生,个子高高的,平时上课很专注,话不多。我给他分配的角色是"日本人,大学生"。我走到他身边,只见他正在把问答的句子一一用拼音写在本子上。我担心他没有弄明白活动的规则,于是又跟他解释并示范了一遍,告诉他不用把句子写下来,让他去找同学采访。他说"OK",然后把笔和本子收进书包站起来,离开了教室!他走了!

他怎么了

我怔住了。其他同学正在兴致勃勃地操练,见状也面面相觑。我迅速调整了一下自己的情绪,装作若无其事的样子,走到落单的女生面前,和她开始了问答对话。虽然这节课后面一切正常,顺利完成了教学计划,但是我内心的波澜却没有平复。

下午三点半下课,本来这是平时下班吃晚饭的时间,我却丝毫没有心情吃饭,独自坐在办公室里,心里充满了不解、担忧、懊恼甚至自责。难道是因为安泰还没有掌握知识点?还是因为他有社交障碍?我是不是不应该"催"他练习对话?他会不会因此感觉学习中文有压力?我要不要给他写一封邮件问问？我真想立刻找他问个明白，于是马上打开邮箱，刚写了一个称呼，却又感觉不妥，这样做会不会给安泰带来更大的压力？

在英国工作一段时间后，我了解到学校非常注重保护学生的心理健康和权益。上个学期，现代语言学院办公室给我发过一封邮件，说我班上有个学生被诊断有学习或阅读障碍，要求我在授课时特别注意。按照学院规定，上课时我要给该学生更多的时间思考和回答问题，考试的时候也不能对他和其他学生做同等要求，该学生有权享受考试时间比其他学生延长10分钟的待遇。收到邮件之后，我格外注意这个学生的表现，还好，一学期下来，这个学生并没有什么异样。也许是因为他的问题表现在别的学科，而不是在语言学习上吧。难道安泰也有类似的学习障碍？

沟通解决

忐忑之下，我决定向资深的本地老师请教。幸运的是，我咨询的老师非常理解我的心情，立刻回复了我。她肯定了我的教学过程和方法，认为没有不妥之处。那么安泰为什么不打招呼突然离开？她的建议是先冷静一下，到下次上课时再看看安泰来不来上课。如果他若无其事地来了，那么就没事了；如果他不来，再给他写封邮件询问一下。

那天晚上，时间仿佛过得特别慢。经过再三考虑，我决定第二天早上就给安泰写邮件。如果他能够冷静下来，一个晚上的时间足够了。

邮件内容大致如下：

安泰：

  如果你昨天是因为有压力而提前离开教室，我感到很抱歉。希望你现在感觉好些了。

  我理解不同的学生对于如何学好语言有不同的想法。不知道你是否愿意和我谈谈你的想法。如果愿意的话，能否在周三上课时提前 5 到 10 分钟来教室？

期待明天见！

杨老师

点击发送邮件之后，我的心情稍微放松了一点儿，毕竟，我做了自己能做的补救措施。没想到，不到一个小时，安泰就回信了。

杨老师：

很抱歉未经允许我就离开了教室。这绝不是您的错。我最近有点儿眩晕，可能是因为我情绪有点儿不稳定。这不是第一次了，有时我会莫名其妙地焦虑。这并不是您的错，您的教学方法也没有不妥。我很乐意在周三课前与您见面。我正式向您道歉，不打招呼就离开是对您的不尊重，这不是我的本意。谢谢您的理解。

安泰

接下来的事情就很顺利了。我和安泰如约谈了话。他再次向我道了歉，我则以自己在卡迪夫大学学习西班牙语和法语时感受到的困难和压力为例，说明人人都会有情绪不稳定的时候，每个人焦虑的原因和应对机制不尽相同，但都是出于自我保护的应激反应，不稳定的情绪过去就好了。当天的课上，安泰表现得非常出色，我也不吝赞美之词，由衷地夸奖了他。

案例反思

同事们有时开玩笑说,大概是因为英国天气多阴雨,久居英国的人似乎很敏感脆弱,不太能够承受压力。这种说法是否成立不得而知。但是,英国的学校管理非常尊重个体,以学生为中心,特别注重保护他们的隐私和权利。也许正因为学生习惯了这种受保护的体制,所以有些学生看起来比较脆弱吧。

在我学习法语的时候,老师在第一次课上先给每个学生发了一张问卷,就教学方法征询每个人的意见,比如:这门课需要大量的口语练习,课堂上可能采取的练习方法包括朗读、自述、对话、角色扮演、小组讨论等,你能接受哪些方法?不能接受哪些方法?你有什么其他的学习建议?当时我想:学语言不就是要这样练习吗?如果不练怎么学呢?难道还会有人反对吗?现在想来,老师的做法是对的。有的人也许有社交恐惧或者社交障碍,但是他们也有学习语言的需求,如果不愿意和陌生人对话,他们还可以通过手机APP或者用电脑软件人机对话去练习。这样做充分尊重了不同的个体,满足了他们的特殊需求。

本文提到我咨询过的老师在教学中也曾经遇到过类似情形。在一次口语课上,当别人都开始练习对话的时候,有个学生突然落泪。老师非常吃惊,课后细问之后才知道她和陌生人讲话的时候感觉压力很大。所以此后老师会安排她和熟识的同伴儿对话,或者让她自述。此外,我有同事曾经教过有视力障碍的学生,按照学校规定,老师每次上课必须为学生提供大号字体的讲义、作业或试卷,以保障学生的权利。

大学生都是成年人,为及时解决在校学生的心理健康问题,英国的大学都配备提供心理支持的咨询人员或团队,目的是对学生的心理健康状况进行评估和疏导,以防心理健康问题进一步加深。当老师发现学生出现异常时,可以主动地去接触学生,给他们一些暗示和引导,帮助他们疏导压力。当他们愿意跟你聊天儿的时候，一定是他们状态还不错的时候，把握机会多跟他们聊聊，多鼓励，让他们感受到关爱和肯定。如果我们发现情况比较严重，无法处理的时候，就及时反映给专业的心理援助机构。

作者简介

杨如月，武汉纺织大学外国语学院副教授，孔子学院公派教师。曾在英国卡迪夫大学孔子学院任教。

思考与实训

1. 阅读"案例描述"部分，谈一谈在上课时学生不打招呼就突然离开教室，作者是怎么处理的。如果是你，你会如何应对？
2. 结合"案例反思"部分，如果你的班上有一个学生提出要求：因为他的身体问题，考试的时候为他单独安排一个考场，你会怎么做？
3. 国内外大学都越来越注重保护学生的心理健康，在教学过程中，教师可以在哪些方面做得更好？

18 与众不同的打分制

/ 高亦霏 /

法 国

🎬 案例场景

我任教的拉伯雷中学位于法国蒙彼利埃市，学校开设法国国民教育部与中国教育部合作设立的中文国际班项目。中文国际班是法国教育体系中特有的强化中文教学的正规课程设置，学生须通过筛选，择优录取。自2008年起，法国政府已陆续在10个学区的46所中小学开设了中文国际班。

该校中文国际班中有三位老师分别负责不同的课程：中文课、中文数学课和汉语语言文学课。我负责初一到初四的汉语语言文学课，每班每周三课时，每课时50分钟。课程需围绕初中教育的整体目标进行，有明确的教学大纲，旨在让学生了解中国不同区域的人文、地理和文化概况，并开展中国文学、艺术等方面的感知教育，力求提升学生的中国文化修养，逐步深化和提高汉语语言能力。

💬 案例描述

法国学校一学年分三个学期，学生按学期计算三次成绩，每次成绩单上会标明各门功课的分数（其中外语成绩登记为口试和笔试两种类型）、排名，每门课的全班最高分、最低分和平均分以及评语。每个学期末都有班级成绩评测会（conseil de classe），由校长或副校长主持，参与者由各科任课教师、两名家长代表、两名学生代表三方构成。家长负责代表家长委员会向校方反映对教学和管理相关的意见；学生负责维护学生利益，同时也反馈学生对老师和对教学的意见。每个学生的成绩和表现都会在成绩评定会上被三方参与者拿出来逐一讨论，从而得出一个总体的评价并记录在案。各班成绩评测会的时间和地点会制成表格提前张贴在教师休息室里，由教师自行查阅并准时前往。成绩评测会在学生放学后进行，一般要持续两个星期，而家长会与之不同，一学年只有一次。

"人满为患"的教师休息室

赴任后第一个学期末的一天，我上完课后一如既往地来到教师休息室，准备批改作业并录入学生出勤信息，发现平时颇为冷清的教师休息室里热闹无比，仿佛学校里所有教师都凭空出现了。

相熟的地理老师笑盈盈地跟我打招呼："高老师！你今天怎么样？"

"还挺顺利！"我一边回答一边走到他身边问道，"今天怎么这么多人？"

"你刚来，还不知道吧，班级成绩评测会要开始了。"他皱皱眉，"又要开始忙起来了。"说到这儿，他指了指信息提示板，"你去那边看一下，找到你教的班级，上面有对应的会议时间和地点。你还好，只有四个班，我有六个呢！"

我上前去看了看自己班级评测会的时间和地点安排，一一记下，又从地理老师那儿得知，会前需要录入学生这个学期的成绩，并参照课堂表现、学习态度、个人潜力等方面，按照"优秀、良好、好、及格和不及格"几个等级标注好评语。

激烈而尴尬的会议

第一次班级成绩评测会开始前,中文教师把中文数学教师和我叫到一起,简单地讨论了一下每个学生的成绩和在各自课堂上的表现,对于"问题学生"达成了初步的共识。会议开始后,副校长让与会人员逐一自我介绍,我才惊愕地发现参加会议的还有家长代表和学生代表。会议流程逐步推进,到了我们三名中文班教师团队公认的一名"问题学生"——本杰明的评定了。

看了所有教师的评语,副校长首先发言:"根据本杰明的成绩图表,我们能够看出他各科成绩差异较大,体育成绩优异,理化成绩也还不错,其他成绩大多为平均水平,中文嘛,能看出这个学期成绩略有下滑,课堂表现也出现了或多或少的问题。鉴于所有评语,我们给他一个'表扬'的总评怎么样?"(学生的总评语分为:祝贺、表扬、鼓励、合格和不及格。如果学生学习态度不好或课堂表现较差,成绩单上则会写明警告,家长可能会因此接到校方的约谈。)

"我没意见。"理化老师首先表态。

"要是按我的意见,他可不只是'表扬'这个等级呢!"体育老师也笑呵呵地接话道。

"我们中文老师团队不这么认为!"这时,一贯温和的中文老师居然斩钉截铁地说道,"他中文的三门成绩都有下滑,而且在课堂上表现得比较消极,还总是跟旁边的同学聊天儿,扰乱课堂秩序。"

"的确,"艺术老师也点点头说,"这学期他在我的课上表现也不是很好。"

这时,其中一位家长代表竟然开始发言:"学生的中文成绩下滑,会不会是这个学期学生对新教师不能适应?"他看着我,"或许是教学方法改变了。"

面对他的问题，我有点儿惊讶，尴尬之余仍旧冷静地回答道："我在学期初期、中期做过两次调研，当时没有学生对我的教学方法提出意见，而且按照阶段性成绩和课堂反应来看，大多数学生对于课程的接受度比较高。"

"本杰明成绩下滑的并不只是一门课，"中文数学老师马上说道，"中文的三门课程成绩都在下滑，而且课堂表现不佳这一点并不只在中文课上体现。"

"你们有没有什么想说的？"校长适时地介入，向学生代表提问。

"据我们的了解，本杰明的父母正在协议离婚。"一位学生代表开始发言，"他最近的心情很糟糕，而且中文又比较难学，他原来的中文就不是很好。"

校长点点头表示理解并总结道："这样吧，我们给本杰明一个'鼓励'，在体育和理化两科给予表扬，但对于他的课堂表现，我们给他一个小警告，看看他下个学期是不是有改善。"

三方代表表示同意，会议继续进行……

会议结束——"雁过无痕"

给学生打评语的环节结束后，家长代表开始向校长和教师提出一些家长委员会搜集到的问题。有些问题很尖锐，甚至涉及教学内容的安排，被询问的教师通常会说明原因并据理力争；有些问题很宽泛，比如放学时间不合理，学生需要在车站等半小时以上。这样的问题校长会一一给予说明，如果无法达成一致，双方则会另想办法。

班级成绩评测会结束以后，大家纷纷起身，教师们微笑着互相打招呼，表示终于结束可以回家了。家长代表也起身离席，没有借此机会向老师打听自己孩子的学习情况。一切会上的争执和矛盾仿佛都没有发生过一样。

案例反思

　　受儒家"和合"理念的影响，中国人不喜欢与人争论；而受批判主义思想影响且崇尚言论自由的法国人天生喜欢发表观点和评论问题。从小接受中庸之道思想，习惯了东方传统价值观念的我在这次的班级成绩评测会上第一次直面法国人特有的自由坦率和能言善辩，的的确确是觉得尴尬而难以接受的。其次，中国人说话较为含蓄，通常不会直接提出缺点，会委婉地表达出质疑或者不满，这与其思维方式有关；而法国人的线性思维方式会使其主动抛出问题和个人观点，直截了当地表达自己的态度。因此，在班级评测会这样的特定情境下，如果我对于班级学生的问题不予提出或不明确表态，会被认为是一种不负责任的行为，而学生也会认为教师课堂管理能力差，进而在学习态度或是课堂表现上变本加厉。同样地，我的授课方法受到家长的质疑，如果采用迂回的说法和隐晦的态度，则会被法方认为是能力不足的表现。再者，与中国唯分数论、唯努力论不同的是，法国对学生成绩浮动的因素考察得更为全面，对于学生各个阶段的心理、精神层面的变化也有较为人性化的考量。比如父母的离异，在法国人眼中是一个可以放在台面上讨论的影响学生成绩的理由，而在中国，这样的话题通常是会被回避的，当然，这和法国居高不下的离婚率也不无关系。此外，学生和家长参与学期末评分，这在我看来是很难想象的事情，毕竟中国老师在教育中的绝对权威性由来已久，且受尊师重道观念的影响，中国的教师在学生的教育上有着相当大的话语权。而在法国，一方面，由于整个社会崇尚平等，等级观念较低，无论是家长还是学生，在教育方面都会以平等的眼光看待教师，因此会在成绩、教学方面向教师提出质疑；另一方面，家长被视作"教育共同体"的一部分，拥有参与孩子教育的各项权利，因此法国的家长在教育体制内的参与度是非常高的。

经历了几次班级成绩评测会的文化碰撞，我渐渐摸索出了几点注意事项，可以基本应对会上可能发生的问题：

1. 公平公正。对于法国学生而言，一个好的教师应该具备的素质之一是公平公正。因此，如果学生出现了扰乱课堂的行为，无论是成绩好还是成绩差的学生，要一视同仁地对待，尤其是体现在成绩单上的评语，不可因为学生的成绩好而弱化其不好的课堂表现，这样学生才不会出现抵触情绪。另外，课堂管理是法国教学中，尤其是中小学教学中很重要的组成部分，一开始制定出规章制度并严格执行下去非常重要。

2. 全面客观。与中国不同，法国中学没有期中和期末考试，而是采用阶段性测试的形式，成绩是所有测试的平均分。除了初四和高三的毕业考试以外，没有其他的统考，也就是说，测试的题目和密度都由教师自行决定。这就要求教师，尤其是语言类教师从听、说、读、写等多方面进行测试，并根据学生的整体情况调整考题的难易程度，从而取得一个较为客观的成绩。另外，最终成绩还需要把学生的态度、课堂表现、个人潜力等方面列入参考，形成一个全面评价。

3. 慎重行事。高等院校会将学生高二、高三班级成绩评测会上的评语作为志愿材料收集起来，也就是说，这些评语可能会影响学生的继续深造，因此填写负面评语的时候要慎重。学生阶段性的表现或成绩出现下滑，除了自身努力与否以外，还要考量是否还有身体或者家庭的因素。

4. 公事公办。对于班级成绩测评会上发生的任何讨论或争执，都不要掺杂个人情感，以公办的态度来处理。法国人很习惯这样的讨论形式，通常一事一议，会后便不会做其他计较了。

5. 团队合作与自我反思。如果有学科团队，可以定期召开学科评定会，从团队的角度阶段性对学生作评定，一方面可以更全面地分析学生问题产生的原因，另一方面也可以集思广益地探讨解决方法，尽快解决问题。同时，如果出现学生只在自己的课堂上表现不佳而在其他课堂上非常积极的情况，教师需进行自我反思，是不是自己的教学方法不适用，或是教学内容过于晦涩，以便及时调整。

各个国家的教育体制与这个国家的政治、经济、文化甚至民族性都有必然的联系。法国中学的打分制度固然有其缺陷，但有些观念也确实是值得我们学习的。比如学生的评价不只局限于成绩，而包含了其学习态度、学习潜力等方面，一些学习成绩一般但学习态度较好的学生也会得到相对不错的评语，让学生认识到成绩以外还有其他重要的事情，同时有助于提高学习积极性；再比如学生的评语是集体讨论形成的，而不是"一言堂"，这样的评语对于学生的优缺点都有较为客观而全面的评价。

作者简介

高亦霏，从事国际汉语教学工作近十年，现任教于大连外国语大学，同时负责本校孔子学院工作处（汉语国际推广多语种大连基地）的行政工作，以及本校汉学院留学生的教学工作。曾在法国担任国家公派汉语教师，后加入法国国民教育部与中国教育部合作设立的中文国际班项目，作为国家公派教师再次赴法，主要教授汉语语言文学。对汉语国际教育的教学实践以及中华文化海外传播的开展有着较为明晰的认识。

思考与实训

1. 在法国参加班级成绩评测会时，如果你的班级里有一名学生在你的课堂表现非常不好，成绩也欠佳，但其他科目的老师并没有反馈其有不良表现，在校长提议给这名学生一个"优秀"的等级时，你会怎么做？

2. 为了能够妥善应对学生、家长、教学管理者对你的教学方法或课堂管理能力方面提出的质疑，需要提前做好哪些事情？同时，请思考一下，在海外教学中如何灵活有效地运用各种教学方法，同时提高自身的课堂管理能力。

3. 中国有句话叫"一日为师，终身为父"，请比较主流社会中法国（或其他国家）在教育理念上与中国有什么异同。结合本案例内容，想一想教师如何恰当处理与学生、家长及所在教育机构三方的关系。

19

我是哪里人

/ 刘莉妮 /

法　国

🎬 案例场景

法国德尼·狄德罗巴黎第七大学（简称巴黎第七大学）是一所多学科综合性大学。其校区位于塞纳河左岸的"大磨坊"街区，紧邻法国国家图书馆，学校环境优美，极具现代风格。巴黎第七大学孔子学院，是法国首家孔子学院，也是现今在巴黎唯一的一所孔子学院。这家孔子学院自2006年10月起开始招生，经过十几年的发展，规模逐步扩大，现有学员500名左右。学院设置了12个级别的40多个班型，学生的汉语水平从零起点到中高级水平程度不等。除汉语课以外，孔院还开设了书法、国画、民乐欣赏、中医保健等文化课程。与我在国内教的留学生不同，巴黎七大孔院的学员大约三分之一都是老年人，甚至还有七八十岁的爷爷奶奶，另外还有相当一部分学员是华裔。

📝 案例描述

一次课间闲聊

和Kim的第一次见面，我至今记忆犹新。

记得那年巴黎七大孔院第一年招生，其中有一个项目是组织学员来武汉大学进行为期两周的游学，恰好由我担任这个短期班的汉语老师。当时参加游学项目的学员清一色是老头儿老太太。Kim 就是其中的一位。

一次课间休息，其他同学都出去了，教室里只剩下我和 Kim 两个人。

"Kim，您为什么学汉语？你们家是不是从中国移民去的法国？"看着她温婉的东方面孔，我随口问道。

"不对。老师，您猜我出生在哪里？"她饶有兴致地反问我。

"您叫 Kim，是不是出生在韩国？"

她笑着摇了摇头。

"那么，是越南？"因为听她说话，好像带有东南亚人说汉语的口音。但她也说不对。

最后她告诉我，她是出生在柬埔寨的华人后代，她父母双方的祖辈，都带有中国血统。她十几岁就去了法国，在法国已经生活近五十年了。

"所以我汉语不太好，这就是我要学汉语的原因。汉语是我的祖先的语言，我应该好好学，"她继续说，"我在法国，法国人一看我的脸，就认为我是中国人。现在我来中国，中国人一跟我说话，就把我当成外国人。他们不认为我是中国人！"她的语气渐渐激动起来。

"现在我不知道我是哪里人，我没有自己的家乡！老师！"说完这句话，她突然悲从中来，眼睛里充满了泪水。她深深埋下头，把脸捂在厚厚的大围巾中，呜呜地大哭起来。

真是料想不到啊！本来是轻松的课间闲聊，却忽然画风突变。面对一位长者悲伤的眼泪，我手足无措，只好赶紧走到她身边，默默地为她递上纸巾。她的肩膀在我的安慰下还是剧烈地抖动着，我俩一时无语。

此时，陆续有同学走进教室，Kim 也迅速地调整了自己的情绪。

接下来的时间，我们一直没找到合适的机会交流，直到游学项目结束，Kim 回了法国。但至于那天她为什么会那么悲伤，这个疑问一直留在了我心里。

六年后的重逢

六年后，我被国家汉办外派到巴黎七大孔子学院教汉语。一走进高级班的教室，我就在众多好奇的目光中感受到一双笑意盈盈的眼睛，她先认出了我。原来是 Kim！她竟然这么多年来一直在坚持学汉语。他乡遇故人，真的让我感到异常地惊喜。更令人欣慰的是，她的汉语跟六年前相比进步了很多，她对汉语学习的热情也有增无减。

高级班的课是每周一次，Kim 从不缺课。她家住在大巴黎郊区，来一趟孔子学院不太方便，开车或坐火车单程都要一个多小时。我到孔院工作的第二年，她搬离了郊区舒适的别墅，住到了小巴黎，离孔院只有十几分钟路程，她非常满意自己的这个决定。她告诉我，没有课的日子，每天一起床，她先做一套早操，然后用整个上午复习和预习汉语课的内容，一直到午饭时间。最近她说调整了顺序，起床后她先学汉语，因为自己"年纪越来越大了，体力不够，如果先做完早操，就没有力气再学汉语了"。她是多么热爱汉语啊！

有一次，她向我展示了自己的一个本子，里面全是她的中国朋友或汉语老师发给她的电子邮件。她把这些邮件一字一句地抄写下来，再反复认读。里面的大部分汉字都被标上了声调，有的词还备注了词义。看着她工整的字迹，听着她声情并茂地朗读其中的语句，我又吃惊又感动，甚至还有一点儿惭愧——本子上也抄录了我的邮件，可有些内容我都已经淡忘了。对我们来说，用汉语回复一封邮件，并不需要费多少时间和脑筋，但她却如此珍视，全都拿来作为学习汉语的材料。于是我问她："您为什么那么爱学汉语？" Kim 这样回答："因为汉字很美，汉语也特别好听。我听别人说汉语就好像听到我爸爸说话一样。" Kim 的父亲不会说普通话，只会说潮汕话，但是这不影响汉语带给她的亲切。

每年圣诞节时，Kim 一定会邀请孔子学院的老师们去她家过节，这似乎成了一个传统。中国老师换了一批又一批，但几乎每一位都受到过她的盛情款待。她说："法国人过圣诞节都要全家团聚，而你们在法国孤孤单单，没有家人在身边，那就来我家聚一聚吧。" Kim 有一手好厨艺，尤其擅长做东南亚菜。每个受到她邀请的人都会对她、她的家以及她做的菜赞不绝口——餐具雅致，食材讲究，摆盘艺术，每道菜都是毫不敷衍的艺术品。她是真正把孔子学院的老师当作亲人来对待了。

案例反思

在去巴黎第七大学孔子学院以前，我与老年华裔学习者接触甚少。因为我在国内所教的留学生一般为非华裔的年轻人，来中国求学的目的性也较为明确：他们或是为了获得学位，或是出于工作需要，抑或是为了追寻一段感情。随着对老年学员群体了解的加深，我越来越认识到他们的可爱可敬。人到暮年，能长期坚持汉语学习的，大多不带什么功利性，也正因为如此，才能克服困难坚持下去。

担心会触及她的隐痛，我后来没有直接跟 Kim 提起过几年前的那次课间插曲，但我一直在关注着她。对她越来越熟悉后，答案也似乎逐渐明晰——尽管她出生在柬埔寨，生活在法国，一生中也没有在中国待过两个月，但在她心中，对自我身份的归属，始终是中国人。她对中国怀有很深的感情。她认为只有中国才是她的根。所以那次游学，当她发现自己即便回到中国，却成为中国人眼中的异乡人时，文化身份的迷失感让她很难接受。

对于华裔学员的汉语教学和文化推广，我有如下几点建议：

1. 要充分认识到孔子学院的文化凝聚力

对于 Kim 这样的华裔学员来说，汉语学习绝不是生活中的调味品，而是一种家国情怀、精神寄托与情感需要。因此，孔子学院不仅仅是学习某一门语言的地方，更兼具文化的族群功能，符合华裔学生文化寻根的心理诉求。相较年轻的华裔学生群体，这种强烈的中华文化认同感在老年学员身上体现得更加明显。

2. 要抓住华裔学生汉语学习的特性

华裔学生在听、说、读、写四项基本语言技能的学习上，存在明显的不均衡性，是典型的"听说先行，读写滞后"的学习者类型。在汉语课程的设置以及教学内容的安排上，我们应考虑到他们的实际需求，贴合其特点进行有针对性的设计，实施分层教学。在听说方面，可以采用话题讨论、课前演讲、辩论赛等方式，多给学生提供口头表达的机会；在读写方面，可以开设专门的汉字书写课（有别于毛笔书法课），从最基础的笔画笔顺开始教起，由浅入深，打好字感的基础。

3. 要善于利用传统节日的共享性

尽管在海外没有良好的地缘环境，但当地华人群体仍保留着浓厚的中华传统节日文化色彩。记得在 2012 年 12 月 21 日，即传说中的世界末日那天，我收到一封邮件："老师，今天世界没末日，但是今天是冬至，别忘了吃汤圆。"提醒我的这位，是一名 60 多岁的华裔老先生，出生在法国，他的家族里一直执着地保留着冬至吃汤圆的南方习俗。在华人聚居的街区，每年春节的习俗活动更是隆重而热烈。孔子学院可以充分利用传统节日的共享性，举办如迎春聚餐、中秋赏月晚会、剪纸或春联展览等民俗活动，传递中华文化。

作者简介

刘莉妮，武汉大学国际教育学院教师，从事汉语教学二十余年。曾赴韩国交流访学，在韩国淑明女子大学中文系讲授汉语课程一年；之后，在法国巴黎德尼·狄德罗巴黎第七大学孔子学院担任公派汉语教师两年。

思考与实训

1. 阅读"案例描述"部分，说说那位华裔学员为什么会突然伤心哭泣。从中你感受到什么？老师是如何应对的？如果是你，你有更好的处理办法吗？
2. 结合"案例反思"部分，谈谈华裔学员的学习特点。当一位华裔学员向你抱怨班里的学习节奏太慢，他想调换到水平更高的班型，而实际上他的读写能力达不到升班的要求，你该如何处理这个问题？
3. 李老师所带的班是一个混龄班，班里有两位老年学员，对中国充满热爱，多年来一直坚持学习汉语。但他们上课时常常跟不上节奏，总是一脸茫然，不时还因为体弱生病而缺课。请查阅相关资料，谈谈老年学员的学习特点，并为李老师设计出一些具体方案，以帮助这两位学员得到尽可能多的收获感。

20 课堂中临时插入的新话题

/ 杨 平 /

俄罗斯

案例场景

我在俄罗斯一所私立经法学院和其附属的经法中专任教。学校主要培养经济和法律相关专业人才。学校设有国际项目，学生可选择汉语或者英语作为第一外语。选择汉语的学生有7个班，70人左右，每班每周4学时。学校越来越重视汉语教学，和国内6所教育机构有合作交流。俄罗斯是一个盛产美女的国度，女多男少，男女比例严重失衡。学汉语的男生凤毛麟角，有几个班清一色全是女生。无论是幼儿园的小女孩儿还是上了年纪的老奶奶，她们都非常善于装扮自己。所以在俄罗斯，不化妆我都不好意思上讲台。

案例描述

电梯"尬聊"

2007年，我第一次去俄罗斯留学。一天，我看到学校走廊里到处张灯结彩，心想一定是有什么重大活动或者节日。我带着好奇走进电梯，准备去上课。碰巧电梯里有位清洁工老奶奶正在低头打扫卫生。我仔细打量，她看上去比我奶奶还要年长一些。出于礼貌和尊敬，我用俄语脱口而出："奶奶，您好。请问，今天是什么节日？"话音刚落，她一下子愣住了，猛地抬起头，迅速放下手中的拖把，两手一掐腰，面目狰狞地看着我，向我吼道："你说什么？！"我的脸顿时涨得通红，全身像是被电到了一样。我不知道自己做错了什么，也不知道该怎么回答，甚至不敢用力呼吸，就连空气在那一刻也都凝固了……终于等到电梯门打开，我一下电梯就仓皇而逃。后来我把事情的经过告诉了俄语老师，老师跟我解释了一下。原来，俄罗斯女人都非常爱美，也希望自己永远年轻，很忌讳别人问自己的年龄。我称呼她为"奶奶"，让她感觉自己非常老，她当然会大发雷霆。

俄罗斯女性"与众不同"的称呼

有一次在邮局，一位50岁左右的女士把文件落在了办公窗口。她转身刚走，就从邮局里传来"Женщина, женщина, подождите"的声音。"женщина"是"女人"的意思。也就是说，工作人员对这位女士一直喊："女人，女人，请等一下！"原来，俄罗斯人对陌生中年女性的称呼是"女人"！有一次在超市，有几位看上去六七十岁的老太太在挑选奶酪。服务员对她们温柔地说："Девчонки, что-то выбрали（小姑娘们，你们选好了吗）？""девчонка"和"девочка"在俄语中是同义词，指未成年的小女孩儿或小姑娘。我看到那几位老太太高兴地和服务员交谈起来，脸上没有任何不悦。我想，这是全世界的所有女性追求美丽、渴望年轻的共性，也许每个女人的内心深处都住着一个小女孩儿吧。

从"美"入手

在俄罗斯，不同年龄层次的女生都非常爱美，甚至幼儿园的女娃娃们也已戴上耳钉，每逢过节一定会穿上自己精心挑选的公主裙或小礼服。儿童化妆品专卖店的商品琳琅满目，成人化妆品店里老奶奶也是常客。我的学生，从15岁到23岁，基本都做过美甲，"浓妆艳抹"的是大多数，"略施粉黛"的是少部分，从不化妆的学生则是寥寥无几。染发就更不用说了。也许今天染了一头火红火红的头发，明天就变成了金黄金黄的了。

这些真实案例说明了一个问题：俄罗斯女性超级爱美。与美有关的话题，她们都感兴趣。有一次，我去给二年级的学生上课。那个班一共19个学生，只有两名男生。那一天，他们的课比较多，从中午十二点到下午两点五十，他们将连着上近3个小时汉语课。在此之前，他们也刚刚上过其他课，中间只休息了10分钟，而且没吃午饭，所以学生们又累又饿又困。第一节汉语课，大家还能配合老师，但第二节课一开始，我就看到大家在不停地打哈欠。看到学生们的这种状态，我心里很着急。但转念一想，这样学起来效果肯定不好，我得变被动为主动，让大家兴奋起来。班级这么多女生，那就从"美"入手吧。于是我在黑板上写下"口红"二字。学生们当然都认识。接着，我又写下"腮红"二字。我把"腮"字拆分成了"月""田""心"三个字，这些字学生也认识。然后我边做动作边让学生猜"腮红"的意思，他们很快猜到了。接着我向学生提问：

1. 你们喜欢什么颜色的口红和腮红？

2. 你们一般用哪个品牌的口红和腮红？

3. 俄罗斯古代女人用什么化妆？

4. 中国古代女人用什么化妆？

这下子可热闹了。学生们顿时都不困了，大家七嘴八舌地讨论起来，汉语夹杂着俄语，讨论得热火朝天。两位男同学看得是目瞪口呆。这时，我举手示停，请大家尽量用汉语表达。这一下子难倒了很多学生。口红、腮红的颜色词还好说，至于化妆品的品牌、俄罗斯古代女人用什么化妆这样的词句，大家根本说不出来，但是非常感兴趣。于是我把这些词句当成作业，让大家课后完成。任务如下：

1. 把知名的、常见的化妆品品牌翻译成汉语；
2. 借助字典查找翻译出表示各种化妆品名称的词，越多越好（电子版，俄汉双语）；
3. 制作一个关于俄罗斯古代女人如何化妆的PPT（俄语版，关键词用汉语）。

布置完作业，时间恰好过去了10分钟。看到学生们的情绪被积极调动起来了，我们的课也就顺利地继续进行下去了。

课后，我也做了大量的准备工作，不仅阅读了一些关于中国古代女子服饰妆容的书，同时在网上也搜集了相关材料，准备下节课给学生们讲。比如不同朝代对美的评判标准大不相同，而且妆容和服饰也大相径庭。如唐代女子浓妆艳抹，以肥为美；宋代流行略施粉黛；元代女子喜欢一字宫眉；明清时期女子的眉形大多纤细弯曲。此外还有，胭脂原是一种叫作"红蓝花"的花朵，被制作成妆饰脸面的腮红；"额黄"是中国古代女子主要的妆饰手法之一……原来，中国古代女子对美的追求也是非常执着的。

针对这堂课及之前遇到的种种问题，我进行了一下反思。我想，跨文化交际中不仅仅有冲突，也有许多共性元素。解决好冲突的同时，再对文化中的共性元素进行挖掘，筛选，再加工，最后以一种恰当的方式解决生活中、教学中的问题，这无疑是一种聪明的选择。

案例反思

根据之前遇到的问题，我事后进行了深刻反思，总结如下：

1. 课前准备应该充分一些。

我没有考虑到学生当天课多，课间休息及午休时间也不长，再加上上汉语课要大量地跟读、听说、抄写、造句、翻译,学生会很累。另外学生没时间吃午饭,既饿又困,身体状态不佳。由于学习汉语的学生来自各个专业、各个年级,很难调课,所以上课时间无法改变。能改变的只有老师的授课方式和授课内容——要么授课形式特别生动活泼,要么内容特别吸引学生,让学生课上"嘻嘻哈哈"之后,还能记住应当掌握的生词、句型,学以致用。这对我来说是个挑战,我要更加充分地备课。

2. 唯有用心,站在学生的角度思考问题,才能更好地开展教学活动。

课堂上为提高学生学习兴趣,临时增加话题,这无疑增加了教学难度。但我对抛出的话题学生会感兴趣很有把握。用心观察,用心体会,才能胜在细节。比如俄罗斯单亲家庭非常多,很多家庭没有父亲。所以,我不会贸然向某位学生提问"请问,你爸爸叫什么名字"。一位女生的姓译成汉语意思是"野猪",还有一位男生的姓汉语的意思是"蟑螂"。他们的姓经常被同学嘲笑。尤其是这位女生,她非常讨厌自己的姓,恨不得赶紧把自己嫁出去,然后随夫姓。所以,拿到学生名册时,我首先会弄清楚大家的姓氏。造句时也会考虑这些因素。

3. 跨文化交际需要共情,需要相互理解和尊重。

俄罗斯是一个具有浓厚宗教传统的国家,很多学生和家长都信教。一次课堂上有位学生问我:"杨老师,我和我的家人都是信徒,您呢?我相信神就在我们身边。"我是无神论者。我说:"我也有信仰,我信仰公平、正义与和平。我和你们一样,都信仰美好。"学生微笑着点了点头。

2019 年是中华人民共和国成立 70 周年,也是中俄建交 70 周年。为此,我们举办了以此为主题的汉语文艺汇报演出。和学生一起商定节目时,一位学生说:"杨老师,您知道 патриот 这个词吗?""патриот"即爱国者。她说她是一位爱国者。学生的话给了我很好的提醒,在选择节目时要考虑到俄罗斯学生和观众的爱国之情。最后我推荐大家合唱中国歌曲《我和我的祖国》，同时推荐用俄语朗诵短文《祖国》，用汉俄双语演唱俄罗斯经典老歌《喀秋莎》，等等。最后演出效果非常好。因为节目中有尊重，有理解，有共同的爱国主题，也有世代相承的友谊。

4.要用发展的眼光去看待问题。

现在网络资源极其丰富，丰富到你无法想象。照本宣科早已不能满足教学需求。在信息大爆炸的背景下，教师要紧跟时代步伐。以前我们认为玩儿游戏是不务正业，现在必须寓教于乐、玩儿中求学。在教学中，我不断搜集对汉语学习有益的网站和手机APP，供学生使用。网络流行语和热门话题也被我适当加入了教学中。

我们生活在一个文化多元且精彩纷呈的世界中。各民族、各国家的优秀文化要相互包容，相互学习，彼此多一些理解和尊重。各美其美，美人之美，美美与共，天下大同。

作者简介

杨平，南开大学孔子学院专职教师，从事对外汉语教学近十年，曾担任过一年多的大学俄语教师。大学期间，公派留学于莫斯科普希金俄语学院，曾任教于俄罗斯哈卡西国立大学。现为东西伯利亚经济法律学院和俄罗斯亚洲经济法律中专公派汉语教师，并在该校组建了汉语中心，不定期举办中国文化讲座，为当地师生学汉语、体验中国文化提供了丰富的资源。

思考与实训

1. 在"案例描述"中,初到俄罗斯的作者因对电梯偶遇的女性长辈称呼不当,造成了尴尬局面,仓皇而逃。请问,如果你在异国他乡遇到类似情况,你将如何应对?

2. 结合"案例反思"部分,谈一下在课堂教学过程中,如果学生对你的教学内容或者方式不感兴趣而课堂反应消极被动,你将如何改进。

3. "案例反思"部分提出了"站在学生的角度思考问题"和"跨文化交际需要共情,需要相互理解和尊重"的原则。请你选取一两个跨文化的讨论点,根据这些原则设计一个教学片段。

21 把握"为学生好"的度

/李 卓/

爱尔兰

案例场景

我所任教的都柏林理工学院是爱尔兰第一所技术型大学，它被爱尔兰政府批准成为唯一一所具有独立大学资质的国立综合型理工大学。学校的语言学院设有专门的汉语课程，作为专业语言学习。而我所教授的是国际计算机专业的中文课程，这门课程是学校专门为培养面向世界的计算机核心人才所开设的创新型课程。除了计算机相关课程之外，学生必须选择一门外国语言课程作为必修课，通过指定考试，同时在大学三年级进行一至二学期的国外交换学习才能完成学分要求。我所教授的国际计算机专业的中文课程是首次设立，此前汉语并没有被纳入国际计算机专业的外语语言课程的必修课，因此老师和学生，包括学校行政人员，面对未来的国外交换学习都需要摸索。我们班选择汉语的学生有21名，其中大部分是白人，另外还有少数非裔、印度裔和一名华裔。课程为初级综合课，每周2次，每次1个小时。

案例描述

融洽的开始

第一届汉语课程开始得非常顺利。我们的班级充满凝聚力，与同学们的交往和教学都让我觉得充满乐趣。学生们也对这门新的语言充满期望，学习热情一路高涨，甚至向行政部门提出在原来的基础上每周增加一定的课时。这对我来说是极大的鼓舞。作为一名刚毕业的新手老师，没有什么比学生的学习热情更让我充满动力了。同时由于自己相对年轻，很容易跟大学生们打成一片，课间我和学生们会一起喝咖啡，聊各自的生活。工作的时候学生们也喜欢我轻松的授课方式。在我的课堂上，他们感到自在舒适，因此也毫不吝啬地展示自己的学习成果，简单的汉语交流让他们更有成就感。我作为他们的第一位汉语老师，无论从工作上还是从情感上都很喜欢他们，而我自己的工作状态也逐渐形成良性循环，成就感和满足感不断地激励我要更认真地工作。

就这样，我们共同进步着，愉快又顺利的大一生活就这样结束了。大二开始，我们面临着 HSK 考试和孔子学院奖学金的申请，只有这两项工作都顺利完成，学生们才能如愿得到去中国交换学习半年的机会，从而完成学分，最终顺利毕业。从另一方面来说，学生们对中国的向往也随着汉语学习的深入更进一步，他们想要亲身感受遥远的东方魅力，真实体验中国文化的博大精深。

紧张的备战

然而每周两小时的中文课，整个大一阶段加起来也只有 48 小时的有效授课时间。学生们的计算机专业课压力本来就很大了，因此很难挤出时间主动预习和复习汉语。面对 HSK 二级考试，并不是每个人都有十足的把握通过。在这样的情况下，我心急如焚。从学业方面讲，我希望他们每一个人都能顺利通关，顺利毕业。在情感方面，我对他们付出了许多，真心希望能看到收获，也算是对自己工作的肯定。因此我做出了一个大胆的决定：课后开设备考补习班，考试信心不足的学生都可以免费参加。因此，每周二和周四下午四点至五点，我免费对学生进行辅导。这个活动是自愿的，只要学校有可利用的教室即可开办。有的同事不理解我的做法，认为考试能否通过是学生自己的责任，而不该由老师这样无谓地付出。但我出于极高的工作热情和个人感情，丝毫没有受影响，反而被自己愿意牺牲个人时间的行为所感动。功夫不负有心人，全班很快都通过了 HSK 二级考试，连我最担心的那几个男生也擦边通过。对于这个结果，全班同学都很满意，也很开心。这件事让我相信，只要肯付出，一定会有收获。

拿到成绩后的第二关就是申请孔子学院奖学金项目。由于这是计算机学院首次与中国合作的交换项目，全院上下没有任何经验可以借鉴，我和学生们都是第一次申请。我们申请的是北京航空航天大学一个学期的汉办交换项目。从开始申请到截止日期前后有 50 天的时间，需要在孔子学院奖学金在线申请系统中将个人信息完整录入，提交后需随时关注申请进程、审核意见与奖学金评审结果。确认获得奖学金后，再与接收院校联系，办理入学手续。如有操作不当，再等第二年申请的话会影响学生按时毕业。于是我提醒自己一定要认真负责，不让学生在这关键一步有任何差池。课程进度不能停，我就在课后或周末召集全班同学一起填写申请。

然而，这个过程看似简单，实际操作起来却困难重重：学生们的护照扫描件格式或大小不合格的问题；填写过程中突然发现护照在出境之前即将过期；有的学生由于一两个细节填写错误导致无法提交申请表，我需要从头认真检查才能发现原因；还有护照名与现用名拼写不一致的情况；HSK成绩单丢失导致无法提交扫描件等问题。在这个过程中，我反复告诫自己要耐心，并对错误反复修改，加班加点也无怨无悔。提交申请后，中国的接收单位一旦发来任何消息，或学生信息方面有任何错误，我都会第一时间群发邮件给大家，让大家及时修改。为了处理申请中遇到的种种问题，我还召集大家开了几个小会。功夫不负有心人，在大家的共同努力下，在线申请的问题基本得到解决。

意外的投诉

正在申请进行得如火如荼时，我意外地收到了计算机学院工作人员的邮件，要求我与他面谈。更令我意外的是，这次面谈的内容竟是他收到了一位学生家长发来的投诉邮件——内容大致是说，由于我密集地召开临时会议，常常使他们的孩子不得不临时改变计划，把自己的生活和学习搞乱了。同时，这样反复修改使这名学生对申请失去了信心，常常被申请失败的压力所困扰。甚至，他显示出了轻微神经衰弱的迹象，他父母怀疑与此次申请有关。听到这些后，我感到非常震惊，这是我完全没有预料到的事情。

工作人员看出了我的惊讶，首先对我进行了安慰，告诉我这很可能是学生自己无法舒解压力的个案。他并没有收到其他学生的投诉邮件，建议我不必把责任全部揽在自己身上。之后他听了我的解释，对我的做法表示理解，因为这个项目毕竟是全院的第一次尝试。但是，他并不支持我的工作方式，因为我这样的工作"热情"在西方职场上是不够专业的，在工作时间有效地完成工作才是专业人士应有的做法。经过与工作人员的沟通，我深刻反思了自己的行为，虽然自己完全是好意，却造成了他人的不适，这并不是最恰当的工作方式。于是我真诚地向那位学生进行了解释和道歉，他对此表示理解。最后，此次风波得到了平息。

案例反思

这次投诉对我来说是职业生涯的一个"里程碑"，让我对自己的教师身份和界限反复进行了思考。

一开始，我对自己的一番好意被"辜负"感到委屈和不解，明明是我牺牲了许多个人时间和精力来帮助大家，不仅没有被感恩反而被误解。作为一名在中国接受教育的学生和刚刚走上职场的中国教师，我一直认为，老师这样为学生无私付出，是值得被感恩的。在我的认识中，中国学生比起西方学生来，更适应临时方案的改变，我从未意识到自己召开临时会议对于西方学生来说是打乱了他们的生活节奏。因此，无限的委屈涌上心头，想起几个月来自己的努力，我不禁流下了眼泪。

后来，通过跟当地同事沟通以及观察其他教师的行为，我才逐渐意识到这种误解根植于中西方文化差异。首先，西方人习惯于提前通知。仔细观察会发现，西方人发出任何通知或邀请，几乎没有要求对方快速完成或答复的。无论是个人还是官方团体，他们习惯于提前做计划，目的是给自己或对方留出更多时间去安排生活和工作。而我在这次申请过程中，没有考虑到行为方式的差异性，仅仅关注了事情的结果和紧迫性，而没有站在学生的角度考虑，比如是否会让他们觉得不舒服，是否会增加他们的焦虑感。其次，西方人在做事时习惯于"稳定"的方式方法，不喜欢反反复复。这种稳定的行为方式会增加个人对自己生活的"掌控性"，客观上可以增加成功率，主观上可以增强自信心。而我由于首次处理申请，许多可能出现的问题没有预料到，频繁出现的修改使得学生产生了诸多的意外感，认为自己"掌控"不了。最后，对比我们成长中所接受的集体教育，西方人更加注重个体的权利和感受，因此做选择时个人的意愿显得尤为重要。我在处理问题时，只是一股脑地希望全部问题能同时解决，单纯地以为这样是效率最高的做法。实际上有的学生认为，自己的申请没有出现同样的问题，没有必要参加会议。综上所述，由于没有深刻理解中西方的文化差异和行为方式上的不同，我的好心反而造成了学生的不适和一系列误解，最终弄巧成拙。

经过以上深刻分析，面对类似问题时，我有以下几点建议：

1. 尊重西方学生的行为方式，在做安排时尽可能提前，给予他们充足的时间。在西方社交活动中，提前预约或通知是必要的礼貌行为，最后一刻通知（last minute notice）会被认为不尊重对方，很可能引起反感。因此在组织教学活动或其他课外活动时，应尽早安排。

2. 提高自身业务水平，加强教师的专业度，提高个人可信赖度。同时，要尽量提高工作效率。

3. 尊重个人的感受。西方文化珍视个人权利和自由，崇尚"个人本位"的价值观，强调个体的主体性。相对而言，以农耕文明为基础的中国文化则更多地强调集体主义，倡导同甘共苦，团结合作，步调一致。因此作为教师，我们在教学活动中应充分把握这一点，给予学生足够的差异化空间。活动中应采取自愿参加的方式，强调学生的个人选择，而非强制集体参与。在备课中同样需要考虑学生的背景差异和个人感受。

4. 把握教师的界限。中华文明中倡导"舍己为人，大公无私"的优良品质，但这一点往往会使我们在西方社会中产生身份界限模糊的错误。我们应该注意与学生交往中的距离。这不是说不能与学生成为朋友，但要把握好教师与学生角色的"度"。完成自己范围内的工作，并力所能及地对学生进行帮助。需要注意的是，搞清楚"为学生好"的边界在哪里，明白"老师"角色的定位和前提才能事半功倍。

作者简介

李卓，毕业于广东外语外贸大学汉语国际教育专业，在对外汉语行业学习和工作十余年。曾任教于墨西哥城孔子学院、都柏林大学孔子学院、深圳外国语学校国际部。所教授课程主要包括：大学必修初级汉语综合课、中级汉语听说课、IB中文课程。曾多次组织汉语桥比赛、HSK大型考试，并多次参加欧洲汉语教学研讨会。经过多年的海外汉语教学实践，对海外汉语教学中的东西方文化差异和学习者的学习动机、教学中的常见问题均有深刻观察和反思。

思考与实训

1. 遇到需要帮助学生紧急处理资料的情况，作者是怎么处理的？如果你遇到这种情况，你会如何应对？
2. 中国人常说，做老师就像蜡烛，燃烧自己点亮别人。你是否同意这种说法？一味地奉献自己是否是好事？
3. 查阅相关资料，从西方教师的角度来看，教师的职业界限该如何把握？与中国传统教师观有何异同？

22 中国人喜欢吃牛的胃吗

/ 王酉凤 /

爱尔兰

🎬 案例场景

我所任教的伊尼什肯中学坐落于风景如画的爱尔兰凯里郡的肯梅尔小镇，这是一所以爱尔兰语为主要教学语言的学校。我负责该校初中四年级两个班的汉语教学工作。爱尔兰教育体制中的初中四年级为"过渡年"。四年级的学生在该学年没有任何官方考试，所有课程均为学生自主选择，汉语作为其中的一门课程面向所有四年级的学生。汉语课为期10周，每周两节，总时长为120分钟。这两个班每班28人，其中以爱尔兰人为主体，有两位华裔学生。大部分学生的汉语水平为零基础，学生模仿能力强，性格活泼好动，课堂气氛活跃。但他们的读写能力较弱，需要教师的引导和鼓励。学生们虽然很喜欢汉语，但是对中国文化的了解却很少，其中也不乏一些误解和偏见。

📙 案例描述

有趣的文化作业

第一节汉语课快结束时，我布置了关于中国文化展示的小组作业。我让学生每三人为一个小组进行展示，作业形式不受限制，可以进行演讲展示，也可以画带有中国元素的图画作品，还可以是文字形式的报告。每节课学生们有 15 分钟左右的小组展示时间。在作业布置之后的几周里，我陆续收到了学生们的作业反馈。有的学生画了关于中国文化的手抄报，有的学生写了两百字左右的报告，还有的学生准备了幻灯片。他们感兴趣的主题很多，最多的是关于中国饮食主题的报告，其次是交通、农业、服饰、地貌、河流等。

作为汉语教师，我看到大家能够通过自己的准备提升对中国文化的认识，感到很欣慰。每次学生作业展示过后，我会进行补充和说明。比如长城，学生只介绍了长城的总体情况，我会通过自己爬长城的经历告诉学生长城的长度、长城建造的原因、长城在中国人心里的地位，等等。由此，学生们除了自主学习以外，也能通过其他小组的展示和教师的讲解增加对中国文化的了解，进一步提升了对中国文化的兴趣。另外，在课堂教学的互动问答中，我也对这项作业的突发情况有了一定的心理预期。例如，学生们对不同的亚洲文化会混淆，有的学生认为每个中国人都会说日语，和服也是中国的传统服饰，香港是中国的首都，等等。对于这些错误，我总会微微一笑，然后望着学生们可爱的蓝眼睛，亲切地回应真实的情况，有时也会进行文化对比。

令人别扭的笑声

在第四周的中国文化课堂展示部分，我安排了三组学生进行小组作业展示。第一组的三位女生介绍了中国的服饰文化，我认为主题很新颖，但学生们的反应没那么强烈，并没有对服饰文化表现出感兴趣的样子。

轮到第二组三个男生展示的时候，已经快接近汉语课的尾声了，所以大家没有热情和强烈的回应。这三位男生展示的文化主题是中国概况，内容涉及中国的人口、地理位置、地貌特征、饮食习惯几个部分。在讲到饮食习惯的时候，平日里就比较调皮的一位男生用很搞笑的语气念道：中国人喜欢吃牛的胃，猪的肚，鸡的内脏……这时候下面的学生们开始乱哄哄地嘀咕起来，直到助教老师在教室前面盯着图片说了一句"天哪"，课堂气氛顿时变得喧闹起来，大家都在小声议论。有一位学生回过头来，用近乎嘲笑的语气问我："Is that true（这是真的吗）？"当时的我感到很奇怪，为什么助教老师和学生们的反应会如此强烈？这让我很惊讶。正当我还没有缓过神来的时候，那个问问题的学生笑着说"没事了"，然后又大笑着回过头去。整个过程不超过一分钟。由于时间限制，这个小组很快完成了他们的作业展示，而最后一组的学生也紧跟着准备。为了不影响课程进度，保证下课之前完成所有小组的作业展示，我没有打断第二组的学生，只是下课之后我心里觉得很不舒服，感到自己被冒犯了，受到了很大的冲击。

最令我不解的是助教老师，她的反应也很强烈。一般学校会安排助教老师帮助汉语教师进行课堂教学，本节课的助教老师是一位对中国文化比较感兴趣的老师。当我介绍其他文化内容的时候，她和学生们都会主动问我一些相关的细节；学生进行展示的时候，她也会坐到教室前面很认真地听。所以听了第二组学生的介绍，连助教老师也认为难以置信，这让我觉得既尴尬又难以解释。

主动寻找答案

怎样向学生正确地解释中国人的饮食问题呢？对此，我咨询了很多老师。同行的志愿者教师在课堂上并没有遇到类似的情况，但她们表示如果她们遇到了这个话题，也会和我一样觉得尴尬。有经验的公派教师则给了另外的答案，爱尔兰是一个宗教信仰氛围比较浓厚的国家，绝大部分爱尔兰人信仰天主教；也有部分人信仰基督教新教等。从宗教的角度讨论，基督教教义中有对血制品的禁忌，认为带血的食物不洁；在天主教教义中，对血制品的禁忌也有涉及。所以，爱尔兰人不吃动物的内脏。另外，通过查找资料，我还了解到西方人不吃动物内脏的其他原因。由于工业化经济发展和人工劳动成本高，工业分拣和人工收集内脏的过程都很烦琐，导致动物内脏供货源较少。除此之外，内脏的异味比较大，在烹饪的过程中香料很难覆盖住其本身的味道，所以人们只好选择除动物内脏以外的部分食用。

经历了这次事件，我在之后的课堂教学中就很注意两国文化之间的对比问题了，并且会预先引导，再介绍中国的文化特点。比如在课堂上提到爱尔兰大饥荒这一段历史的时候，我问学生们："你们知道有哪些国家会吃奇怪的食物吗？你们知道大饥荒的时候人们吃什么吗？"学生们说瑞典的鲱鱼罐头很难吃，还说大饥荒的时候没有东西吃，等等。这个时候我告诉学生，中国和爱尔兰一样，也有过饥荒的年代，那个时候大家都没有食物吃，甚至有些人因此失去了生命。几百年前，中国南部的码头有一些穷人因为只能买得起内脏，他们在里面放了很多辣椒和香料，然后煮熟了吃，发现这样做竟然味道还不错。后来这些食物在很多地方都流传开来。当然也有很多中国人认为内脏的异味大，不喜欢吃。学生们这次没有嘲笑，也没有误解，反而很认同和接受这种说法。由此，这个关于中国饮食文化的偏见问题终于解决了。

案例反思

饮食文化是海外教师在跨文化交际中经常会遇到的一个重要话题。在文化教学过程中，很多学生会因为对中国的饮食习惯缺乏充分的了解而产生误解和偏见。尤其是青少年对历史文化的了解程度不高，接受心理也会受到本国文化和习俗的影响。在教学中究竟如何面对学生的误解？教师应当采取何种态度应对此类文化偏见？在教学过程中，怎样引导学生正视多元文化的存在？海外教师在异国教学环境中怎样应对因文化差异引发的课堂突发问题？

本案例中，我由于缺乏对课堂突发问题的预判，导致第一次出现文化冲突时没有及时就该问题进行深入的扩展和讨论。第二次课堂出现类似问题时，由于我做好了充分的教学准备，在课堂上出现文化冲突问题的时候便能够从容面对，通过恰当的方式正确地引导学生了解和讨论中国某些特殊的饮食文化现象。所以，在海外课堂的跨文化交际中教师应考虑以下几点：

第一，对课堂中可能产生文化冲突的话题进行预判。在备课环节，教师可以从教学内容的角度出发，根据涉及的话题进行文化冲突的预判。例如本案例中，大部分学生的作业展示是介绍中国的饮食文化，而中西方的饮食差异十分明显，因此教师可以就中西方饮食差异进行预想，宗教信仰不同会对饮食造成何种影响？饮食偏好有何不同？饮食方式与健康生活态度有无冲突？

第二，出现冲突时正确引导。由案例可见，即使教师做足准备也可能会出现课堂的突发事件。当文化冲突在课堂上出现时，教师应先让自己平静下来，将小的文化冲突点引申到更高的层次中。例如本案例中吃内脏的问题，就可引申到吃奇怪的食物或者大饥荒历史的话题中。另外，教师在引导话题时还需考虑方式方法的可接受性。尽量做到在和平探讨的气氛中介绍真实的中国文化,不要因为急于表达真实情况用不恰当的方式反驳他人,甚至辩论,把自己推向了对立的一方。

第三,把握好自身的文化立场。对于身处异国文化的教师而言,如何处理好文化差异或冲突,做中国文化传播的使者,有一个度的问题。当出现文化差异时,既不能全盘否定我方文化立场,出现严重的文化依附心理,也不能完全拒绝理解其他文化的观点和立场。

第四,努力提升教师自身的跨文化素质和全球视野。在全球化进程飞速发展的今天,国际汉语教师应当努力拓宽全球视野,提升自身文化素质,涉猎不同的文化历史知识,探究文化差异,做到"读万卷书,行万里路"。

总而言之,尝试让异国文化圈的学生了解中国文化并不容易,关键是教师把握好度,遇到文化冲突时不能放弃解释,但不必过分在乎结果。最重要的是调整心态。世界文化多种多样,只有不同,没有高低。

作者简介

王酉凤,中央民族大学汉语国际教育专业硕士,曾任"美国各大学联合项目"春季班汉语教师,教授美国汉密尔顿学院留学生汉语。任中央民族大学留学生课外辅导教师,辅导吉尔吉斯斯坦学生HSK汉语考试。目前在爱尔兰科克大学孔子学院担任汉语教师志愿者,从事初中年级4个教学点、8个班的汉语教学工作,参与举办各项中文推广和文化展示活动。

思考与实训

1. 阅读"案例描述"部分,作者为了让学生更好地了解中国,布置了关于中国文化展示的小组作业,但学生展示的环节进行得并不顺利,作者当时并未打断学生的发言,而是将问题留在了学生发言后解决,你认同这一做法吗?如果是你,你会怎么处理?

2. 结合"案例反思"部分,谈一下如果你在介绍中国传统文化习俗时,学生说这类习俗在他们国家是非常荒谬可笑的,你会如何应对。

3. 本文谈到在西方国家例如爱尔兰,人们没有吃动物内脏的饮食习惯。请查询相关资料,比较两三个国家与中国在饮食习惯上有什么不同。就这些不同点,预测可能产生的跨文化冲突问题,并提出相应的解决办法。

抖音小哥哥们的汉语课

/ 王酉凤 /

爱尔兰

🎬 案例场景

我所任教的圣布伦丹中学坐落于风景如画的欧洲国家爱尔兰基拉尼郡,这是一所学生均为男生的教会中学。我负责该校初中四年级三个班的汉语教学工作。爱尔兰教育体制中的初中四年级为"过渡年"。四年级的学生在该学年没有任何官方考试,所有课程均为学生自主选择,汉语作为其中的一门课程面向所有四年级的学生。汉语课为每周一节,时间为60分钟。学生的汉语水平为零基础,每班28人,其中以爱尔兰人为主体,还有一位德国学生,一位印度学生以及一位美国学生。学生模仿能力较强,性格活泼好动,课堂气氛活跃,但读写能力较弱,需要教师的引导和鼓励。

💬 案例描述

不到圣诞节不要笑

在接到圣布伦丹男校的教学任务之前,我就已经在教师培训会上对"过渡"年级的学生有所耳闻。"过渡"年级,是传说中的"小皮猴"最多的年级,爱尔兰的中学生在初中三年级课程结束后,可以选择直接进入高中学习,也可以选择进入"过渡"年级进行学习。"过渡"年级对于中学生而言，相当于"break"学年（休息年）。在这一年里，学生可以自由选择想学的课程，包括各种语言类的课程，各类音体美相关的活动小组、话剧、编程、法律课，等等。每个学校还会在期中考试之前安排户外兴趣活动，让学生们亲近自然，接触自然。除此以外，每一位学生都要参加"工作实习"，学生们可以选择自己感兴趣的行业进行为期两周的工作实习。实习可以让学生对社会中各个行业和学科有全方位的理解和体验，帮助他们今后的择业和人生选择。这样的教育体制对学生的全面发展和人生规划自然是有很大帮助的，但是，对于教师而言，没有任何的官方考试，也没有任何行为规范压力的学年无疑是一个很大的挑战。特别是对我来说，以前很少接触15岁左右的青少年，不熟悉青少年的心理特点，尤其是四年级青少年的心理特点，所以我做了很多的功课。同时，当地拥有几十年教学经验的培训教师告诉我：Don't smile until Christmas（不到圣诞节不要对学生们笑），要严厉、严肃地对待学生。我也做好了各种心理准备，严阵以待。

小皮猴当大王

虽然做了充分的准备，但是第一节课还是给了我重磅一击。由于刚开学，学校的教室周转不开，我的汉语课堂被分配到了一个篮球场那么大的教室里。教师一人说话的回音会环绕整个教室，更别提接近30个男孩子一起说话了。我精心准备了关于中国文化的教学视频，反而因为音响设备的问题导致视频的声音太小，学生根本没有办法听清楚。就这样，我踩着刚买来的高跟鞋，强忍住内心的不安，在心里默默地鼓励自己，然后掏出从中国带来的礼物卡片。通过努力，终于吸引住了学生的注意力。在如此不完善的教学条件下，我勉强上完了第一节课。

随后的两三节课，在我的请求下，学校更换了教室，教学设备也好了很多。我还是按照培训时老师给的建议，严肃认真地给学生们上课。可是"小皮猴"们可不吃这一套，他们在汉语课上开始偷偷掏出书包里的苹果、巧克力，趁我不注意的时候咬上一大口，完全忘记了第一节课的规定；有的男孩子开始小声聊天儿，有的甚至回过头去聊；更厉害的是那些上厕所的男生们，每过一会儿就举起手打断我，导致我的课程完全进行不下去。为此我没少发愁，每到周二去男校上课的时候，总是需要提前鼓足勇气，还曾请来年级主任专门向这些男生们强调纪律问题。每次上完课我都会愁得寝食难安，有一次竟然到了凌晨三点还是睡不着，便起床向国内有经验的中学老师请教怎么办。后来我每次上课都会换一种教学方法，精心准备汉语课，用很多活动和精彩的视频吸引学生的注意力。课堂上，我假装很严厉，可是年纪轻轻的我还没有学生的个子高，说话声音也没有学生大，生气的时候根本就不像是在生气，学生们一点儿都不听。

终于有一次，我在课堂上实在忍受不了学生们上课聊天儿，于是放下手中的翻页笔，走上讲台，把椅子放在讲台中间，缓缓坐下来。没想到这时台下居然突然安静了下来，我说："你们继续聊天儿吧，没有关系的。"本以为事态会继续糟糕下去，没想到学生们的反应却给了我重新"燃烧"的斗志。大家好像意识到了什么，开始自发地排成一圈围在我周围问问题。有的问汉语的音调是不是很像法语的符号，有的真诚地站在我面前为自己的行为道歉，有的问我："老师，我还是不是一个好男孩儿？"尽管那些问题很幼稚，有的甚至有点儿"傻"，可是却像暖流一般沁入了我的心间。

找到定位，"抖"动汉语课堂

我通过不断地摸索和沟通，发现自己并不是"严厉型"教师，虽然学生很调皮，但是我的严厉并没有让学生安静下来，反而事倍功半。在课堂教学中，我无意间发现，自己播放的"抖音"视频引起了孩子们极大的兴趣。"抖音"是在中国流行的一款短视频娱乐软件，没想到在海外也十分流行，Tik Tok 就是该软件的海外版，国内有3亿"抖音"用户，而当时海外的"抖音"用户数量也高达 1.5 亿了。顺着这个兴趣点，我根据自己的教学内容调整了教学风格，每节课都特意添加互动视频，精心准备教学活动。比如学日常用语"对不起"时，我就和学生一起唱《对不起，我的中文不好》这首歌；学拼音时，我带领学生一起唱跳拼音歌；学生表现好的话我就给他们录视频。慢慢地，我找到了学生们的兴趣点，改变了自己的教学风格，主动和学生分享自己的兴趣爱好，努力做回亲切可爱的自己。在课堂管理方面也做了新的规定，比如上厕所举左手，回答问题举右手。这样，课堂教学顺利了许多。学生们也会在放学时远远地跟我打招呼，还会邀请我参加万圣节派对。我别提有多开心了！下一步，我开始计划申请海外版的 Tik Tok 账号，向学校申请拍摄汉语"抖音"视频。我再也不用在周二的时候特意给自己打气了，反而开始期待每周二见到帅气可爱的"抖音"小哥哥们了。

案例反思

爱尔兰"过渡"年级的汉语教学由于教育体制和教学任务的特殊性，加上汉语教师志愿者的特殊身份，使得教学工作，尤其是对男校学生的教学工作具有很大的挑战性，难以顺利开展。与国内中学教育不同的是，爱尔兰的中学课程大部分为走班制教学，学生需要去不同的教室上课。学生在中学阶段的升学压力并不突出，实践和体验是"过渡"年级最为核心的主题。而汉语课则以增强兴趣、开阔视野为重点，教学内容以增加学生的汉语学习兴趣为出发点，如何调动学生的积极性成了教师需要考虑的首要因素。另外，爱尔兰对未成年人的保护规定十分严格，教师不能与学生单独共处同一间教室，不能触碰学生的任何身体部位，学生有权对老师不恰当的课堂行为或教学内容投诉，等等。

本案例中，我通过自己在培训前期的课程了解，给自己预设了"严师"的定位，但在随后的汉语教学实践中并没有取得有效的进展。后来通过不断地调整和修正，我找到了在教学实践中适合自己的教师定位，努力完善自身形象，改变了对学生的态度，使汉语教学工作得以顺利开展。这一过程中，教师除了要准确找到自己的教学风格，找到符合自身年龄、性格特点的教师定位之外，在上课过程中坚持不懈地尝试和调整也是关键点。

初中年级的课堂管理应当注意：

第一，欲速则不达，想要改变学生的整体表现，就应当从了解学生入手，慢慢找到学生的兴趣点，不断改变和调整教学理念，不要急于求成。

第二，与学生交朋友，了解学生的内心。例如，可以通过交谈或者调查问卷的方式，了解学生内心世界的真实想法，了解学生的爱好，从而找到突破口，投其所好，发挥汉语语言教学的优势，丰富教学形式，采取多种教学手段吸引学生的注意力，提升汉语学习兴趣，增强学生对中华文化的认同感。

第三，设置符合本班学生特点的规定和要求。中学生已经知道在课堂上要遵守规定，重点在于如何让他们愉快地接受并严格遵守规定。例如本案例中的上厕所问题，由于学生频繁上厕所导致教师课堂被打断，无法顺利进行，教师通过对学生的观察和了解，制定了符合本班学生特点的规定，即通过举左手的方法化解了学生打断教师上课的尴尬。学生也可以欣然接受并遵守该约定。

第四，教师要找到自身定位，树立符合自身特点的教师形象，通过教师的风格和教学方式影响学生，切忌盲目跟风，效仿不适合自己特点的管理方式。

总而言之，在任何教学地点，遇到何种教学对象，了解对方的特点和喜好都是首要的条件。教师只有充分了解教学对象的情况，才能针对教学对象采取不同形式的教学方法，从而提升学生的学习兴趣。为师则刚，从教则强，只有通过不断的教学实践和坚持不懈的努力，才能成为真正意义上的优秀的国际汉语教师。

作者简介

王酉凤，中央民族大学汉语国际教育专业硕士，曾任"美国各大学联合项目"春季班汉语教师，教授美国汉密尔顿学院留学生汉语。任中央民族大学留学生课外辅导教师，辅导吉尔吉斯斯坦学生 HSK 汉语考试。目前在爱尔兰科克大学孔子学院担任汉语教师志愿者，从事初中年级 4 个教学点、8 个班的汉语教学工作，参与举办各项中文推广和文化展示活动。

思考与实训

1. 阅读"案例描述"部分，作者在汉语课堂上遇到学生过于活泼好动、纪律差的问题，但是当地汉语教学只是兴趣班教学，学生没有任何考试压力，无心学习。作者是怎样应对的？如果是你，你会怎么做？

2. 结合"案例反思"部分，谈一下如果你在海外教学的过程中，遇到了和中国完全不相同的学制和课程定位（如文中提到的"过渡年"），你会如何准备汉语课。

3. 本文作者发现学生平时的爱好是拍摄抖音视频，于是受到启发，改变了教学方法。试想一下，如果课堂上有一个学生看了你播放的舞蹈视频后很兴奋，突然提议说"我们一起跳舞吧"，全班其他学生听到后都开始跃跃欲试，无心听课。你会改变原本设计好的教学计划吗？请提出具体的应对办法并说明理由。

24

我在特殊学校教汉语

/ 王莎莎 /

塞尔维亚

案例场景

我在塞尔维亚一个南部小镇任教。目前汉语在塞尔维亚还属于兴趣课堂，尚未纳入整个教学体系。我所任教的4所学校中有3所学校都是学生在课余时间选修汉语。唯有一所学校比较特别，这所学校是在正常的上课时间开设汉语课。每周有两节英语课被安排为汉语课，但英语老师仍在课堂上辅助教学，原因是校方出于对中国老师人身安全的考虑。但汉语老师教授汉语，也不列入该校的课程体系。相比课业成绩，这所学校更重视学生的态度和行为。学生没有课业压力，教师自编教材，自设主题。当然这所学校本身也比较特别，全校学生不到30个。那位英语老师给我介绍了这些学生的情况：一是有的学生失去了双亲，无家可归，无人领养；二是有的学生打架斗殴，情节严重；三是个别学生有小偷小摸行为。他们都是未成年人。未成年期间，大部分孩子在行为矫正后，毕业后去技校继续学习，也有一些父母会把他们接走，重新安排其学业和生活。

案例描述

"我要你做好心理准备，他们不是正常的孩子，他们会偷东西，你要保管好手机，身上不要带很多钱。"电话那头的英语老师是这样说的。

"咦，难不成还真会被偷？"我心想，"还是要长点儿心眼儿，保护好个人物品。"

你没给我糖果

"快看，那个人在向路人乞讨，他还喝着酒呢。他没有爸爸妈妈。"我刚来小镇的第一周，给我充当小镇向导的朋友如此介绍不远处的小身影。

我看那人只有十来岁的样子，但手里拎着啤酒瓶，刚向一个人乞讨完，又换了一个乞讨对象。后来得知他是我在这所学校六年级班里的一个学生。这个班里只有两个学生，其中一个就是他。两个学生个性都很鲜明，我在给他俩起中文名字时，就曾征求过他们的想法，因为他们两个人都喜爱凶猛的动物，于是一个取名叫"老虎"，另一个起名叫"狮子"。

开学的第一堂课，我们就闹了不愉快。刚开始，他俩表现得棒极了，上课很配合。这与之前英语老师告诉我的反差很大。我为了鼓励学生，为表现好的学生设置了奖品，是从中国带来的糖果。但是因为课程快结束时，他们的奖励累积还未达到规定数目，我没多想，就一根筋地告诉他们还没达到要求，等达到要求时才可以拿到奖品。"狮子"当场就发飙了，他气势汹汹，摔门而去；而"老虎"则一声不吭，平静离开。

我意识到自己当时的做法太死板了，再灵活点儿处理就好了。后来，我及时做出了补偿，加上日常点点滴滴的接触，我们慢慢冰释前嫌。再之后，课前他们会特意跑到办公室对我表示亲切地问候，要跟我握手或者拥抱什么的。举行集体讲座时，热情的那位还会特意把椅子往我身边一放，头靠在我肩上，很自然地跟我套近乎。

别让他戴你的帽子

六月的某一天,发生了一件小事。那天我戴了一顶遮阳帽早早地来到办公室,"狮子"说想试戴一下,我答应了,而且还夸他戴着好看。过了一会儿,他出去了,旁边的男老师一脸严肃地对我说:"你最好以后别这样做,他们的头发很脏。当然,这只是一个建议。"我听了以后只是对他笑了笑,并没打算把他的话当回事。

事实上,对于有轻微洁癖的我来说,他的话已经产生作用了。下课了,我头顶烈日,步行了45分钟前往下一个学校教课,我始终把帽子折叠着放在包内。

这让我想起之前发生的种种事情。

复活节假期,我把新认识的几个学生带到了家里,房东很严肃地盘问这些孩子是否来自山上的那所学校。

四月底的一天,我在河边的露天餐厅吃午饭。我的一位学生路过,大喊我的名字,服务员走过来,很严肃地要他离开。

也有新的学生刚入校,他们看起来谦恭有礼,认真上进。可是有的老师这样说:"那又怎样?他终究是会被同化的。"

确实,在如此标签化的环境里,你让他们如何独善其身?

世人不以善意待我,我亦以恶意揣测这个世界,这是个死循环。

你的文身是谁的名字

宋卫可以说是这个学校里我教过的最聪明的孩子了。我经常问英语老师的问题就是:"宋卫究竟是为何到这里来的?他看起来人很好,而且又聪明。"英语老师没能回答我的问题,她也不了解他的过去。

相处一段时间后，我大概也就慢慢明白，这里的孩子每个人的心里都住着一个好人和一个坏人。有时候坏人战胜了好人，有时候好人会更强大一些。

再后来的一次，我在从学校回家的路上遇到他，他逃了课，去镇上见女朋友。他还喝了酒，泛红的脸上有掩饰不住的兴奋。

"Saska（我的塞尔维亚语的名字），我去见我的girlfriend（女朋友）了，我十一点回来上课。现在几点了？"

"十二点了。"我哈哈大笑，"'女朋友'用塞尔维亚语怎么说？"

"Devojka。"

"你女朋友在哪里？"

"她在Gimnazija高中。"

"那你今天开心吗？"

"非常开心。"

他似乎喝多了，竟没意识到现在已经放学了。

又一次在路上遇到他，他从背后突然拍了拍我的肩膀，吓了我一跳。我看到他手臂上的文身，想起他逃学见女友的故事，就坏笑着问他："你这文身是你女朋友的名字吧？"

"不是。"

"那是谁的？"

"是我姐姐，她在尼什（临近小镇最大的城市）。"

我们一路边走边聊，我终于了解了他复杂的家庭背景——他爸爸是流浪汉，妈妈在科索沃。他有很多兄弟姐妹，但只有这个在尼什读高中的姐姐照顾他，他是因为和人打架才进了这个学校。

"你很聪明,你有个很棒的姐姐,你知道怎样做才能帮助你姐姐吗?"我用我掌握不多的塞尔维亚语拼凑了一些句子。

"嗯,"他补充了一句,"我不爱爸爸,不爱妈妈,我只爱姐姐,我姐姐很好。Saska,你也很好。"他给了我一个大大的拥抱,然后离开了。

案例反思

因为是一所特殊学校,所以每个孩子都带着自己的故事。有个永远把自己的钱装进钱包别在腰间的女孩子,名字叫米莉。她短头发,大个头,打架丝毫不输男孩子。这个行为让我联想到没有安全感的幼儿,会错把一时看不见妈妈当成妈妈永远离开了自己,所以有分离焦虑。对物品的占有和眼见为实让米莉比较有安全感。还有一个特别邋遢的女孩儿——玛瑞亚,她每次见面都要跟老师拥抱,甚至喜欢趁老师不注意去亲老师。她的性情特别不稳定,经常可以见到她在校园里跟工作人员吵得歇斯底里的场面——有时候她躺在地上,哭得天昏地暗。她手上还有很多自己割的刀疤,平时也需要定时服药控制情绪。对小狗很有爱心的大力,情绪也不稳定。其他孩子偶尔有几句话说得不对他的心思,他就一拳下去,毫不留情……

尽管一开始就得到了各种善意的提醒,但是课上课下各种哭喊声不绝于耳,我刚开始根本就适应不了这样的课堂。他们麻木又敏感,脆弱又强大。从刚开始面对的一张张调皮捣蛋的脸、一个个耷拉着的脑袋,满嘴英文脏话,到现在的笑脸相迎、偶尔撒娇甚至为自己会说几句汉语而骄傲的可爱的孩子,我想,也许这就是教育的意义吧。我自己不也从一开始质疑为何在这样的学校开设汉语课,到现在的假期还要时不时上山和他们一起玩儿吗?嗯,这期间有许多事情在悄悄改变!

面对这样一个特殊的群体，通过长时间接触，我总结出自己与他们的相处之道。

第一，不贴标签。在去这所学校上课之前，我已听闻很多传言，说这里的孩子行为有多恶劣。我选择不给他们贴标签，选择把他们当成变化发展的个体，而且是在教育的作用下可以变得更好的个体。

第二，用心观察，认真聆听。通过真实的观察，尽可能了解他们的过去，倾听他们的故事，呵护他们的心灵。记得有一个周末，我没有提前打招呼就去学生宿舍参观，孩子们开心地迎着跑过来，还特意让我在门口等一会儿。原来他们是跑回去收拾了一下宿舍。他们是有自尊心的，也在意自己在老师心目中的形象，老师的赏识鼓励会对他们的成长很有帮助。

第三，花时间陪伴，引导出他们善的一面。圣诞节前夕，我给孩子们设置了圆环套礼物的游戏，我让孩子们套到礼物时再说句"圣诞节快乐"，就能把礼物取走，孩子们开心极了！这学期的复活节，我带了一篮筐的鸡蛋和小零食，用塞尔维亚的传统方式玩儿"撞蛋"，谁赢谁就可以先挑选礼物。我不断地创造机会，让他们感受到节日的氛围，感受到有人在关心着他们。时间会告诉我们疗效如何。

第四，及时反思，及时总结。我做了一个表格，记录每节课学生的情况，便于及时反思，改进教学方法。比如案例提到的糖果事件，我课后进行了认真反思。很多时候事情很快会过去，但是情绪还在，所以需要及时化解。我反思了自己课前没有强调规则的重要性，同时设置的奖励数目也不太合理，课后又自以为是地遵守"规则"，所以最后导致"狮子"发飙，第二天我赶紧补救。所以，及时反思，及时改进，可以避免重蹈覆辙。

特殊学校的环境可以说很好，孩子们的生活条件也不差，但因生命中重要人物的缺席与重要力量的缺失，大部分的孩子也就在命运给他们画的圈圈里打转了。《奇葩说》我没看，但马东的一句话让我印象深刻，

"心里有很多苦的人，只要一丝甜就能填满"。我仅仅是在这所特殊学校里教汉语吗？我想，应该不全是。但我知道，我的学生日后回忆起来，有一个中国老师花了很多时间陪伴他们度过一段快乐的时光，这就够了。

最后，愿你、我都是教育路上给予别人一丝甜的那个人。

作者简介

王莎莎，新疆师范大学对外汉语专业本科毕业，武汉大学汉语国际教育硕士在读。曾在福建参加"三支一扶"项目，支援农村建设两年；在泉州一家教育机构从事少儿英语教育。曾在塞尔维亚科尼亚热瓦茨从事汉语教学工作，并赴塞尔维亚继续开展汉语教学活动。

思考与实训

1. 阅读"案例描述"部分，作者在"你没给我糖果"这件事情上是怎么处理的？如果是你，你会怎么做？
2. 本文谈到作者在塞尔维亚的特殊学校教汉语的经历，你觉得是否有必要在国外特殊学校里开展中文教学？请查询相关资料，比较一下国内与国外，大家对于特殊学校的认识有什么不同。
3. 本文作者在特殊学校上课时，遇到了来自学生的各种"挑战"，她是怎么处理的？如果你在课堂上遇到以下挑战，你将如何应对？请选择一个场景设计出详细的方案：
   (1) 学生在课堂上无缘无故地大笑，用英语说脏话；
   (2) 学生在课堂上因为一件小事打了起来；
   (3) 学生在下课后向老师讨要奖品。

北美洲

　　北美洲是世界第三大洲。它东临大西洋，西临太平洋，北临北冰洋，南以巴拿马运河为界与南美洲相分。据统计，学习汉语的热度在北美洲逐年上升，目前在美国，学习汉语的人数超过 280 万人。[①]

　　本章的教学工作案例来自美国、加拿大、墨西哥和多米尼加。其中关于美国的文章较多，美国将中文列为重要语言之一，学生在中小学、大学期间可以选修中文，同时也有项目经费支持。

　　同其他洲一样，这里的汉语教师在教学过程中一定会遇到各种各样的问题。比如在小组项目中，一名学生说打分不公平，你怎么解释？如果学生有问题不举手，在课堂上乱说话，你怎么建立规则？如果你是一名高中老师，每年一次的教学评估决定你的去留，你怎么应对？如果学生拒绝回答口试问题，说涉及隐私，你怎么回应？下面我们一起来看一下老师们实践经验的分享吧。

[①] 数据来源于 http://www.gov.cn/xinwen/2019-12/10/content_5460063.htm。

难说公平的分数

/ 鲍莹玲 /

美 国

案例场景

我所任教的美国印第安纳大学布鲁明顿分校是一所综合性研究型大学，学校设有包括中文在内的4个领航中心。该校十分重视语言学习，不仅开设了近60门语言课程，更规定学生需要修满4个学期的语言课才能获得毕业资格。我所任教的年级为三年级，每周5个课时，每节课50分钟，内容以介绍当代中国的社会性话题为主，培养学生基本的论说能力。当时我所教授的那个班有近40名学生，大部分是白人，还有近10名华裔和来自韩国的国际生。由于领航和非领航学生合班上课，他们的专业背景比较多元，中文学习经历多样，学习目标也不同。

案例描述

容易忽视的前兆

在学期刚开始时，我就为学生安排了一个期末报告作业，这个作业准备期较长。因为作业有难度，我鼓励学生以团队形式进行研究和报告。我要求大家2至4人一组，就小组感兴趣的社会话题采访几个中国人，然后总结采访内容，并将其与课堂所学内容进行比较，最终写成报告。这个任务的目的是帮助学生更好地了解中国社会巨变对个人生活影响的真实情况。在评价方面,我设置的是整组得到一个集体成绩,组内成员的分数是一样的。我这样做的目的是希望学生之间能够互相督促,合理分工,相互配合。

整个作业跨度大半个学期,我每隔几个星期就会与学生交流,检查他们的进度。大多数小组从头至尾都进行得非常顺利,但有一个4人小组的气氛有点儿奇怪,其中有一位同学和另外几位同学交流得并不多,问他小组进度时他也是支支吾吾敷衍过去。不过,这个小组最后的期末报告质量并不低,在所有小组报告的平均水平之上,尤其那位看上去与同伴有嫌隙的同学,也能就报告主题侃侃而谈。这一切让我以为这件事也就这样过去了。

突如其来的抱怨

没想到,报告分数登录到成绩系统上以后,我意外地收到了该小组另外一位学生的邮件。他指出我目前的评分设置存在很严重的问题,特别是对那些认真努力的学生来说,这个打分不公平。在邮件中,他用很长的篇幅描述了这次期末作业的全过程,指出了那位看似跟大家有隔阂的同学的许多行为都不妥,比如他常常缺席小组讨论,准备报告时没有提出自己的想法,在报告时选择相对容易的介绍和总结部分。虽然他表现得对内容了然于心,但实际上并没有做出什么实质性的贡献。于是,我又拿出自己的课程大纲重新审视了一番,的确,仅从他们组的期末报告和口头演说来看,那位同学表现得不错。但我的评分确实不能有效地体现出每个组员对期末报告做出的实际贡献。尽管给我发邮件的这位学生得到了不低的分数,但他对那位没有为报告成果出力的成员也得到这样的成绩而不满。

我没有处理这种事情的经验,只能咨询前辈和同事。因为这项作业本身就涉及许多主观评价的问题,他们也无法给出一个正确的答案,只是建议我从学生那儿获取一手信息，具体情况具体分析。综合了一下自己的思考和他人的看法，我想，既不能单方面地听取那位同学的抱怨，也不能因为缺乏证据而把他的意见当作耳旁风，我应该深入了解此事。

沟通解决矛盾

最终，我决定分别找这两个学生谈话。从他们口中，我对事情的真相也就有了更多的了解。首先谈话的，是那位抱怨的同学。在面对面交流时他显得很冷静，语气也很平和。他认为，那个"偷懒"的同学除了采访了两位中国人以外，并没有做什么。虽然在迟到或者缺席小组讨论后，他总会表现出尽力弥补的态度，但实际常常不了了之，甚至整个报告的开头介绍和总结部分也是到最后一天才寄给大家。他说完后，我安抚了他的情绪，对他的看法表示理解，并说明了评分的初衷。他虽然仍保留自己的看法，却能尊重我的意见。其次，我与另一个被抱怨的学生也谈了话。我并没有告诉他别的组员对他有抱怨，而是问他参与小组讨论时有没有遇到问题。通过他的陈述，我得知他确实在与组员交流上出现了一些困难，主要因为他主修商科，学习特别忙，常常找不到合适的时间跟大家见面。再加上中文课对他来说不如商科重要，所以在错过了几次讨论后，他渐渐游离于团队之外。尽管他参与了报告的一部分内容，但付出明显比其他组员少了很多。我鼓励他以后要多与组员交流，合理安排自己的课业，切记"欲速则不达"。同时，我向他说明了团队合作的重要性，并适当调低了他的分数。本来我有些担心他会提出不满，但在我有理有据的说明下，他认同了我的处理结果。不过由于他其他科目的成绩还不错，这对他的总评分并没有太大的影响。这件事情就这样顺利地解决了。

案例反思

说实话,当学生来跟我反映评分不公正时,我确实有些吃惊,认为他把自己对组员的不满转嫁到了我身上。但仔细想想,又觉得他的反馈合情合理,我设置的评分标准的确不够完善。通过这件事,我深刻地认识到美国学生原来也很在乎分数。以前在国内,总听说美国推行"轻松教育",学生追求快乐和体验,成绩对他们不重要。来了美国才发现,这样的观点太过片面。因为我遇到的不少美国学生虽然并不"唯分数论",但他们对于任何评价都是抱着较真的态度,而且特别在乎老师评分的方式和过程是否公正合理。

美国的大学普遍没有成绩分布比例的硬性规定,任课老师会对不同的课程设置不同的评分标准。评分标准在学期开始之前,在教学大纲中就必须明确说明。在实际打分时,是将学生的具体表现跟标准参照对比,而不是跟同班同学比。可是,制定一个完美的评分标准并不容易,许多问题往往是发生过了才知道。我在设置标准时,只重视最后报告的效果,却忽视了团队互动层面以及个人表现的因素。案例中的那位学生正是觉得我设置的评分方式太单一,不够准确客观,太重整体,结果使"搭便车的人"得到了虚高的分数,才向我提出异议。

在美国教学时,我常常会遇到学生来询问自己的作文或者报告哪里扣了分、为什么扣分、扣分的尺度是否合理等问题,甚至有的学生还会跟老师直接"讨分"。因此,对于像期末报告或者作文这样的形成性评价的任务,老师一般都需要提供明确具体的评分标准,让学生明确怎么做才能得到理想的成绩。

而对于像我这样从小在中国接受教育的人来说,更习惯于结果导向。我认为,在小组合作时,只要最终成绩令人满意,就不必在乎每个人的付出程度了。其实不然。美国学生更注重个体评价,而不是集体评价。对美国学生来说,老师如何给学生打分比最后的分数本身更重要。

为了避免下次再出现类似问题，我总结出以下几点建议：

1. 融入形成性评价：小组合作完成期末报告是美国课堂常用的形成性评价 (formative evaluation) 方式。相较于终结性评价 (summative evaluation)，如常规的听写测验、阶段性考试，形成性评价通常是基于对学生长期持续的观察和反思而做出的评价。这种评价可以更好地激励学生成为自己学习的主人，同时培养合作精神。其他常见的手段还包括思考—配对—分享 (think-pair-share)，宾果 (bingo) 活动等。

2. 提供持续性评价：对于时间跨度较长的任务，教师需要定期检查学生完成的进度，并及时提供反馈。这既可以以正式方式检查，如让学生定期提交任务过程中的小作业，也可以以同学生交流沟通的方式，了解他们做作业花费的时间、过程等情况。

3. 设计多元化评价：在设计评分标准时，除了教师打分，可以考虑加入学生的个人自评以及组内互评。评价内容可以包括：是否积极参与小组活动，是否为小组讨论和报告做出实质性贡献，对于他人建议是否持开放心态，等等。这样做就是将最后的总评成绩分为教师评价、学生自评、学生互评三个部分，比重可以调整为 60%、20%、20%。这样修改以后，学生反映普遍较好，没有再遇到抱怨的情况。

4. 接受学生的挑战：教师在设计评分标准和实际打分时总会有百密一疏的情况。当学生提出疑问和异议时，先要学会耐心倾听，从他们的角度出发看问题。如果有需要改进的地方，就虚心接受，甚至可以邀请学生一起参与制定评分标准，将学习的主动权交到学生手中，这样才能离公平公正更近一些。

作者简介

鲍莹玲，从事国际汉语教学十余年，有丰富的汉语教学经验及海外项目运作经验。曾任教于弗吉尼亚大学、明德暑校。现为印第安纳大学东亚语言及文化系的高级讲师，教授各年级普通中文课程以及高年级领航课程、商业中文等。除了在美国从事汉语教学工作以外，曾多次参与美国大学在中国开设的暑期项目，并对当地老师进行师资培训。

思考与实训

1. 阅读"案例描述"部分，谈一谈作者在教学中遇到个别学生对报告的评分结果不满意时，作者是怎么处理的。如果是你，你会怎么做？
2. 结合"案例反思"部分，谈一谈在布置小组任务时，你会如何选择评估手段，如何制定评分标准，并保证打分的公正性与有效性。
3. 如果在给学生布置小组任务时遇到以下挑战，你会如何应对？请选择一种情况设计出详细的方案：
   (1) 个别学生因为其他课业负担较重，要求作业延期；
   (2) 个别学生请中国人帮忙修改文字稿，但在口语报告时有明显障碍；
   (3) 个别学生前期准备时都积极参加了，但是口头报告当天由于身体原因未能参加。

我认错了学生的性别

/ 迟征宇 /

美 国

案例场景

我在华盛顿哥伦比亚特区的一所国际中学任教,负责教授六到十二年级的学生。作为国际学校,除了英语课之外,学生还会学习中文、西班牙语或法语等语言课程,并使用这些外语作为教学语言学习其他社会学科或艺术等课程。以中文组的学生为例,学生们在上中学之前,已经在附属小学(feeder school)学习了八九年中文。他们中文的听说能力非常强,但读写能力稍微欠缺。我教授的是六至八年级的中文社会科学课程,即用中文教授历史、地理等通识课程。中文社会科学课每两天上一次,每节课50分钟。与中文语言课程不同,中文社会科学课不再侧重语言能力的培养,而是侧重于培养学生语言应用的能力和运用第二语言思考的能力。

案例描述

我认错了学生的性别

新学年开学不久,我开始按照惯例陆续联系学生家长,告知学生学习近况和课堂表现。

一日,我给学生S的家长发了一封表扬信。S是六年级新生,平时课堂表现很好,作业也完成得不错。我在邮件里夸奖了该学生,不一会儿就收到了学生父亲的回复。

通常来说，收到表扬信，家长们会表示感谢和支持。如我所料，S的父亲也不例外，他首先感谢我对孩子的关注和鼓励。读着邮件，我暗自欣喜，直到看到末尾的一句话：

"可是，请注意，S是男孩儿，不是女孩儿。"

我瞬间怔住了。我马上回读自己发出去的邮件，发现所有用来指代S的人称代词用的都是"她"（she/her）。我飞速地在脑海里搜寻着所有关于S的信息："她"个头不高，留着中长的粉色头发，戴耳环，画着很深的眼线，"她"很安静，喜欢自己读书，每次见我都会跟我聊几句，偶尔还会跑来跟我拥抱……如此可爱的S，竟然是一个男孩儿？

带着怀疑，我飞快地打开学生信息单，找到"她"的信息，果然看到学生性别那一栏赫然写着：male（男性）。

原来真是个男孩儿啊！我竟然把他误认成了女孩儿！

我不仅认错了学生性别，还第一时间把自己的错误暴露给学生家长，这应该是一次比较严重的教学事故了吧。

"教学事故"的反转

由于自己从来没有处理类似事件的经验，我感到惶恐不安。

明确了学生性别之后，我慌忙给学生家长回复了邮件并郑重地道了歉。在忐忑等待家长回应的时间里，我又打电话向同事——S的中文课老师求助。同事在美国有多年教学经验，也熟知很多类似的教学事件。听了我的描述后，同事气定神闲地跟我说："你没有错，S就是一个女孩子。"

我以为她也认错了该学生的性别，便跟她详细讲述了事情的经过，并强调了学生信息单上的性别信息。同事依旧很淡定，跟我说了下面一番话："S是一个女孩子，虽然'她'的出生性别是男性，但是'她'的自我认同是女孩儿，并且'她'也跟辅导员说过，希望别人当'她'是女孩儿……"

原来是这样！

虽说对个别美国人的出生性别和认同性别不符的轶事早有耳闻，但是自己还是头一次遇到。S的性别认同是女性，但S的家长希望"她"保持男孩儿的性别身份。那么以后再遇到类似的问题，我该怎么做呢？如果需要同时发邮件给学生和家长，我应该站在谁的立场？用哪个人称代词呢？

求助和问题的解决

带着这些疑惑和问题，我求助了该学生的辅导员。在美国，每一个学生都有一个固定的辅导员，他们主要帮助学生解决学业、生活、心理等各种问题。S的辅导员告诉我，S确实希望做一个女孩儿，"她"说过自己更希望别人用女性人称代词来称呼"她"，但是父母的坚持让"她"在性别认同的问题上承受着巨大的心理压力。

辅导员建议我在单独和该学生相处的时候用女性人称代词；而单独和家长沟通的时候则用男性人称代词；若需要同时和双方交流，可以用中性词"they"来指代该学生。这是我第一次知道"they"还可以用来指代单个人。不过后来在跟其他学校的教师交流后，我发现美国很多学校都有明确的政策，让老师用"they"来称呼学生。

这个教学中的小插曲，虽然没有愈演愈烈地演变为教学事故，但是却让我开始下意识地去关注学生的性别问题，也由此更深刻地理解了美国性别认同现象背后的文化原因。

案例反思

来美国以前,我就了解到美国是一个比较尊重个人选择的国家,人们可以根据自己的喜好,在不违背法律的情况下,选择自己想要的生活方式。来美国之后,我对此有真切的感受。美国对于性别认同的尊重体现在生活的各种细节上。比如,学校的卫生间除了有男和女之外,还有男女都可以使用的独立卫生间。在填表格的时候,性别栏会有"男""女""其他"和"我不想回答"四个选项,而在一定要填写某个性别的时候,通常只询问出生性别,以便让不同性别认同的人更容易回答。再比如,在我们学校的开学动员会上,学校要求每个人制作的姓名卡上要写上自己希望用哪个人称代词称呼,老师邮件的自动签名也需要加上希望被称呼的人称代词。

上述的这个教学小插曲,给我最大的教训就是:称呼一个人时,千万不要根据主观判断来随便选用人称代词。美国有很多看不出性别的人,尤其是小孩子——比如我的学生中就有一些留长发的男孩儿或者超短发的女孩儿,从外表上看,他们的性别真的肉眼难辨。还有一类人,我们虽能很容易地看出来对方的性别,但是他们的性别认同可能跟外表并不相符,这些人对于别人用"他"或"她"来称呼尤为敏感,所以我们在使用人称代词时一定要谨慎。总而言之,作为一名海外汉语教师,不要主观臆断,更不要去随意评价他人。

以下是我就此类问题给出的几点具体的建议:

首先,我们应该提高对性别问题的关注度。美国有很多人会通过媒体或集会的形式,帮助诸如同性恋等少数群体争取平等的权利。我在教学中的疏忽,主要是因为对性别认同现象缺乏充分认识和了解。因此,海外汉语教师必须要充分了解当地文化,提高对于性别认同等特殊问题的关注,才能有意识地避免跨文化交际中的错误。

其次，不要主观臆断。这里的主观臆断，不仅指关于性别的臆断，还包括关于种族、年龄等的臆断。在美国读研究生时，我也犯过类似的错误。当时，学校里有很多中国留学生，因此我看到亚洲面孔时，就会直接跟他们用中文交谈，然而我发现很多时候对方并不是中国人，因此他们会觉得因为我的主观臆断而受到了冒犯。回到我们谈的性别问题，我建议老师们在不确定对方性别的情况下，可以礼貌地问一下对方："What's your preferred pronoun（你更希望别人用哪个人称代词称呼你）？"这样做可以避免冒犯和冲突。当然，前提是你对对方的性别已经产生了疑问且无法根据现有信息做出正确判断；绝不是说跟所有美国人打交道时，都要先问一下对方的性别，否则过犹不及，对方也会觉得自己被冒犯了。

最后，尊重不同的性别认同。我们从小接受的教育都是"女孩子要有女孩子的样子""男孩子不可以玩儿芭比娃娃"等，声音纤细或举止柔弱的男孩儿常会被用"娘娘腔"这样带有贬义的词来称呼，有的人听到"跨性别者"和"变性人"也会觉得他们"不正常"……其实仔细想一下，这种排斥也许只是证明了我们自己的狭隘。因为每个人都有选择自己生活方式的权利。在跨文化交际中，我们要学会尊重和自己"不一样"的人或事。尊重别人性别认同的权利，就像尊重别人喝水和生存的权利一样。你可以不支持，但请至少学会尊重。

希望有一天，在世界任何地方，人们都可以在不危害他人的情况下，自由、大方地按照自己的意愿生活，旁观者也不会因对方的选择而有偏见，在心里做到真正的尊重。

作者简介

迟征宇，毕业于美国卡耐基梅隆大学应用第二语言学专业，从事国际汉语教学四年。曾赴英国利物浦大学孔子学院担任汉语教师志愿者。现为华盛顿哥伦比亚特区国际学校中学教师，教授初中中文社会科学课程——以中文教授历史、地理等课程。不同国家的汉语教学和生活经历赋予作者观察不同文化现象的机会，也因此有独到的见解和反思。

思考与实训

1. 阅读"案例描述"部分，作者不小心弄错了学生的性别，并把错误暴露给了学生家长，作者是怎么处理的？如果是你，你会怎么做？
2. 结合"案例反思"部分，如果你在国外任教，你如何能够最大程度地避免犯类似的错误？
3. 本文提到，不同人群对性别认同可能有不同的看法和态度。请就此问题，谈一下你个人的观点。在教学工作中遇到类似情况时，我们需要怎么处理？有什么需要特别注意的地方？

课堂规则——从磨合到适应

/ 戴志容 /

美 国

🎬 案例场景

我所任教的学校是美国纽约州的一所包含幼儿园至高中的公立学校。学校学风良好，英语和数学学科在西纽约州名列前茅。学校非常重视学生的汉语学习，已开展了七年的汉语教学。同时，学校非常注重与中国的文化交流，每年会派老师和学生访问中国学校，高中部每年也都有来自中国的国际生。每年中国春节时，学校会举办两场隆重的春节晚会（小学部一场，初中、高中部一场），其中有舞狮表演、中国传统歌舞表演和学生自己准备的中文节目。

汉语是该校幼儿园至二年级阶段学生的必修课程，每班每四天一节课，每节课40分钟；三年级至八年级是选修课程；高中阶段是学分课程。该校的中文老师主要是中国的公派教师，流动周期基本是两三年。我的教学对象是幼儿园至二年级的学生。

💬 案例描述

美国崇尚个性发展，来美之前就听说过美国的学生特别"不好教"：上课去洗手间，随意在教室走动，想发言就发言……有时表扬学生还会被学生抱怨"我的同桌也很好，为什么不表扬他（她）"。开学前，我就预料到自己的课堂将会极具挑战性。另外，因为我不清楚美国老师是如何管理课堂的，会不会给学生制定一系列的规则，所以第一次上课前我有些紧张。思前想后，我觉得规则对课堂总还是需要的，所以在认真备课之余，确定了两条自认为最重要的课堂规则：

Raise your hand before you speak.（说话前请举手。）

Listen carefully when someone else is talking.（要认真倾听。）

蜜月期

第一周是和孩子们的蜜月期，我的所有班上都没有孩子"捣乱"。他们对我这个新来的"外国人"充满好奇，而我也成功地通过游戏、活动及幽默的语言，带着他们走进了有趣的汉语世界。我在第一节课上，就和学生讨论"什么课堂规则对汉语课重要"，孩子们积极举手说出了自己的想法，最终我们共同确定了四条规则：

Raise your hand before you speak.（说话前请举手。）

Listen carefully when someone else is talking.（要认真倾听。）

Keep your hand and feet to yourself.（管好手脚。）

Try your best.（尽自己最大的努力。）

同时，我也向孩子们表达了自己对他们的期望：希望所有人都能遵守规则，共同创设安全、有效、和谐的课堂。

磨合期

因为第一周的课程比较顺利，并且我需要适应学校、教学的各项事务安排，所以没来得及向美国老师请教课堂管理经验。第二周学生的表现开始发生了变化。第二周的第二堂汉语课，我就遇到了一个比较"乱"的班级，跟其他三个班完全不同。那三个班虽然会有学生说话，但提醒后会有较大改进，课堂整体效果还不错。但这个班男生较多，有几个男孩儿特别"闹"，无论是走到他们旁边轻声提醒，还是停下课来大声提醒，他们依旧"谈笑风生"。面对这几个"捣乱"的孩子，我真不知道该怎么办了。如果在国内课堂，我还知道怎么去管理，但我不确定国内的方法是否适合美国，所以不敢"轻举妄动"。

下课后，该班的主班老师来接他们，问我他们表现得怎么样。我只能如实回答："有些学生一直在说话。"她毫不意外地点点头，同时对全班同学说："我们班级内的规则同样适用于汉语课堂。"我也赶忙附和："对，我们的汉语课堂也有同样的规则，相信大家都能做得很好。"说完这句话后，主班老师对我说："如果他们下节课继续这样，请把学生的名字告诉我。"当然，她的声音很大，仿佛故意让学生们听见似的。听到主班老师的这句话，我立马有了底气，原来美国老师对规则也是非常重视的。

此后几天，我又向美国老师请教课堂管理的方法。他们跟我说："首先需要和学生一起制定规则，并坚决执行规则。如果学生一开始没做到，你可以和善地提醒；如果学生多次违反规则，可以取消他参加本次或下次活动的资格，让他们去安静区，性质恶劣的可以请他去校长办公室。"他们还跟我强调："老师是课堂的主人，一定要掌控课堂。"

美国老师的这些话，让我再次认识到他们对课堂规则的重视。原来美国课堂并不是传闻中的那样随意，上课不能随意走动，去洗手间也有明确的规定。接下来的每节课，我试着用这些方法和善而坚定地执行每一项规则——表扬做得好的学生，提醒没有做到的学生。慢慢地，我对课堂的掌控就变得轻松自如了。

课堂教学就这样平稳地过了两周，整体是向好的方向发展。虽然部分班级的个别孩子因提醒无效，会被叫至安静区，但这是对规则的执行和维护，也是在帮助他们养成良好的课堂习惯。而且课后我都会抽时间与纪律不好的学生谈心。对于他们取得的进步，我会提出表扬："你进步了，相信下次会做得更好！"对于没有明显进步的学生，我也会真诚地鼓励他："我相信你下次一定会有进步！"

挣扎期

事情发生在第四周的第二天，还是那个比较"乱"的班。

之前，这个班的整体纪律一直比较差，主班老师每次下课都会问我："他们表现怎么样？"而我每次都说："有两三个孩子上课说话，但整体有进步。"主班老师接着询问是哪些学生，然后对他们进行严格的教育。

可是这一天，这个班的课堂表现出乎意料地差：我的教学经常被打断，多次提醒无效；还有学生故意模仿我说话；先后有六位同学被叫到安静区，到下课为止，只有一位同学改正后被允许重回课堂。下课后，主班老师来到教室，照常询问学生的表现，我如实回答："有较多孩子上课不守纪律，乱讲话。"同时，我还看了一眼坐在安静区的那些孩子。主班老师瞬间变得非常生气，马上严肃地请学生们起立，批评了他们，并记下他们的名字，说："今天我将会给你们的父母打电话，告诉他们你们在课堂上的表现。"孩子们听完都发蒙了，看起来很难过。我也被震惊了，心中暗想："这些孩子今天的表现虽然确实不好，但有几个是第一次，也许应该给他们改过自新的机会。"

还没等我把想法跟主班老师说出来，她就严肃地让学生一一向我道歉。大多数孩子都道歉了，除了那位模仿我说话、看起来有点儿叛逆的学生。主班老师给了他两次机会，他还是拒绝道歉，最后被"请"进了校长办公室。几分钟后，他又来到我的教室，诚恳地跟我说了声"对不起"。我则当场表扬他勇于承认错误，并相信他下次上课会有很大进步。

两天后，主班老师见到我说："我那天打电话告诉他们家长了。"我听了，十分敬佩这位老师"说到做到"的规则意识。接下来的一节课，我虽然还是有些忐忑，但是学生的表现却有了很大的进步，包括那个叛逆的男孩儿。我顺势而为，当众表扬了他，也表扬了所有进步的孩子。自此以后，那个班的上课情况越来越好，那个叛逆的小男孩儿变成了参与课堂活动最积极的一位。

适应期

等到学期的第六七周后，所有班级都慢慢进入了正轨。我们进入了彼此适应的新阶段，真正开始享受到课堂规则为我们创造的愉快、和谐的课堂环境。

案例反思

其实美国人的"自由"更多的是一种规则下的自由。在学校，几乎每时每处都能看到美国教师对规则的强调。每个班级在最醒目的地方都粘贴着班规，而且这些班规都是老师和学生共同讨论制定的。如：

Raise your hand before you speak.（说话前请举手。）

Listen carefully when someone else is talking.（要认真倾听。）

Be safe, be kind, be honest.（安全，和善，诚实。）

Respect others, your school, and yourself.（尊重他人、学校以及自己。）

Always give your personal best.（呈现最好的自己。）

课堂上常常能看到美国老师对学生的严格要求——尊重别人，表现出最棒的自己；也能看到老师对规则的坚守——要求学生遵守课堂纪律，认真倾听，轮流发言，不打断别人、不插话。每次汉语课结束后，主班老师接学生回教室这个细节，也充分体现着老师对学生们规则意识的培养。这些规则给师生提供了一个和谐的环境，让每个人都能畅所欲言，真正参与到课堂活动中。

学校对学生规则意识的培养从一入学就开始了。幼儿园及一年级的老师会带孩子唱行为规范的儿歌，边唱边规范行为。比如"把嘴巴合上，锁上，把钥匙放进口袋（Zip it, lock it, give the key to the pocket）"，还有"我的双手垂在身旁，我站得又直又高，我的眼睛看着前方，我准备好去走廊（My hands are hanging by my side. I'm standing straight and tall. My eyes are looking right ahead. I'm ready for the hall）"。二三年级的老师则更多地会规范孩子们的基本行为，如离开前需要把笔放进笔筒，垃圾扔进垃圾桶，把凳子放在桌子下面，然后安静地走到门口排队，等等。

以下几点小贴士，也许能帮助新入职的汉语教师尽快培养学生的汉语课堂规则意识：

1. 开学第一课与学生共同制定规则。我的第一节课就让学生说出了很多条他们认为的重要的课堂规则。这说明他们心里是有规则意识的，也知道哪些行为正确，哪些行为不正确。这样做的目的是让学生将已有的规则意识落实到汉语课堂。师生讨论后，可选择最重要的3至5条作为行为准则，粘贴在教室醒目之处。

2. 和善而坚定地执行规则。这是我一直以来都坚持的教育理念，是一种既不惩罚也不骄纵的管教孩子的方法。当孩子出现问题时，和善地提出来，给予学生尊重，并坚定地执行规则，对所有学生一视同仁。学生违反规则后，接受"后果"而不是"惩罚"，即接受做错事情后的后果并弥补自己的行为。和善而坚定的方式更容易让学生接受，有利于培养学生的自律、责任感以及解决问题的能力。

3. 积极表扬、鼓励孩子。学会使用"You are terrific（你太棒了）""What an awesome idea（很好的主意）""You did a fantastic job（做得好）"等

鼓励性语言。这些表扬语句比一般的"好"程度更深,表扬力度也更大。在培养规则意识上,需要时常对学生的表现给予表扬,特别是有进步的孩子,要关注他们的改变及成长,并给予正面反馈;对于行为习惯还有待提高的孩子,需要多花时间给予鼓励和期待,一次、两次、多次之后,自然会看到他们的进步。

自由的前提是对规则的敬畏和遵守,无论是在成人世界还是儿童世界,有规则才有自由,规则永远都是自由的保障。

作者简介

戴志容,北京师范大学硕士研究生毕业,国家高级家庭教育指导师,成都市泡桐树小学西区分校英语教师。曾任国家公派汉语教师,任教于美国纽约州布法罗大学孔子学院。研究生期间曾在北京师范大学与美国普林斯顿大学合作举办的英语文化夏令营及"国际志愿者中国行动",即北京语言文化英语夏令营北京营担任助教。

思考与实训

1. 阅读"案例描述"部分,作者在美国任教时,经常遇到学生上课去洗手间、随意在教室走动、和同学讲话等不规范的课堂行为,作者是怎么处理的?如果是你,你会怎么做?

2. "案例反思"部分提到规则对课堂的重要性。如果是你,你会确立什么样的课堂规则?你将怎么执行规则?如果学生对你进行挑衅,你会采取什么措施?

3. 有的美国学生在课堂上喜欢随意发言。请查询相关资料,探寻怎么帮助低年龄段儿童养成良好的课堂习惯,处理好师生课堂关系。

28 美国课堂的第三文化小孩儿

/ 黄丽玲 /

美 国

🎬 案例场景

我所任教的波士顿大学位于美国马萨诸塞州的首府波士顿市，是一所强调国际化和多元化的研究型私立大学。该校 2018 年秋季入学数据显示，研究生和本科生人数共 34,657 人，其中国际学生人数占比近 30%。学生的族群背景多样，少数族裔（包括亚裔、非裔、拉丁裔等）在本科生群体中占比超过 55%，其中不乏"第三文化小孩儿"。第三文化小孩儿指在成长时期被父母送至另一个文化中成长的孩子。"第三文化"是指这个人的文化背景是由家长的第一文化和他成长当地的第二文化融合形成的第三文化。

我开设的中文三年级跨文化汉语交际课程是以内容为依托的对外汉语语言课。班里共有 8 名来自不同文化背景的学生，其中 6 名是第三文化小孩儿。我描述的案例发生在这门课的第一个学期。

💬 案例描述

开学第一节课的破冰活动之后，为了帮助学生初步了解文化的概念及表现，我设计了一个基于文化冰山理论的活动。该理论认为文化是一座巨大的冰山——显性文化，如着装、建筑等可以直观感知的文化符号是冰山呈现于水上的、肉眼可见的部分；隐性文化，主要包含价值体系、社会规范等更深层次的文化基因，则是藏在水下的不易被察觉的部分。活动中，我首先用图例的形式向学生展示中国的文化冰山，用具体实例引导学生思考图片中文化要素的相互关联。接着，我要求学生描绘他们自己国家的文化冰山。

小王是一位肤色较深、眼窝较深、留着卷发的男生。他举手询问："老师，我来自中国香港。我继续讲中国文化，可以吗？"我点头示意，于是小王开始了自己的发言。在自我介绍中，小王提及自己的父母来自印度，我听了不禁产生了一丝诧异，同时也想为学生提供接触更多不同文化的机会，于是鼓励小王说："要不你谈完中国文化，也谈谈印度，怎么样？"

没想到，小王面露难色，他说："我没去过印度。我对印度文化并不感兴趣。"停顿了一下，他继续说："我从小在中国香港长大，后来搬到新加坡和英国，但我不知道我是哪个国家的，我在香港住了很久，我应该算是香港人吧。可是，我每次都得跟大家解释这一点。"

我连忙微笑道："没问题，香港有它的地方特色，要不你就介绍一下中国香港，好吗？"小王点点头。

虽然讨论热烈地进行了下去，但是小王的话却在我的脑海里一直萦绕着。我想："为什么他要因为自己的肤色和相貌一次又一次地向别人解释自己的身份呢？作为语言和文化教师，我没有立刻给他积极的回应，小王会不会觉得委屈？"我也意识到"讨论自己国家文化"这种提法存在问题。不少学生从小在异乡长大，受到多种文化的影响，却又对这些国家和地区的文化缺乏归属感。于是，我决定在第二节课上发起一个"多元文化的我"的活动来增进教师和学生彼此间的认识。

在第一节课的尾声，我说："同学们，今天我发现一件很有意思的事情。小张和小常都讨论了美国文化，但是写下来的关于文化特征的词语是不同的。你们写的词反映了你们对这个世界的认识，这些认识和你们的经历息息相关。想要了解一个群体的文化，应该多听听不同个体的声音，而不是只看到大多数人的样子。我们可以从认识班里同学开始，看看我们的相同点和不同点。下节课，我想请你们好好地介绍一下自己。你可以选一张照片，发布在这门课的网页文化墙上。这张照片要能代表你的文化和特点。然后再想几个关键词，从不同的方面说说你是谁。好吗？下课！"

第二节课课前，我看到文化墙上贴满了学生们精心挑选的照片：有的学生选择了世界地图，有的选择了多语种词典的图片，有的展示了自己在几个国家和地区受教育时所使用的课本，有的分享了风味各异、各种特色美食的照片，还有的展示了获得新国籍时的纪念照片。看来，大多数学生是第三文化小孩儿啊！我思索着如何让学生进行深入交流，突然，我想到了一个能让他们找到共鸣的话题。于是，我在课件上嗒嗒嗒地敲出了两行字："你的家乡是哪里？人们是否因为你的面孔，忽略了你的多元文化背景，对你有过冒犯？"

走进教室，我们围坐成一个圈儿。由我带头，我和学生们轮流介绍自己挑选的照片和关键词，并回答幻灯片上提出的问题。让我欣喜的是，他们对这个话题有着切身的体会，因而交流得十分真诚和热烈。

"我常常被误会。我现在在上一门关于美国的历史课，中国同学总问我美国的历史，我就跟他们说'对不起，我不知道'。我父母是从英国来的，我居住过的地方有中国的台湾，也有英国和美国的城市，虽然我长得像美国人，但我不是美国人。我一直住在城市，所以城市是我家。"小美说。

"我是中国人,也是美国人。小时候我觉得我就是个美国人,因为我的朋友都是美国人。夜里我会梦见白皮肤和金头发,白天会忘记我的样子其实和美国人不一样。一直到上初中,我们女生开始学化妆,我才发现中国人的脸和美国人的脸是那么不同。但是去中国旅游的时候,我却常常听到有人问我'你是中国人,为什么不会说中文'。"小张说。

"我爸爸是美国人,妈妈是德国人,我在香港长大,但我不是美国人,不是德国人,也不是香港人。我去过22个国家,认识了很多朋友,很喜欢不同的文化。不过我刚来美国上学的时候,同学对我很冷淡,他们觉得德国人都是纳粹,所以不跟我玩儿。我那时候很伤心,不过现在我觉得他们很无知。"小田说。

……

我专心地倾听大家的故事,只在他们语言表达有困难时适时地提供帮助,还不断向学生投去肯定和鼓励的目光。学生小王的发言,让我听得格外认真。

"和小田一样,我也在中国香港长大,在英国和新加坡住过,现在在美国上大学。我的爸爸妈妈是印度人,所以我在香港上国际学校时每天从家里带的食物是传统印度炒饭,叫 Biryani,和中国炒饭差不多,但是有很多印度香料。因为我的同学的饭和我的闻起来不一样,他们问我'你的饭为什么有很浓重的气味'。从那以后,我就开始讨厌印度文化,告诉妈妈以后我只带三明治、通心粉之类的。因为我不喜欢同学们议论我,提醒我的印度背景。我有香港护照,现在是香港人。但是我以后会去其他地方,所以我选了世界地图,代表我是世界公民。"

课堂讨论结束前,我由衷感叹:"其实我很羡慕你们,在好几个国家居住过,和不同族群的人交往过,会说几种语言,经历比普通人丰富。

哪里都可以是你们的家。有的人小时候对家乡的看法和现在对家乡的看法不一样。所以，随着你们生活阅历的增加，以后你们的身份认同感可能也会有所变化。别人误会你们，可能是因为他们印象中的美国人就长这个样子，英国人就是这么做……这些印象可能来自媒体或者他们的亲身经历。所以我们要鼓励他们多和不同文化背景的人交往。这个学期，希望我们可以像朋友一样，一起学习，一起分享。现在你们感到陌生的文化，以后会慢慢变熟悉；对你们来说很熟悉的文化，你们可能也会发现，哦，原来也有另一面……"

案例反思

在此之前，我一直以为第三文化小孩儿拥有更宽广的世界观和更强的多元文化意识，因此，他们会理所当然地热爱自己的各个文化背景。所以当小王表达对自己原生家庭的文化不感兴趣、小时候还一度讨厌印度文化时，我有些惊讶。后来听到他对小时候国际学校生活的描述，我便明白了：他是为了融入"主流"的学生群体，放弃了自己的原生家庭的文化；我也明白了：具有多元文化背景不代表接受自己所有的文化背景，即便是母语文化，第三文化小孩儿也需要正确引导，才能对它产生认同感。

其次，小王多次因外表被质疑自己香港居民身份的经历，使得他变得异常敏感。以至于我瞬间的惊讶表情也立刻让他有了受挫感。和他的对话让我认识到在中国内地长大的自己，曾经对香港居民存在潜在的刻板印象，无意中忽略了中国香港的少数族裔。所幸后来与学生的深入交流让我有所反思，更正了自己的认知，我们也通过实际行动重新建立起师生之间的信任感。

再次，进行"多元文化的我"活动之前，我一度担心处在学期之初磨合期的学生们会纯粹地把活动当作一次常规的语言训练，缺乏深入探讨和相互理解的动力。因此，当课堂上学生们敞开心扉，讲述自己真实的故事时，我既欣喜又感动。高兴的是，真诚的对话正是跨文化交际意识培养的关键性的第一步。倾听不同人的心声，看看别人眼中的世界，才能换位思考，理解不同族群的文化。令我感动的是，第三文化小孩儿用共同的语言——汉语，将他们遭受误解的过往，寻找家和文化归属的心路历程娓娓道来，进行了成段表达，实现了课程文化内容和语言能力同步发展的目标。

随着对第三文化小孩儿的了解和研究，我总结出了针对他们的教学及交际经验。

首先，跨文化交际汉语课堂教学应该以学生为中心，鼓励第三文化小孩儿引导文化讨论。通过合理的活动设计，让学生从不同的视角，以众多个体的经历而非单一的故事，来审视和比较各种文化。学生们丰富的故事将会点亮课堂，开阔视野，增进理解，并在提高语言水平的同时，培养跨文化意识，营造开放包容的课堂氛围。了解学生的民族文化背景，以此作为设计话题和编写教案的依据，学生才能集思广益，畅所欲言。

其次，尽管大多数第三文化小孩儿习惯换位思考，不会轻易地作出孰好孰坏的评判，但是也有部分第三文化小孩儿由于对自己的身份认知不够清晰，对母语文化产生一定的疏离，甚至厌恶。在跨文化交际课堂中，教师应该提供多种渠道和内容，培养学生的批判性思维，让学生认识到单一文化具有多个层面，而且多元文化间并没有优劣之分。例如充分利用社交媒体，创建一个跨文化交流及资源分享群，可以让学生和在母语文化中长大的同龄人建立起语伴关系，进行交流采访活动，共情地理解各种文化，摆脱文化认知偏差。

再次，部分第三文化小孩儿常常被"处处是家，处处又不是家"所困扰，缺乏文化归属感。针对这部分学生，教师有义务让他们了解，他们的身份并不需要依赖单一文化的界定，无须执着于寻找唯一的家乡。一个有效的方法是模拟跨文化交际游戏。学生可以自由地选择虚拟形象，定义自己新的文化，然后在班级组成的"模拟联合国"体验世界和反思文化差异，加深对自我的认识。情景演练有助于学习和掌握跨文化交际技能，也有益于树立学生跨文化交际的信心。

最后，鼓励学生进行阶段性的自我评估。例如，创建个人博客便是有效的手段之一。学生可以将自己对文化的认知、采访、电影观后感、反思文章等发布在个人博客上，掌握学习进度的同时，也有利于对跨文化交际能力做出自我评估。总之，评估学生跨文化交际能力的方式应该是灵活的、全方位的，不应局限于语言技能和基本知识点的考核。跨文化汉语交际课堂也不应设有围墙，应该通过博客、课堂、社区三维空间，帮助学生达到掌握语言和培养跨文化交际能力的双重目的。

作者简介

黄丽玲，美国波士顿大学世界语言文学系中文讲师，全美外语教育协会口语能力测试资格认证考官。纽约州立大学水牛城分校在读博士，卡耐基梅隆大学硕士，中山大学学士。在中美高校和中学均有中文教学经历。现教授波士顿大学各年级汉语语言课程、汉语文化课程以及对外汉语教学法课程。

思考与实训

1. 本文提到了"第三文化小孩儿"的概念,你的身边是否有这样的第三文化小孩儿?如果有,请介绍一下。如果没有,请上网查询相关信息,了解这个人群的特点,并谈谈多元文化背景给他们带来的优势及困扰。

2. 结合"案例反思",谈一下国际汉语教师如何不带个人偏见或判断,创造文化包容性的课堂环境。你觉得,教师应该怎样引导不同文化背景的学生增进彼此的了解,并培养他们的文化敏感性?

3. Luis Moll 于 2005 年提出了"知识财富"这一主张,认为学生及其家庭和社区有着一些文化浸润的知识和技能,这些知识财富对学生学习兴趣的培养、经验的调动有重要的影响。本文作者受其启发,也强调针对第三文化小孩儿应该"了解学生的多元文化背景,以此作为设计话题和编写教案的依据"。你怎么看待这个建议?请根据你的学生的特点,利用他们的"知识财富",设计一个教学活动。

29 不一样的高中教师评估

/ 林玉碧 /

美 国

案例场景

我所任教的高中位于美国芝加哥的西南郊，有 4000 多名学生，是一所很大的公立高中。学校的中文项目是从 2018 年开始启动的。当时，学校决定要新添一门外语，让学生投票选择他们最想学的语种，结果中文被选中。我也有幸成为该校的第一名中文教师。每次开全体职工大会的时候，校长总是喜欢在大屏幕上显示"你的学生是不是因为你是他们的老师而更幸运呢"这样的字样。

案例描述

学校的一切运转得井井有条，如螺丝钉般的我们，也都在努力地做好自己的本职工作，这背后的原因之一就是教师评估。教师评估像是一个无形的侦探，时时都在记录你的一言一行。

直接对老师做教师评估的是副校长 K 女士，其次是我们的系主任。K 女士负责每天对我们做非正式评估，也就是观察我们平时的工作表现。她做起事来风风火火，对事不对人，不讲情面，果断决绝；讲起话来如大珠小珠落玉盘，语速偏快，但条理性强。2018—2019 学年刚开学不到一个星期，她就给我发了一封很长的邮件，是关于评估所需准备的材料和使用的系统。评估使用的系统是 Master Manager，看着让人有一种神龙见首不见尾的眩晕，因为表格繁杂且陌生。仔细询问后，我明白大概的评估流程是：整个学年 K 女士会来正式听课两次（每学期各一次），听课前后会有一个半小时的会议，听课会议前后我必须在 Master Manager 上填写电子表格，最后会有一次年终的总结会议。此外，还会有很多非正式的听课评估，就是事先不通知，评估人忽然出现，在教室里待一会儿，然后在桌子上留下一张小纸条后飘忽不见。

教师评估的内容和标准

1. 教师的教学实践

下图是我在 2018—2019 学年教学实践的评估结果。依据丹尼尔森标准，教师的教学实践分数（Professional Practice Score）由四部分组成：计划和准备、课堂环境、教学行为、专业责任。评估结果由低到高分为四个等级：低效、需要改进、有效、高效；分值分别为 1 分、2 分、3 分和 4 分。最高得分是 4 分，我的得分是 3.19 分。

Professional Practice Score					
Domain	Rating	Score	Weight	Possible	Earned
Planning and Preparation	Proficient	3.17	25%	1.00	0.79
Classroom Environment	Excellent	3.60	25%	1.00	0.90
Instruction	Proficient	3.00	25%	1.00	0.75
Professional Responsibilities	Proficient	3.00	25%	1.00	0.75
Total/Earned			100%	4.00	3.19

被评估的时候，能被 K 女士观察到的是课堂环境以及教学行为，观察不到的是课后计划、准备以及专业责任——观察到的部分如台上一分钟，观察不到的部分却如台下十年功。台上一分钟的精彩纷呈，离不开台下默默无闻、环环相扣的"付出"，比如跟家庭和学校的联系，对表

现良好学生的激励,对表现欠佳学生的鞭策。这些都会影响到教师的教学质量,直接跟评估结果挂钩。

2. 学生进步

Professional Practice Score					
Domain	Rating	Score	Weight	Possible	Earned
Type Ⅱ Part A Establishing and Monitoring Student Growth Goals	Proficient	3.00	16.67%	0.67	0.50
Type Ⅱ Part B Achievement of Student Growth Goals	Excellent	4.00	33.33%	1.33	1.33
Type Ⅲ Student Growth-Professional Practice Goal 1	Proficient	3.00	16.67%	0.67	0.50
Type Ⅲ Student Growth-Achievement of Goal 1	Excellent	4.00	33.33%	1.33	1.33
Total/Earned			100%	4.00	3.66

学生进步这个评估指标,以学生前后两次成绩的对比作为参照,并以教师在这段时间内如何给学生提供帮助、改善其学习成绩为重要依据。根据外文系的惯例,我选择了学生开学前的写作成绩和期末考试的写作成绩作为对比。两次写作所给的试卷是一样的。在此期间,我记录下平时给学生提供的写作指导的具体方式方法。例如我让学生一共完成三次写作,每一次都依据评分准则进行批改、给出分数——第一次重点抓词汇,第二次重点抓文章是否达到题目要求,第三次重点抓文章的条理性,等等。这些记录被做成 Excel 表格,存档作为依据,在年终评估的时候提交到评估系统。上图所示"学生进步"这项总分是 4 分,我的得分是 3.66。

3. 综合分数

年终评估的最后得分是把教学实践和学生进步这两大考核点综合在一起,各占 50%。我的年终评估的最后得分如下图所示是 3.43 分,属于有效等级的范畴,可以说是称职,离高效或者优秀还有一步之遥。

Summative Performance Score				
Rubric Section Title	Score	Weight	Possible	Earned
Professional Practice Score	3.19	50%	2.00	1.60
Student Growth Score	3.66	50%	2.00	1.83
Total/Earned		100%	4.00	3.43

Based on: Summative Evaluation Component Rating (Evaluator) (Required)

Overall Summary					
Title	Score	Weight	Possible	Earned	
Summative Performance Score	3.43	100%	4.00	3.43	
Total/Earned		100%	4.00	3.43	Proficient

Not Applicable	Unsatisfactory	Needs Improvement	Proficient	Excellent
0—0	0.01—1.99	2—2.89	2.9—3.49	3.5—4

K 女士对我评估的过程

1. 设定"学生进步"标准的目标

我和 K 女士的第一次会议是在学年开学后不久。会议的主要目的是针对"学生进步"这个评估项,让我设定一个目标。我选择的目标是学生的写作。会后我要在评估系统内填写一份表格,对目标进行具体的描述,K 女士签字后才算最终通过。

2. 听课前会议

听课前会议就是 K 女士来听课前,我们要一起讨论她所要听到的课的大致情况,如教学目标、教学内容、学生情况等。这些信息要以书面形式提交到评估系统。这是"教师教学实践"评估的第一步。K 女士还问我,想让她看到我课堂教学的哪一方面。我说:"您各个方面都观察一下吧,我想得到全方位的评价。"

3. 听课过程

听课那天，上课铃还没响，K 女士就出现在我的教室。其实在此时她就已经开始对我进行评估了：她在观察师生之间是否有礼节性的问候，学生在我的班上是否融洽，我是否给学生营造了一个舒适的环境，等等。这些我都做到了。我通常的做法是在上课铃响前站在教室门口跟学生打招呼、击掌或是调侃几句。

一节课是 50 分钟，K 女士在我的教室里坐了 40 分钟。在这 40 分钟时间里，她没有一分一秒是闲着的：她和学生坐在一起，有时问学生一些汉语问题，有时直接参与到学生的活动中，跟着大家一起学中文，其他时间她在笔记本电脑上记笔记。

有评估员在场的课必须要精心打造。我们学校一般不用教材，用的全是教师自己搜集整理的真实语料，比如影视作品、广告宣传单、新闻、微博、中文书籍报纸等。当设定好教学目标和学生评估后，要找到适合教学活动的真实语料，如同海底捞针一样。除此之外，课件的美观和科技含量也很能衬托一个老师的职业素养。最后，为了达成教学目标，教师设置的教学活动也必须精打细磨，只有这样才能让学生快乐地学，让老师在课堂上变轻松，整个课堂教学才能呈现出最好的效果。

我在课前花了大量的时间做准备，但是上课时我依然有些紧张。万幸的是，台下的"十年功"让我在台上"一分钟"的表现还算不错。

4. 听课后会议

这是最轻松的一个环节，像一场大戏的谢幕。会议前我已经在评估系统上撰写了教学反思。我坐在 K 女士的办公室里，她看着自己的笔记和我提交的反思，说出了我在课堂上表现的闪光点，比如百分之百的参与率；同时，她提出我需要改进的地方，比如课上有学生的笔记本电脑没电了，找了四次插座才找到，影响了教学的秩序和进度等。

5. 学年末总结会议

学年结束时还有一次总结性评价会议。这是很激动人心的时刻，因为我将得知第二年是否还能和学校续签合同。K女士对两次听课记录的总结性评语都是很正面的，另外根据平时收集的数据，"学生进步"这一评估指标我也圆满达标。

K女士提的最后一个问题是"你有平时和家长沟通的记录吗"。我愣了好几秒，想到这一学年只是给几个表现好的学生家里寄过明信片（明信片是学校发的，我仅仅在上面写了几句赞扬的话并签名而已）。于是我如实相告，K女士说这远远不够。我后来特意查了一下丹尼尔森标准，发现教师专业责任具体包括：教学反思、保持准确的记录、与家长沟通、参加专业活动、专业成长和发展、表现出专业素质等。反思这一学年，我在专业责任这方面做得确实不够完美，也没留下太多可以呈现的证据。

好在总结性评价会的结果令人满意，K女士说学校将会与我续签第二年的合同。

案例反思

与国内教师评估不同的是，美国的教师评估过程历经整个学年，开学初就会下达指标。这是一个费时又耗力的过程，收集数据，填写评估系统内的表格以及每次和K女士的会面。总结这一年的经历，我得出以下几点反思。

1. 认真阅读丹尼尔森标准，了解其所有条款

丹尼尔森标准是美国目前使用最为普遍的教师评估模式。该标准从四大领域出发，又细分为22项子领域，22项子领域再细分为66个要素（由于篇幅关系，在此不列出66个要素），如下表所示：

四大领域	子领域
计划和准备	1. 掌握教学内容和方法
	2. 了解学生
	3. 设置教学成果
	4. 利用资源
	5. 设计教学
	6. 设计学生评估
课堂环境	1. 建立尊重与和谐的教学环境
	2. 建立一种学习文化
	3. 组织和管理教学过程
	4. 管理学生行为
	5. 管理物理空间
教学行为	1. 与学生交流
	2. 使用提问和讨论的技巧
	3. 让学生参与学习
	4. 使用教学评估
	5. 展示灵活性和互动性
专业责任	1. 反思教学
	2. 保持准确的记录
	3. 与家长沟通
	4. 为学校和社区服务
	5. 发展专业能力
	6. 表现职业风范

丹尼尔森标准的评估条款广泛而全面，让评估员有据可循，也给被评估的老师一个参照体系，所以我们需要把它研究透。我的建议是在网上找到一份丹尼尔森标准并打印出来，认真研读，把自己没做到位的地方都做上记号。

2. 关注学生与自我的成长

学生进步是教师评估中的重要组成部分，占评估的 50%。老师与学生之间的交流、协作与和谐关系等，都成了这项评估达标的重要保障。这些都是评估员在课堂上看不到的，但又是他们想知道的，所以我们对学生的关注，需要从开学第一天起就做好。比如，今天是 A 同学的生日，我们可以在全班唱中文生日歌；明天 B 同学情绪不好了，老师可以把他拉到走廊说几句关心的话；后天C女生穿了一条新裙子，可以夸她的裙子好看。除此之外，每周一课前，可以让学生分享一下自己的周末，还可以开设一个微信群，让大家在课后也有所交流等。

教师自我成长的方式有很多。我们所处的时代，新知识新思想层出不穷，浸润在这样的知识海洋中，吸收、接纳、更新是非常重要的一件事。美国的中文教师往往非常分散，很多高中可能只有一个中文老师，所以多参与中文教学交流的工作坊是一个获取信息、互相学习、建立社群关系的重要渠道。另外，学校里的同行评价也是一个提升自我的重要渠道。教师之间的互相听课是在一个没有压力的情况下进行的，非常适合相互学习。新的教师刚入职后，学校都会为他安排一位导师。导师通常都是经验丰富的同系老师，新教师可以从其身上学到很多技巧。

3. 加强和评估者的交流

对教师的评估，K女士有一套评估标准和一个操作系统，有种"依法办案"的感觉，但是K女士的一些评价也是带有个人色彩的，影响她个人色彩的因素跟其所在学校的教育思想和方针有很大关系。比如我们学校的外文系注重学生所学知识在实际生活中的应用，所以我们主要使用真实语料。如何查找、使用真实语料是一门大学问。K女士曾经是法语老师，喜欢谈论自己的教书生涯，于是我就向她请教查找真实语料的经验。她给我提供了很多很有帮助的教学案例，对我后来教学评估的顺利通过起到了很大的作用。

除此之外，利用好听课前后会议的时间，向评估者提问也是一个好办法。比如在第一次听课前会议时，我就大胆地问K女士：你理想中的课堂是什么样的？她说了很多，其中最值得一提的是，她说我们不再使用传统的听、说、读、写等语言技能来评估学生，而是更注重考察学生的沟通和交流能力、认知和理解能力以及展示和表达能力，这就让我在后续的听课准备中有了更明确的方向。

作者简介

林玉碧,美国芝加哥一所公立高中中文教师,美国星谈项目教师。在美国做汉语教师多年,教授的学生主要为高中生,有丰富的汉语教学经验。

思考与实训

1. 阅读"案例描述"部分,谈一谈作者理解的教师评估的大致流程是什么。

2. 结合"案例反思"部分,谈一下如果你任教的学校对老师的评估使用的是丹尼尔森标准,你会如何理解和使用这些标准来应对学校的评估。

3. 案例中提到,学生的进步是教师评估中的重要组成部分,占评估分值的50%。老师与学生之间的交流、协作与和谐关系等都成了这项评估达标的重要保障。这些都是评估员在课堂上看不到的,但又是他们想知道的。谈谈你对此的理解,并查找相关事例进行说明。

中美学生谈压力

/ 刘 江

美 国

案例场景

我所在的南卡罗来纳大学哥伦比亚校区坐落于南卡罗来纳州的首府——哥伦比亚。这是一座历史悠久的南方大学，学生大概35,000多人。我除了负责100到300级的中文语言教学外，每学期还需要教授一门主题内容课程。本篇文章与大家分享的是我与一位美国教授合教的一门中美跨文化交际课，注册的49名学生中大概一半为美国学生，一半为中国学生，还有两名国际学生。美国学生大多主修商科，之前也选修过一些中国文化课。中国学生的专业比较多样化。我们所教授的课程覆盖了许多文化主题，比如海外留学体会、面子、教育等问题。上课使用的材料都是基于网络、媒体的真实语料。教师上课使用双语教学，但由于中国学生的英语水平远高于美国学生的中文水平，所以有时为了进行深入讨论，课堂语言还是以英语为主。

案例描述

我们大学中文项目的主任虽然是美国人，但她绝对是一个中国通，有在中国工作的经验。当她看到近年来校园内逐年递增的中国留学生时，她找到我，希望我能和她合开一门中美跨文化交际课。这门课一方面是为了帮助中国学生更好地融入美国校园，一方面也为了增进中美学生之间的相互了解。我觉得这个想法很好，于是我们一拍即合。通过与英语中心的合作，最后有49名学生注册了我们的课程。中美学生约各占一半。我们充分利用校园内中国留学生人数较多的资源，成功地把中美大学生带进了同一间教室，让两个国家的学生通过直接交流学习来感受对方的文化。

学期开始前，我们准备了一些主题。学期开始的第一天我们给学生分发了调查问卷，让他们写下对彼此文化感兴趣的地方，同时也让他们简单地描述一下对对方国家学生的印象。让我感到惊讶的是，中国学生觉得美国学生似乎没什么学习压力，他们经常运动，有很多社团活动，而且经常聚会开派对，等等。美国学生觉得中国学生似乎没有生活上的压力，他们穿名牌，开好车，住高档公寓，等等。于是就双方学生对彼此的最初印象，我们把这学期的第一个话题定为"你真的没有压力吗"，并通过观看短纪录片和微电影的形式，与学生共同讨论这个话题。

你为什么来美国留学

上课开始的时候，我先让大家观看了一部大概6至7分钟的纪录片《新一代留学潮》，短片采访了四五名中国赴美留学的本科生。在被问到选择来美国留学的原因时，他们说出了一些不同的理由，比如某某大学有他们理想的专业，美国的学习经历和学位可能会为他们提供更广阔的就业空间等。但是短片中没有一个人提到中国巨大的升学压力这个问题。然后，我先问美国学生："看完短片，你们觉得中国学生来美国读本科是否出于他们自己的选择？"有的美国学生就附和短片里中国留学生的回答说"美国的教育是世界上最好的"，所以吸引了很多中国留学生；有的美国学生认为由于中国的中产阶级家庭数量呈爆炸性地增长，所以中国的家庭可以给他们的孩子提供更多的教育资源和选择。我听着美国学生的观后感，似乎有一种隔靴搔痒的感觉，当然这多少也在我预料之中。

　　接下来我就让美国学生现场采访本班的中国学生来美国留学的原因。为了引导他们的讨论，我还特意让美国学生提一个问题"你是高中毕业前就决定来美国留学的还是高中毕业后决定的"。大家讨论前，我先做了一个统计，发现高中毕业前就决定来美国留学的中国学生与高中毕业后决定来美国留学的大概各占一半。我又问美国学生："你们知道为什么有很多中国学生是高中毕业之后才决定来美国留学的吗？"一个美国学生马上回答道："因为高考！"这时，我就开始让中国学生大概介绍一下什么是"高考"以及"高考"带来的压力。刹那间，中国学生就跟打开了话匣子一样，你一句我一句地跟美国学生解释"高考"，更重要的是谈他们参加高考的经历。有两个学生还曾在安徽毛坦厂中学复读过，在讲述那段经历时居然还有个学生哽咽了。通过中国同学的高考经历分享，美国学生顿时体会到了中国同学在高中时期所面对的巨大压力。接下来大家又开始讨论为何有近一半的中国学生是没有参加高考就选择来美国留学的问题。美国学生的看法就显得比较有深度了。有的美国学生说："听起来，我采访的中国同学的父母并不太认可唯成绩论的教育理念，所以让孩子出国留学。"有的美国学生说，她的中国朋友的父母觉得开拓视野、有国际观很重要，新理念、新思维比分数更重要。在讨论时，我发现很多中国学生是把他们父母的想法和理念转述给了美国同学。讨论结束，正好到了下课时间，我就布置学生回家观看微电影《我要进前十》，并让他们写一篇观后感，同时给大家留下了一道思考题：你觉得学生的压力是否与家长的期待有关？

压力来源与压力疏解

第二天上课,我让一组美国学生先介绍一下《我要进前十》的内容。学生们介绍得很清楚:这个微电影主要讲的是一个高三学生为了满足父亲让他挤进重点班前十名的心愿,怂恿对他有好感的年级排名第二的女生到复印室偷印考卷后被发现的故事。然后,我重点让学生讨论其中的几个细节。比如,公布学生的考试成绩并排名是好还是坏?由于在美国,学生成绩从不公开排名,所以大多数美国学生从美国文化出发,说考试成绩属于私人信息,不应该公开。另一边,中国学生说这就要看个人的成绩了。成绩好的学生肯定喜欢排名,成绩不好的学生肯定不喜欢。中国学生的话又触发了美国学生,他们说,那成绩不就成了像高档车、高档包一样满足人虚荣心的工具了吗?这时,我及时让美国学生分析理解电影中父亲质问儿子的话——"你学习到底为了谁"。在很快理解了这句话的意思后,美国学生感到很困惑,说答案不是很简单吗?当然为自己学啊。这时有一个中国女生突然冒出一句:"我爱学习。我学习使我妈快乐。妈妈快乐,全家快乐!"她的话引起了大家的一阵笑声。这时有个美国学生说:"老师,这样的电影中国人竟然拍出了喜剧的效果,这是为什么呀?"这时,我抓住机会,引导学生开始讨论疏解压力的方式,我说中国人的一种方法就是幽默一把。趁此,我又简单给学生介绍了中国的"中庸之道"。"折中调和,达到平衡",即为"中庸"。不偏不倚,无过无不及,折中调和的处世态度就是"中庸之道"。所以往往这种中庸思想会帮助个人和民族渡过很多困难。不但美国学生,很多中国学生听完我用中庸之道分析中国式幽默,也觉得很有意思。

案例反思

这堂课从"中国学生为何来美国留学"这个问题出发，引出了两个讨论话题：（一）中国学生如何面对高考的压力；（二）这种压力的深层次原因以及影视作品是如何表现这种压力的。美国学生惊叹于中国高中生所面对的巨大压力，认为只重视高分背离了教育的真正目的。但另一方面他们也体会到这种压力其实也是家长的责任。在讨论微电影的时候，很难得美国学生会注意到其中带有讽刺意味的幽默。而在中国学生的一声叹息中，中美两国学生都多少体会到了中庸思想在日常生活中的体现，即坚信难关必定渡过，明天会更好。当然这种解读是我引导的。有的美国学生出人意料地还肯定中国教育给学生带来的磨炼，认为美国教育中缺乏这种对意志品质的训练，导致很多学生很脆弱，经受不住批评与打击。有的美国学生还认为由于美国教育并不是太强调考试成绩，导致学生也不太尊重老师。这与中国的尊师重道又形成了鲜明的对比。在教学实践中，我总结出以学生为中心的课堂理念在教授跨文化交际课中是再适合不过了。引导学生讨论相关话题，让学生在互动中增加感性认识，对他们理解书本知识中的目的文化是有极大帮助的。

另外我还有三个教学小技巧：

（一）抛砖引玉。一堂1小时15分钟的课，我无非就是做了些抛砖引玉的工作，剩下的大部分时间都是学生互相讨论。在讨论中，作为老师，我也从学生身上学到了很多东西。

（二）重体验，不重课本。有关跨文化交际的课本往往会选取不同文化中最具代表性的习俗来强调不同文化的差异性，并教授学生如何处理文化差异的交际方式。而在我们开设的中美跨文化交际课中，由于有中美两国学生的参与，我们"故意"抛开课本，让学生分享他们的经历，共同构建对目的文化多层次、多角度的认识。

（三）讲故事。有时候并不是只有好学生才能滔滔不绝，长篇大论。任何一个学生都有他们自己的故事。只要学生愿意真切地把故事分享给同学和老师，我们就能从故事中感受一些现象背后所蕴含的文化。就像曾经在毛坦厂中学复读过的学生与大家分享她的故事时，那种真实感是任何书本知识都无法表达与替代的。所以在整个学期当中，我们都十分鼓励学生讲述与讨论话题有关的亲身经历，学生也很乐于倾听。

总之，通过与来自目的语文化的人的直接沟通与交流，会有效地帮助学生跳出自身文化的思维方式与条框，去学习并重新审视在不同社会中一些现象背后的文化，就是我们常说的"透过现象看本质"。这次与美国老师合开的这门中美跨文化交际课很成功，学生反馈也很好。我们希望以后学校能多支持这样的体验式课程。

作者简介

刘江，美国南卡罗来纳大学语言文学文化系及语言学项目助理副教授，中文项目基础课程主管。在美国有近十年的教学经验，曾在明尼苏达大学中文领航项目任副主任，教授中文以及语言学相关课程。教授的中文课程包括一至四年级的中文课、媒体中文课、跨文化交际课等；语言学课程包括汉语语言学、语音学、音系学以及二语习得。主要从事学生语音、发音、词汇习得等方面的研究。在语言学及应用语言学期刊上发表多篇论文。

思考与实训

1. 结合案例及案例描述,谈谈中美两国学生在中美教育问题上大致有什么观念上的差异。
2. 结合案例反思部分,谈谈在跨文化交际课上,教师可以使用什么样的教学技巧来让学生跳出自身文化的思维方式与条框,去学习并解读在不同社会中一些现象背后所蕴含的文化。
3. 作为一名汉语教师,在有一定的语言教学经验积累后,你是否考虑过开设一门语言与文化相结合的课程?你打算如何让学生在学习语言中看到文化的元素,在感受文化时学到相应的语言知识?

31 当中文老师遇到天才学生

/ 宋 丹 /

美 国

🎬 案例场景

我所任教的学校是洛杉矶的一所天才私立学校，叫米尔曼学校。学校创建于1962年，年级设置为从幼儿园到八年级，招生对象主要是智商超常的孩子，属于特殊教育学校。一般学生在申请这所学校前，必须到指定的心理学家那里接受智商测试，一般IQ要达到138分才有可能被录取，学校也因此被《洛杉矶时报》誉为"让聪明大脑散发光芒的地方"。

2017年，这所学校正式把中文课列入课程大纲。学生可以根据喜好，选择自己喜欢的外语课。从小学到初中，根据年级的不同，中文课上课的时间也不同，一节课从30分钟到50分钟不等，每周平均上3到4次课。

我作为当时这所学校第一位正式的中文老师，一个人要教所有的年级。除此之外，在暑假学校内部老师培训的时候，培训师也提到，"天才"儿童有他们自己的一些特性和习惯，这是老师在备课的时候必须要考虑的。

案例描述

天才不等于语言天才

开学的第一天,我第一节上的是幼儿园的课。上课的时候,我先给孩子们播放了一首歌:"你好,你好,我叫 Tim。再见,再见,再见。"孩子们都挺喜欢的,大家跟着我一起唱,一起跳,还玩儿了识字游戏。我也感觉孩子们的接受程度很快,心想:"不愧是天才儿童呀!"

可是,当我让学生独立完成一项任务的时候,学生们的反应却又让我感到意外。比如,上课的时候,我把"你好""我叫"和"再见"等汉字贴在白板上,然后分别找学生上来"拍苍蝇",结果发现,有的学生能很快辨认出这些汉字的不同,可是有的学生就反应慢一些,有的甚至辨认不出来。看来,并不是所有的天才儿童学语言学得都很快。

天才学生喜欢目标明确

一次拼音课,我带领二年级的学生一起唱拼音歌"b,p,m,f,d,t……",唱完后我再带着大家一起玩儿游戏,目的是让大家反复记忆这些新学的声母。游戏结束的时候,突然一个学生问我:"老师,这些声母学了有什么用?您可不可以举一些例子?"当时我心想:"这不就是我接下来要给他们讲授的内容嘛。"我惊讶于这么小的孩子就会思考学习声母的目的和用处了。

还有一次,我让二年级的学生在 Seesaw 上录一个《静夜思》的视频。一开始我想,孩子年龄还小,大致录一个视频,练习一下发音及口语表达就行了。结果有好几个学生在录视频之前过来问我:"老师,这个视频录制的评分标准是什么?有没有什么参考?"当时学生们的问题真的让我惊呆了。

原来，即使是二年级的孩子，天才学生也会思考自己为什么要学以及他们学习的目的是什么。

天才学生爱挑战

教四年级"数字"这个主题的时候，我一开始选的是 Yoyo Chinese 里的一首数字歌。我先让学生熟悉数字 1 到 10，大家一起唱了两遍。我发现学生学得很快，就把数学题拿出来给他们做，比如"1+3=＿＿""5－2=＿＿"，并且要求学生用中文回答。虽然这只是"数字"主题的第一课，但大部分学生都能轻松地用中文回答这些数学题。当学生们越做越顺手的时候，有的孩子就开始说："太简单了！"于是我又把事先准备好的 B 计划，即 1 到 10 的对应汉字展示给学生。等大家渐渐熟悉了汉字以后，我就把刚才的数学题换成了"汉字模式"让学生回答，如"一＋五＝＿＿""八－四＝＿＿"等。这时，我发现不是所有的学生都能做得很快了。但学生们在答对一个题的时候又会变得特别兴奋，然后越做越起劲儿，就连平常上课总是开小差的学生这会儿也一点儿都不走神了。原来，适当地增加挑战和难度可以增强天才学生的注意力，同时也可以激发他们的学习动力。

天才学生爱刨根问底

每年我准备教案的时候，都会参考美国外语教学委员会的语文能力大纲（ACTFL Proficiency Guidelines）。在教这所天才学校的学生之前，我一直都觉得这个标准只需要老师搞懂就行了，学生没有必要熟悉。直到有一天，上六年级中文课的时候，同学们在做口语练习，一个学生觉得自己的口语表达很流利，就对全班同学说："你们看我，中文说得这么好，我的口语水平应该已经达到'优秀'了。"作为 ACTFL 的口语测评官，我对口语水平的"初级""中级""高级""优秀"和"优异"分类标准还是比较熟悉的,于是我当着大家的面表扬那位同学说:"你今天的口语练习做得很不错,继续努力,以后一定会达到优秀水平。"我开始以为这就告一段落了,没想到很多学生一起问我:"宋老师,那我们现在是什么水平?什么时候能达到优秀呢?""真想知道?"我反问大家。"想知道。"学生们异口同声地回答。于是,我把语文能力大纲的倒金字塔图拿给学生们看,然后把每个级别都有什么样的要求大概给学生们介绍了一下。我开始以为学生们会觉得无聊,没想到大家都听得特别认真。有的学生问,有什么方法可以让自己从初级水平跳到中级水平。有的学生分享了自己会说的句型,还问自己是不是达到了中级水平。有的学生甚至还问:"宋老师,我觉得要达到优秀水平,是不是除了练习中文,平常我还应该多看报纸,了解新闻时事?"当时我没有直接回答这些问题,而是让学生们一起参与讨论,如果要达到优秀,大家努力的方向是什么以及该如何准备。

除此之外,在平常的教学过程中,学生们也总是喜欢问一些超前的问题,比如:"他"和"她"为什么写法不一样,其背后有什么不同的故事;"中文"和"汉语"有什么区别等。很多时候,学生们上课时提的问题,就是我在课堂上接下来要讲的内容。有时候我会跟学生们开玩笑说:"你看你们问的问题,你们都知道宋老师接下来要讲什么了,搞得我都没有神秘感了。"

通过这些事例,我发现,天才学生是不喜欢乖乖地坐着听老师讲课的,他们的思维很活跃,特别喜欢问问题,有一种"打破砂锅问到底"的精神。

天才学生没耐心

不管是哪个年级的学生,我发现天才学生有一个很明显的特点,就是"没耐心"。比如,有的时候,在课堂最后五到十分钟,我会让学生提前做当天的作业。做作业之前,我发现很少有学生先复习当天学过的知识点,他们往往急于把作业做完,回家后也很少复习。

再举一个例子。自从"听写"成为中文课的必测项目之一,就有学生开始抱怨。我记得有一次,一个学生说:"我花了半个小时,可是只记住了三个单词,我觉得我太笨了。"作为中文老师,我们知道,想要汉字听写过关,最有效的途径就是"花时间练习",即使再聪明的孩子也不例外。但是他们确实比一般孩子聪明,他们可以根据部首的意思,把汉字进行分类,更快更好地去理解记忆新学的汉字。除此之外,我还发现,很多时候,如果让这些天才学生多花一些时间去完成一项任务,他们往往容易变得没有耐心,甚至说一些消极的话。

通过这些案例,我发现,原来"没耐心"也会成为天才学生学习上的一大障碍。

案例反思

根据案例中的几件事以及天才学生的特点,在教学过程中,我总结了一些心得和方法:

一、天才不等于语言天才

每个学生都有自己的禀赋,有的学生善于画画儿,有的学生对数字敏感,还有的学生语言学习能力强,等等。为了让每个学生都能更有效地学习,在备课过程中,我往往会准备几个不同的练习版本。如果有的学生语言学习能力强,可以选择做他们觉得有一定挑战性的练习。对语言学习能力较弱的学生,我也会给他们一些特别的帮助,比如在网上录一些视频,帮助学生课后复习,及时跟家长沟通,让他们多鼓励孩子在家学习中文。

二、天才学生喜欢目标明确

通过对这些学生的了解,之后不管我在哪个年级上课,每节课上课前三分钟，我都会把本课的学习目标提前告诉学生，并带着大家过一遍这节课要完成的任务，让学生做到心中有数。有时候，下课铃一响，有的学生还会过来问我："宋老师，今天我达标了吗？"有的学生甚至会问："回家后，我该怎么做才能让自己更接近目标？"

除此之外，每次的练习，不管大小，我都会事先告诉学生们我的期待以及他们的目标是什么，这样他们"安心"了，我也就"放心"了。

三、天才学生爱挑战

天才学生爱挑战，那么作为老师，我们就应该提供给他们挑战自己的机会。比如，同一语言点的操练，可以给学生提供不同的任务，然后学生可以根据自己的水平及接受程度，选择适合他们的任务。有时候，有的学生会在两个任务间摇摆不定，这时老师可以根据学生的实际情况适当地给他们提些建议。

需要注意的是，我们在给学生设置挑战的时候，应该把握好一个度。比如有的挑战，像生词听写，如果学生觉得"难"，甚至超过了他们的预期，老师就不应该继续给学生加"油"，相反，可以适当降低难度，并多鼓励学生。

四、天才学生爱刨根问底

天才学生爱思考，也喜欢问老师问题，那我们就应该给学生机会，让他们提问。但是，需要注意的是，在老师讲课的时候，如果学生有问题，除非是跟讲课内容直接相关的问题，不然应该让学生把问题留到"提问时间"再问。天才学生的思维活跃，在遇到问题时，一般会马上提出，并且希望疑惑被立刻解决，有的时候还能从一个例句联想到自己的各种经历，但这种过多过杂的问题老师如果一一解答，就会直接影响课程进度。碰到这种情况，我一般会在每节课的最后七分钟，设置提问时间，让大家举手提问，然后根据问题与当天课程的相关度，选择一些来解答，或带着全班同学一起讨论，最后再给出答案。有些跟课程关联不紧密的问题，我常常会跟学生说："因为我们的课堂时间很宝贵，上课时我们主要解决跟课程有关的问题。其他问题咱们可以留到休息时间再讨论。比如'我们什么时候去中国城''北京有什么有名的小吃',等等。"这样一来,我们既解答了重要问题,也不会让一些学生感到失落。

五、天才学生没耐心

因为天才学生都觉得自己聪明,学东西学得快,如果在一件事情上花太多时间,他们有时候就会失去兴趣,甚至变得没有动力。对此,我们在学习语言的每一步都要小心引导,让学生明白,语言学习是一个循序渐进的过程。一个人的语言能力,是靠长期日积月累慢慢累积起来的,聪明能帮助学习更科学有效,但却不能帮学生短期内迅速掌握这项技能。

既然学生没耐心,老师可以利用这一点,让"没耐心"变成他们完成任务的助推器。举个例子,同一个语言点的操练,老师可以在班上设置不同的任务站,如任务一:听句子,然后选择正确的选项;任务二:阅读句子,然后给句子排序;任务三:老师可以把在任务一中听到的句子以及任务二中阅读的句子打印出来,再把句子以词为单位剪成卡片,接着让学生按顺序把卡片排列成原来的句子。这些看似不同的学习任务,由于老师设置的教学目标是相同的,因此都能达成让学生熟练掌握这些知识点的目的。

除此之外,老师还可以借助科技手段,帮助学生反复操练任务一到任务三中的单词和句型,比如借助于Quizlet网站。老师可以事先把需要学生掌握的单词和句型输入Quizlet网站上,网站会把这些单词和句型做成电子卡片,然后学生可以根据自己的学习情况和学习进度在电脑或者其他电子设备上进行学习。除此之外,Quizlet网站还有一些自带的游戏功能,比如词语和意思配对等游戏。同时,系统还会自动把学生分成不同的小组,小组间进行比赛,看哪一组同学对单词和句型掌握得比较好。这里需要注意的是,老师在设计不同教学任务和选择科技平台的时候,一定要设定一定的教学目标,切勿随心所欲,无的放矢。

最后，我想说的是，不论教授哪一种类型的学生，只要根据学生的水平、特点以及学习习惯，做好课程规划，落实好课堂教学，最后都能有效地帮助学生提高汉语水平；同时，教师在不断摸索的过程中也可以快速提高自己的教学水平。

作者简介

宋丹，华中科技大学汉语国际教育专业硕士，获得美国加州教师资格证，目前在美国洛杉矶米尔曼学校教授中文。曾赴泰担任汉语教师志愿者。曾担任美国AP中文考试的阅卷人，并获得美国外语教学委员会（ACTFL）中文口语测评官和中文写作阅卷官证书。曾与其他几位老师共同撰写"AP中文核心系列"绘本。

思考与实训

1. 案例中说"天才不等于语言天才"，作者都举了哪些例子？你有什么建议？
2. 作者在文中介绍了"天才学生没耐心"的例子和案例反思。如果是你，在遇到这一类天才学生没耐心的时候，你会怎么应对？
3. 你觉得在天才学校和在普通学校授课有什么异同？你对这种课堂上的差异有什么对策？

32

我们不需要中文

/ 王 楠 /

美 国

案例场景

我任教的奥尼尔学区位于内布拉斯加州东北部地区，常住人口3700人。奥尼尔距离最近的沃尔玛超市有75英里，距离首府林肯300多英里。当地人民的生活来源主要以农业为生，农场主都是白人，为当地的名望家族；其次是拉美裔，主要为农场或牧场的工人。亚裔人口，包括我在内一共12位；非裔美国人只有一户家庭，共4口人。奥尼尔校区是和我签订雇佣协议的校区。我同时还在另外两个校区任教。这三个校区科技装备精良。除了平板电脑之外，每位中学生都配有一台苹果笔记本电脑。

在这三个学区，我每天教两节初中的中国文化课，两节高中学分课和三节小学中文课。大部分时间我需要做远程教学。每周有两天要去另外两个校区上课。我任教的高中学分班有两个，学生以白人居多，其次是拉美裔。这里白人学生大多没出过远门，也没有真正见过中国人。

案例描述

逐客令

开学的前一天,学监带我去了一所教堂体验当地文化。这是一所基督教长老会教堂,教众大多来自本地有名望的家族。在礼拜开始之前,学监将我介绍给几位端庄的老妇人:"这是学校新来的中文教师,Nan Wang,她来自中国的北京。"正当我微笑地看着她们时,站在我正对面的夫人,用非常坚定的语气对我说了一句话:"Spanish program is enough. We don't need the Chinese program(西班牙语项目足够了,我们不需要中文项目)。"我被这突如其来的话语惊呆了,看了下学监,发现她正满眼期待地看着我。我只能故作自信地回答:"Well, that's why I am here(那么,这就是为什么我在这儿)。"

虽然嘴上自信满满,但心里还是踌躇。因为当时我所面临的情况是,这里没有中文教材,甚至连教室都没有。如何证明我来这儿就能让中文项目成为一门和西班牙语一样重要的课程,真不是一件容易的事。

转 机

那时的我并不了解,只有当地人接纳我之后,他们对待中文项目的态度才开始转变。后来,一个偶然的机会改变了我在当地人眼中的刻板印象。一天放学,学监邀请我去观看她女儿的排球比赛。那天我们学校是客场比赛。与对面坐得满满的红色主场观众比起来,我们这边的蓝色观众寥寥无几。蓝队姑娘们连输了两局比赛,转眼到了赛点。

学监和我决定组建临时啦啦队，为姑娘们助威。我们带动其他家长连续喊了很多遍口号，一遍比一遍有气势，姑娘们顿时有了信心，越打越起劲，第三局比赛竟然赢了。我们都开心极了。虽然这场比赛有些艰难，但是观赏性十足。同时，我们在客场席上的临时啦啦队一直拼命地喊口号为蓝队加油，结果最后我们真的赢了那场比赛。比赛结束后，虽然排球队的姑娘们不是我的学生，但她们都来和我合影，跟我说"谢谢"。第二天上课的时候，有几个初中学生在教室门前等我，告诉我她们觉得我很酷，尤其是她们的姐姐昨天赢了比赛的时候。那一瞬间，我感觉到，这里的人开始慢慢地接纳我了，越来越多的学生和同事愿意在午饭的时候和自习的时候主动过来和我打招呼了。

除了排球比赛，我也会去看篮球比赛。尤其当我得知我的一个高中部的学生乔是校代表队的篮球运动员之后。这个学生平时比较淘气，不仅学习汉语不用功，每次远程教学的时候还会制造噪音扰乱课堂纪律。很多学生都投诉他。校长甚至让我参加了一个特别会议。这种会议更像是各科老师坐在一起讨伐学生，尤其是如果学生的某一科成绩在 C 以下的话，学生将不能参加各种校队的集训，放了学还会被留校。乔告诉我，他肯定学不好中文，但不希望我对他发出留校通知，因为一旦留校，在我们这个规模较小的学区里，同学们会觉得他很愚蠢。乔不相信自己可以通过努力获得成功。我决定给乔一次特殊的留堂。我发现乔的汉字写得又工整又漂亮，因此让乔在放学后帮助我将新课文中的汉字用毛笔写在裁好的纸上，并钉在班级宣传板上，这样每个经过班级的人都能看到。一些老师和同学看了乔的汉字，都夸他有天分，连校长都在走廊里告诉乔："听说你的汉字很棒！"

我看过乔打篮球，打得特别好。他在打篮球的时候很有自信。当时中国的春节快到了，我决定办一场新年晚会，想邀请乔来做主持人。但是他马上就拒绝了,他觉得自己不会说流利的汉语。于是我请他的教练帮忙说服乔。同时,我和乔的父母也在看球的间隙聊起了请他主持的事,他的父母非常高兴,同意去和他谈谈。最后,乔同意了。可是一个月后,到了正式彩排的时候,我听说乔前一天晚上出了车祸,他撞了一头牛,车报废了。正当我以为乔不会来的时候,他竟然准时出现在了彩排现场。我很感谢乔的信任,更感激同事和家长们对我工作的支持。一周后的春节晚会进行得非常顺利,那天,令我意想不到的是,同事和家长们在晚会结束之后纷纷上台来对我说"谢谢"。

在之后的三年里,我的学生每年会参加州里举行的两次中文比赛,包括中文演讲、歌曲、戏剧和海报设计。我们拿回了一座奖杯,若干块奖牌。乔的妈妈有一天来到我的办公室告诉我,因为获得了中文海报设计一等奖和中文歌曲三等奖,乔第一次有了和学习有关的奖杯和奖牌,当地小镇的报社因此还采访了他。他们一家都特别高兴,很感谢我让乔找到了自信。

惊 喜

第一年任教结束的时候,学校运动员俱乐部的主席邀请我参加了他们的晚宴。 没想到这是孩子们为我准备的惊喜。主席在台上宣布我获得了本年度最受欢迎人物奖。他说我的鼓励不仅让运动员们的比赛获得了极大的鼓舞,而且让队员们都明白了,努力会让人们改变对一个人的原有偏见和刻板印象。他们特意做了一个木制的奖状给我,并告诉我,如果我不再是这里的老师,也希望我能永远记住他们。

当真正融入了这个集体之后,一切都变得更加顺利。学生们在课堂上更愿意问汉字学习的问题,更愿意多练习口语。家长们也愿意和我多沟通。由于我的学生有将近 200 人,认识我的人也越来越多。同事们会邀请我参加各种聚会。我的教学事迹上了州里的报纸，保龄球馆的老板娘托人买了几十份报纸送给我和俱乐部的成员们。在小镇教书的三年里，我又几次遇到当初在教堂里碰到的那位老妇人，她说看了报纸以后，她的孙子孙女也在我的小学课堂里开始学起了中文。她还邀请我参加她的茶话会，让我给朋友们讲讲中国的故事。

案例反思

第一天在教堂听到那位女士不客气的言辞时，我的内心是无比震惊的。在接触了更多的当地人，了解了当地的生活习惯后，我知道，她表达的是当地大多数人的想法。美国中西部地区的人获得外界信息的渠道主要以电视和家庭的社交圈为主。他们对中国的了解非常有限。受到主流媒体报道的影响，中西部的白人社区对中国的经济崛起与中国语言文化的传播缺乏正确的认识，他们不太理解中文教师的工作。因此，在保守而偏僻的美国白人社区开展中文项目并不是件容易的事。

在北美，有很多老师和我一样，他们在偏僻的小城市任职，从那里开车去稍微大一点儿的城市需要 3 到 5 个小时的时间，甚至更多。他们平时担任着比较繁重的教学工作，不仅同时去多所学校任教，还进行远程教学。因此，这些海外汉语教师的工作清苦而单一。但如果能得到所在群体的价值认同，则是开展中文教学非常重要的基础之一。有的教师做了一年觉得得不到校区的理解和支持会逐渐萌生退意；有的学区开设了一年的中文项目就更换了教师甚至取消了项目。这可能与中文教师无法成功融入当地社区有关。

想要在这样的环境中将中文项目顺利发展壮大，团结当地的家长力量是首要选择。因此，要先与学生、家长相互建立信誉、取得信任。这样才能加深中文教师与当地人之间的相互了解，也能增进彼此不同文化间的理解。其中，共同参与体育运动项目、支持并鼓励学生的爱好、融入所任职的校园文化是比较容易融入主流的途径之一。美国的学校文化非常注重竞技类比赛项目。学校均设立"支持者俱乐部"。这种俱乐部的运营模式一般是由家长志愿者轮流管理，教师与家长们自愿捐款并安排好赛季的人员分工。加入俱乐部的人会轮流为运动员准备好比赛所需的食品、赛队粉丝服装以及队员的各种装备等。对于海外汉语教师来说，加入这个俱乐部，一方面可以和家长、同事快速增进彼此的了解；另一方面，运动竞技一直都是美国校园文化的重要组成部分，参与俱乐部的活动也会使汉语教师更好地了解任职的学校。

那么，如何得到社区群体的认同呢？首先需要了解这个群体的思考方式，理解他们的出发点。其次，教师做好本职工作的同时，应多关心、多鼓励学生，帮助他们建立信心，为他们树立榜样，他们的家人自然会改变对中国人的偏见。这是一个双赢甚至是多赢的做法。得到家长的认可，教师本身也会得到激励，建立信心。最后，汉语教师应学会为人处事，与当地民众打成一片，这样对自己的职业道路及个人成长都有积极的帮助。海外汉语教师的责任，不仅仅是传播汉语，还可以通过我们的努力，让当地人更愿意去了解中国的文化和文明。

作者简介

王楠，美国内布拉斯加大学林肯分校第二语言教学硕士，教育学博士。现任沈阳工业大学留学生院教师。曾在美国内布拉斯加州奥尼尔等三所校区担任中文和中国文化教师。在美国和中国从事汉语教学近十年，主要致力于将认知心理学与学生学习实践相结合的策略研究，强调以学生的学习习惯为中心，对第二语言学习的多样性有比较成熟的应对策略。

思考与实训

1. 阅读"案例描述"部分,作者在美国的小镇任教时,学生乔坦然地在课堂上表示他学不好中文,请老师不要对他报以期待,作者是怎么处理的?如果是你,你会怎么做?

2. 结合"案例描述"和"案例反思"部分,谈一下如果你在异国他乡信心满满要传播中国文化时,当地人直接抱怨不应该有中文项目,你会如何应对。

3. 本文谈到在美国的校区任教,加入支持学生运动比赛的团体会更加快速地融入当地社区,你怎么看待这一现象?请查询相关资料,比较一下美国与中国的社区文化有什么不同。你对这种文化上的差异有什么对策?

这才是我们想要学的

/ 蒋湘陵 /

加拿大

🎬 案例场景

那一年,刚从法国离任的我,接到了总部的邮件,问我愿不愿意去加拿大魁北克任教,当时满脑子想着环游世界的我,果断接受。我所任教的地方是蒙特利尔教育局下属的语言中心,负责整个岛上公立中小学的语言教学项目,主要以法语学校为主,但因为城市的特殊性,学生和老师一般都是使用英法双语,学生的英语水平比老师的更好。汉语在学校是作为非学分的选修课,其中一所学校开设汉语课是因为有冬令营要去中国旅行而想要提前了解中国。故事发生在我所任教的一所初中的一个班上。那个班的学生大概有 15 个,其中一个是华裔,汉语说得非常不错,但是不会写。其余的都是魁北克当地人。学校还给我配备了一名助教,但她只负责设备和课堂管理,并不负责教学。汉语在这所学校属于课后选修课,且每周只有一次课,每次 40 分钟。我任职的时候有点儿晚,已经是下学期了,而且只剩下 5 节课的时间。

案例描述

笑点在哪儿

第一次见面，与学生进行了简单交谈后，我就给大家播放了自己精心准备的视频和PPT，介绍了汉语拼音和汉字，课堂气氛一片融洽。同学们学得也很认真，操练、活动也都比较配合。

可是第二次课，大家就开始有些蠢蠢欲动了，不再那么耐心地跟着我读，活动的积极性也不那么高了，有的同学一有机会就开始交头接耳。

第三次课，当我讲到"你叫什么名字"时，班里一下子就炸锅了。因为其中一个学生不断重复"名字"这个词。一开始我以为是他发音不准，想让我帮他纠正，可是到了后来，我在跟其他学生对话，每次问"你叫什么名字"时，话音刚落，就会听到他在那里阴阳怪气地说"名字"，然后其他的学生就会跟着一起大笑。我用英语问他"What is so funny（为什么好笑）"，他也回答不上来，只是笑，那种笑让我觉得是在嘲讽，听着很不舒服。我不知道他的笑点在哪儿，唯一的解释是他在故意捣乱。

义正词严地表达

那次课因为我与学生还不太熟悉，所以暂时压下了心中的不满，坚持上完了课。接下来的第四次课，因为要复习上节课所学的内容，于是又逃不开提问练习"你叫什么名字"。原本以为上节课已经笑过了，我也解释过了，这节课应该不会再闹笑话了，结果让我出乎意料的是，在我刚说完"你叫什么名字"的时候，一声刺耳的"名字"又出现了，伴随而来的是全体同学哄堂大笑。更糟糕的是，接下来的课已然没法再上了，因为只要是练习句子，那个孩子都会用很奇怪的语调重复最后一个词，而且是重复好几次，说完之后还跟身边的同学指手画脚。那时候在我看来，学不会不要紧，但最起码要尊重老师，遵守纪律，哪怕汉语是选修课，既然开了，就应该当成一门课来认真对待。对于这种情况，我自然无法容忍。于是我停下来，严肃地看着大家，用英语来了一个苏格拉底式的提问："哪里搞笑了？为什么你要阴阳怪气地重复最后的词？我花了时间和精力准备了这堂课，既然你们不喜欢，为什么不跟学校说呢？难道你们来这里，是为了浪费我的时间，也浪费你们自己的时间吗？"说完之后，孩子们不作声了，安静地望着我，脸上带着既有抱歉、又有疑惑、还夹杂着一丝无奈的表情。沉默了一会儿，那个助教老师对我说："我觉得你讲得很好，课堂组织得非常有条理，语言讲解也很清晰。但是也许，他们太小了，对汉语不是很感兴趣。汉语对他们来说，可能也太难了。"

醍醐灌顶

回到家里，我反思了一下问题到底出在哪里，我当时并没觉得自己上课有什么不好。但无论如何，本学期的课也就剩最后一次了，而且快到圣诞节了，就让大家开开心心地上吧。于是最后一次课，我给大家准备了中文版的圣诞歌曲和新年歌曲，还准备了笔墨纸砚以及免墨水写纸。我在课上教大家一起唱《铃儿响叮当》和《新年好》，然后给他们讲解了一点儿书法知识，再让他们在水写纸上练习，最后在红纸上写下了一个大大的"福"字，同时，我还教了他们一些"吉祥如意"

之类的祝福语。这节课,孩子们都乖乖地跟着我学,再没有嘲弄的模仿以及讽刺的大笑了。前几次课,时间一到,孩子们都争先恐后地跑出教室,不多停留一秒,而这次课,时间到了他们还在努力练习,最后还争先恐后地跟我在教室里面合影留念。等我把所有的东西都收拾好,问他们感觉怎么样时,大家都说非常好。那个阴阳怪气模仿我的孩子非常认真而且有些惋惜地对我说:"老师,其实,这节课就是我们想要学的。"当时听到这句话,我倍受震动,眼泪差点儿掉下来。因为刚愎自用,我让原本可以收获更多的学生们有了一些并不愉悦的汉语体验。

案例反思

1. 找准差异放轻松

实际上在法国的那一年,我主要的任务是学习法语,并没有多少机会真正站上讲台。即便安排了实习,对象也都是成年人,所以加拿大算是我真正意义上开启汉语教学工作的第一站。与大多数汉语国际教育专业的学生一样,我对于汉语教学的理解,就是要尽可能多地让学生学习汉语,要多说多写,同时要尽可能多地了解中国文化,所以我采取的教学手段,便是国内非常普遍的教师讲解、学生操练的方式。这种教学模式不太适合我在案例中提到的那个班。在国外,课后选修课程,不应该给学生提供那种为了提高成绩或技能的应试性培训,而应该更多地让学生有机会接触一种新鲜事物,来丰富自己的认知。如果我们抱着必须要让学生循规蹈矩地去学习的态度,过程和结果势必不会那么美好。我原本以为还有机会弥补,结果因为第一学期的学习体验并不愉悦,该校第二学期便没有再申请开设汉语课。经过这次事件,我认真思考了自己的问题,调整了教学思路。在另外一所学校,我采用了新的方式开展汉语教学，将汉语融入书法、剪纸和绘画中。于是每次上完课，学生们都有看得见的成果展示。我在教学过程中也不断有新的启发和收获，因此，那个学校的课一直到我离任还在继续，而且反响很好。

所以我觉得，对中外，尤其是中西教学理念差异的把握，是在海外任教的首要准则，只有践行这一点，放弃固有的观念，才能创造让自己享受、让学生愉悦的课堂。

2. 不拘一格教汉语

除了教学理念，教学方法上的差异也应该是我们尤为注意的。我阅读了国内众多的关于汉语教学法的书和文章，不管是理论上还是实践上，我发现一个共同的特点，就是以操练为主，哪怕是汉语游戏，比如"拍苍蝇"、成语接龙，其本质上都是操练，而且都是以词或者句子为中心。不能说这些方法不好，对于来华的留学生来说，操作起来也许不困难，但是对于海外的学生，尤其是中小学生，并不那么适用。因为海外的汉语教学，考察的重点不是老师的本体知识掌握的程度，而是语言教学的技能。比如歌曲教学法。教师可以选一首当地人都会唱或者国际上也比较有名的歌曲的伴奏，先讲解学生要掌握的句型（一般是一问一答），然后让学生跟着伴奏唱出来。

海外的语言教学活动，并不只是单纯的教师讲授，而是要以学生为中心。教师要努力去适应当地的教学模式，采用灵活多变的教学手段，争取让学生在快乐中学汉语，这样才能激发学生学汉语的兴趣，从而取得良好的教学效果。

最后，汉语中某些词的发音与学生母语中的某些词发音相似，可能会引起学生的联想，甚至有些词是贬义的，可能会让学生产生笑点。对于这种情况，教师在了解了认知差异以后，除了努力纠正发音以外，完全没必要过于较真儿。

作者简介

蒋湘陵，大连外国语大学讲师，孔子学院专职汉语教师，具有丰富的国际汉语教学经验。曾先后在法国图卢兹第一大学孔子学院、加拿大蒙特利尔担任汉语教师志愿者；后在印度尼西亚、亚美尼亚担任汉语教师。主要承担当地中小学的汉语教学工作，孔子学院的文化活动组织与策划以及本土汉语教师的培训工作。曾带领印尼学生参加暑期赴华夏令营项目，主持印尼规模最大的汉语文化活动中心的建设。

思考与实训

1. 赴欧美国家任教时，除了生活中的文化差异，在教学上的差异可能更大，赴任之前，我们应该了解中西方哪些教学上的差异？
2. 除了差异之外，我们是不是能找到一些共性的东西？这些共性的东西主要存在于哪些方面？如何利用共性的东西促进教学？
3. 海外的中小学生和国内的中小学生相比，有什么特点？基于这些特点，我们在教学设计和教辅材料的选择上应当注意什么？

苏珊娜的口试

/ 谢绵绵 /

加拿大

🎬 案例场景

　　加拿大阿尔伯塔省的中英双语课程为学生提供从幼儿园到十二年级的完整的中英双语学习体系。我所任教的学校是阿尔伯塔省埃德蒙顿公立教育局所属的奥华学校,是埃德蒙顿第一所开设中英双语课程的初中,也是埃德蒙顿14所设有中英双语项目的学校之一。奥华学校开设"中国语言文学课"(中英双语学制项目)和"汉语与中国文化课"(初级汉语课程)。奥华学校的中英双语课程已经有30年的历史。本案例发生在奥华中英双语七年级。

💬 案例描述

　　盼望已久的少儿汉语水平试点考试的分数终于发下来了。我惊奇地发现,七年级中文口试成绩最低的学生居然是笔试成绩很高的苏珊娜。苏珊娜平时各门功课成绩都非常出色,无论是主科还是选修课,中文还是英文。她这次口试得分却比同班其他学生,甚至比平时口语水平很低的学生还低。而她的笔试得分,是全班30名学生中的第二名,笔试总分和第一名只差两分。这是为什么呢?

　　是由于紧张没有发挥好?不太可能。因为苏珊娜聪颖伶俐,在平时的课堂上发言最积极。她从不怕犯错误,更不太在乎得分,而且她还曾经在学校举行的大型双语演出时,面对八百名观众,领唱"中英双语之歌"。她的中文诗朗诵《感激的爱》更是赢得全场观众的喝彩。不仅如此,苏珊娜还是省级英文演讲大赛中双人演讲的金牌得主。我怎么也不会想到这样出色的学生,会在对她来说简直是太容易的中文口语考试中得最低分。

问题到底出在哪里?

带着这个疑惑,我把苏珊娜叫来,先告诉了她口试的成绩。小姑娘听到成绩后的反应,更让我不明白了。

"我知道,我的口试成绩会很差。"苏珊娜脸上浮现出一个无奈、委屈和内疚的苦笑。

"为什么呢?"我追问。

"对不起,我没考好。"苏珊娜在回避,好像不太愿意正面回答我的问题。

我并没有再继续追问下去,而是找到其他的学生了解口试的情况,尤其是那些发挥正常的学生。通过了解,我明白了问题所在。

由于中国方面制定的考试规则中明确指出,口试老师不能由任课老师担任,因此两名男老师(一名本地老师,一名来自中国的老师)被派到这所初中主持口试。按照口试题目,考官应该先问一些有关考生日常生活、学习的问题,也就是口试中的自由对话。

同学们一个个地告诉我他们被问过的一些问题,也和我讲了他们是怎样回答的。我对大家的回答进行了评估,并对同学们在口试中临场表现出的大胆和勇气给予了极大的鼓励。

轮到科文同学了。他是个很有教养的男孩子,中文程度一般。

"我不喜欢他们问我的问题。"科文直截了当地说。

"为什么？"

"Stupid（愚蠢）！"这位男生用英文回答。

"这话怎么讲？"我感到很奇怪。

"那个老师刚开始就问我'你的卧室里有什么'。"科文掩盖不住他的不平情绪。

"那你怎么回答的？"我接着问。

"我说有床。他们还让我说出更多的东西。我不想再说，就说'没有了'。结果他们还问我'除了床，你卧室里就没有别的东西了'，我说'没有了'。真是的！我卧室里有什么是我的事，None of their business（不关他们的事）！"

从科文对口试问题设计的反映，我猜到苏珊娜这次口试分数这么低的原因了。我找到苏珊娜，想证实一下自己的判断。

苏珊娜委屈地说：

"我进门后没讲三句话，口试老师就问我的卧室里有什么。我很震惊！我心想，这位老师怎么会问我这样的问题？所以我没有回答。"

"原来是这样。不着急，慢慢说。"我尽量稳住她的情绪。

苏珊娜接着说："他们看我不回答，又接着问我同样的问题。我还是没有回答。两位老师以为我没听懂他们的问话，就又问了第三遍。"

这时，我看到小姑娘眼中的泪水。

"'不知道！'我告诉他们。对不起，我让你失望了。"泪珠从苏珊娜的眼中掉了下来。

我看到苏珊娜由开始的震惊变成了抵触，继而变成了愤怒。可想而知，下面的口试部分是怎样进行的。所以苏珊娜的口试得了全班最低分，我想这是她从幼儿园进入中英双语学制八年以来的第一次。

听完苏珊娜的话，我对她讲："苏珊娜，这件事不怪你，也不怪口试老师。他们是按照规定问你的。你说'不知道'也有理由。但如果下次再遇上类似的事，最好当时对他们讲，'对不起，我不习惯回答这样的问题，请换一个问题问我好吗'。这样既不会影响你的情绪，还会表现出你临场处事的能力，不仅能发挥你的正常水平，最主要的，更会引起口试老师的反思，你说对不对？"

苏珊娜感激地点了点头。

案例反思

在多年的海外教学经历中，如此的场景，或如此的文化冲突时有发生。有时我们手头上有现成的教材，就是不好用。因为里面的内容和北美教育中提倡的价值观不符。有时是教师或专家来客座讲学，结果学生不仅不买账，讲学内容还落成学生茶余饭后的笑柄。有时也会像这个案例里的苏珊娜，学生被文本、视频资料或试题中的文化错误激怒，大大减弱了他们对中文和对中国文化的亲和力。这就需要我们审视思考一下，出现上述现象的原因是什么？从心理层面、文化层面、教学方法层面和教学理念层面分析一下，会对我们以往的教学习惯和经验做出一些清醒的定位和认识。

这个案例给我们的启示是：海外汉语教学中的任何活动，都应该重视被教育对象的文化背景。作为试题设计者，作为教师，或者教材编写者，我们应该了解海外学生的心理特点，尤其是海外处在青春期的学生的心理特点，更应该了解影响他们思想的主流社会环境和主流文化特点。我们的教材、测试或课堂教学活动，都应该符合或顺应这些特点。教师说的每一句话，我们的每一个教学行为，都不能忽视或违反这些特点，否则会在无意中对孩子们造成心理上的伤害，挫伤他们学习中文的积极性，也会影响教师的形象和威信，结果造成不可挽回的负面教学效果。

设计本次口试试题的老师，恐怕就是没有想到"你的卧室里有什么"这样一道口试问题会对海外（尤其是北美）学生产生什么影响。他们在设计试题的时候，可能只想到要测试学生有没有如"台灯、床头柜、壁橱、毛毯、枕头"等卧室中各种家具和用品的中文词汇，如果同样的问题问到中国学英语的孩子们，他们都会很痛快地回答，不会感到任何不悦。而对于在北美长大的学生来说，卧室是他们隐私的一部分。连他们的父母想进去，都要先敲门得到孩子的允许。

如果是学生们非常熟悉的、关系融洽且信任的任课老师这样提问，应该也不会有什么问题。然而这次考试，学生们面对的是两位陌生的男老师，问出这样唐突的问题，就连科文这样的男孩子，都会感到不舒服，更何况苏珊娜这个12岁的女孩子呢？她觉得自己的隐私受到了侵犯，觉得没有受到女孩子应该受到的尊重，结果做出以自己的考试分数为代价来维护自己隐私权的决定。

由于文化的不同，我们在教学中不可避免地会遇到一些超出我们文化认知范围的情景和问题。那么作为汉语教师或案例中的监考教师，我们应该首先放下"权威""考官"的身份，认识到自己可能具有的局限性，自觉地加强专业敏感度和文化能力，及时关注教学活动或考试中出现的异常信号，及时采取相应措施，及时修订调整。而要做到这点，教师们要提高自我更新、自我成长的意识，利用各种信息补充新的所在国文化知识，并把新知识纳入原有的知识结构中，加以整合和调整，不断优化和提升自己的文化知识结构，开阔动态的、过程的以及职业发展的视野，在新的教育环境和实践中，创建出一种符合教育生态的氛围。

　　汉语教学是一个系统工程，牵涉太多的要素，任何一个单独的要素都不能完全支撑教学的成功。但是，总有一些关键要素是必须把握住的，抓住了这些要素，就会在巨大的不确定面前更加确定，使教学活动能够顺利进行。学生们的文化心理因素，就是这样关键的要素之一。比如学生们的情感、态度、价值观等，绝对是不可忽视的变量。因此，教学也罢，考试也罢，出题也罢，应该超越狭隘形式的程序操纵，以"人"为本，达到师生之间、学生之间和谐的双向交流，让学生充分体验到人文关怀。以一种开放的、有弹性的、民主的以及灵活的形式与流程，调动起学生的积极性，促进而不是削弱学生对汉语和中华文化的亲和度。所谓"知己知彼"，方能"百战不殆"。

　　在海外课堂中的中文考试，应该同时也是学生们经历的一种情感体验，尤其是口试中的自由对话部分，是语言交流的破冰阶段和预热阶段。在这个阶段发生的情感体验，有认知的参与、思考、感悟和理解，更有情感的维度。而案例中的口语考试，无视学生的文化背景，上来就是一句不合时宜的冷冰冰的问题，像一支强硬的大棒，直击孩子们的文化习惯，结果只能从心理上使学生产生一种抵触的情绪。

　　试想如果我们把问题的设计和提问的方式以及表达语气改变一下，会收到什么效果呢？比如口试老师可以问：

　　"苏珊娜，能跟老师讲讲你的学校吗？你最喜欢的课程是什么？为什么喜欢呢？"

　　"苏珊娜，老师特别想知道你在放学后最喜欢的课外活动是什么。你一定爱跳舞，老师说得没错吧？"

　　"如果你是一只小鸟，你最想飞到哪里去呢？为什么想去那里呀？跟老师讲讲好吗？"

　　用这样灵活的、宽松的、开放性的、互动的问题和孩子们沟通、聊天儿和自由对话，苏珊娜的感受会怎样呢？她的口试成绩又会是怎样的呢？

作者简介

谢绵绵，教育学博士，现任加拿大埃德蒙顿公立教育局中文教师，埃德蒙顿孔子学院文化部主任，加拿大阿尔伯塔省中文教师协会主席。作为一线语言教师和教师教育工作者，谢老师具有三十多年在海外和在中国教学的丰富经验，是《国际汉语教学通用课程大纲》（修订版）修订工作组负责人。其研究领域主要涉及中英双语教育、汉语教学大纲、汉语教师职业发展、汉语作为第二语言教学的教学法问题、艺术与语言表达在汉语教学中的应用以及第一语言保持与磨损。

思考与实训

1. 阅读"案例描述"部分，谈一谈作者是怎样处理关于苏珊娜的口试成绩这个事件的。你认为这样处理是否妥当？为什么？如果你是她的老师，你会怎样处理这个问题？
2. 从心理层面、文化层面、教学方法层面、教学理念层面以及课堂生态层面，分析一下伤害苏珊娜的是什么，并分析一下造成这种错误的原因是什么。
3. 在汉语教师海外任教过程中，应该加强哪方面的教学以避免此类事件的发生？

一杯有问题的饮料

/ 王兰婷 /

墨西哥

案例场景

我所任教的墨西哥国立自治大学孔子学院由北京语言大学和墨西哥国立自治大学于2006年年底签约成立,并于2008年正式运营。得益于中国经济的发展,国际地位的提升,中墨之间的交往越来越密切,墨西哥学习中文的人数日益增长。孔子学院面向社会招生,生源主要由大学生、部分中学生和社会工作人员三部分构成。孔子学院的中文课平均每周5至6课时,每节课60分钟,为非学历教育。

孔子学院隶属于墨西哥国立自治大学(以下简称"墨国大")国立语言、语言学与翻译学院。墨国大是拉美规模最大的综合性大学,历史上曾出过多位诺贝尔奖得主,现有学生30多万人,教职员工5万多人。作为一所自治大学,墨国大拥有广泛的自治权,不受政府的干预。

案例描述

只是一杯饮料而已

墨西哥人热情随和,乐于助人,加上孔子学院的学生基本上都是成年人,所以老师和学生之间很容易建立起朋友关系。对于初到墨西哥的老师,学生们会热情地提供帮助,有的学生还会请老师吃饭表示欢迎，或者带老师参观当地、熟悉环境；每当学期结束，有的班级会邀请老师聚餐或者送老师礼物以示感谢。孔子学院的林老师多才多艺，性格随和，深受学生欢迎，学生也常常送林老师一些小礼物，或者跟林老师开些小玩笑。

记得有一次下班后，我和林老师一同回家。我俩正走在路上，林老师突然接到一个电话，是孔院的墨方院长甄妮打来的。挂断电话后，林老师心情明显沉重了很多，于是我关切地问她发生了什么。她说院长让她马上回办公室一趟，貌似跟她放在办公桌上的一杯饮料有关。听甄妮的口气问题很严重，于是，我和林老师立即折回孔院。看着忧心忡忡的林老师，我不住地安慰她不要多想，只是一杯饮料而已，能有什么事呢？

一路上，从林老师的描述中，我了解到事情的经过：上课练习口语的时候，林老师提到她之前没喝过龙舌兰酒（墨西哥的国酒），于是课间休息时，学生送给她一杯饮料，当时学生想跟她开个玩笑，就在饮料中加了一点儿龙舌兰酒，后来她把饮料放在办公室的桌子上就忘了这件事。而甄妮发现了这杯饮料，她貌似很生气，所以感觉事情没有想象中那么简单。

是不是小题大做

我和林老师回到孔院时，看到甄妮正和孔院秘书讨论饮料的事，两人都面色凝重，感觉事情远比想象的严重。甄妮看到我们之后，情绪有点儿激动地对林老师说："你怎么能做这样的事呢？现在问题非常严重。"我和林老师都是一头雾水，非常不解地问道："不就是学生送了一杯饮料吗？也没犯什么错啊？"听到我们的反问，甄妮情绪更加激动了，她说：

"这不是饮料的问题,是因为饮料中放了酒,学生和老师是不能在教学场所喝酒的,我已经报告给大学的领导了。这件事情非常严重,老师和学生都有可能被开除。"听到这里,我和林老师都吃了一惊。一方面我们没有想到事情会严重到这种地步,我们一致觉得甄妮有点儿小题大做,毕竟她一直都是一个谨小慎微的人;另一方面,我们也确实感觉到事情没有我们想象的那么简单。

听到老师和学生都有可能被开除,林老师立马着急起来,她焦急地解释说,自己之前根本没意识到学生在饮料中加入酒有任何问题,并保证以后不会再犯类似的错误。而此时甄妮也平静了下来,她诚恳地对林老师说:"我知道你不是故意的,但是我要对你的安全负责,如果你出了问题,我怎么跟你妈妈交代(甄妮在中国留学的时候,曾得到过林老师家人的诸多照顾)?你是中国人,不了解墨西哥的规定,这一次大学应该不会给你处分。但是这几个学生很清楚,他们明知故犯,行为恶劣,必须开除,以后都不能在孔子学院学习!"听到这里,林老师更加着急了,因为她知道这几个学生只是想跟她开个玩笑,并无恶意,如果因为这件事就被开除,她将非常愧疚。所以,她立即恳求甄妮,希望学校能够不处分这几个学生。但是甄妮说,她已经把这件事向大学的领导汇报了,这几个学生必须处理,至于怎么处理还要听大学的意见。

几天后,我们得到通知,虽然大学没有开除这几个学生,但是他们在接下来的三个学期都不能在孔子学院学习。在后来的很长一段时间,当我们几位中国老师谈论起这件事的时候,觉得大学和甄妮都有点儿小题大做了,问题真有那么严重吗?

案例反思

后来，就这件事我咨询过几位墨西哥朋友，我想知道为什么甄妮和大学把问题看得这么严重。尽管每个人的解释不尽相同，但是这几位朋友一致认为这是一件非常严重的事情。其中一位墨西哥朋友年龄相对较大，他是墨西哥一所大学的老师，曾经在杭州留过学，按照他的解释，虽然在墨西哥没有明文规定老师不能跟学生一起喝酒，但是在文化观念上，老师跟学生一起喝酒是一件不好的事情。他还提到他刚到杭州的时候，看到老师和学生聚餐时一起喝酒，他觉得非常吃惊。这位老师觉得，在墨西哥，如果你跟学生的关系非常好，你们想一起喝酒，可以，但是一定要私底下进行，不要让人知道。他觉得甄妮生气的点在于老师在教学场所饮酒。

另一位墨西哥朋友则比较年轻，他是墨国大的毕业生，现在在中国留学。他解释道，在墨西哥有法律规定，在街上或者公共场合不可以饮酒，甚至在学校周围一定距离内都不可以卖酒。墨西哥大学校内是不可以饮酒的，尽管每个学校的规定不同，墨国大的规定是，一旦学生被发现在大学内喝酒，将被开除。他觉得这几个学生在知道这些规定的情况下，还把加入酒的饮料带到孔院，是因为他们没有把孔子学院当作墨国大的教学场所。这位朋友觉得在墨西哥必须有这样的限制饮酒的法规，因为墨西哥人本身就很爱开派对，喜欢喝酒，如果没有限制，那大学可想而知该有多乱。

为了避免其他赴墨任教的老师再碰到类似问题，我总结出如下三点建议。

1. 不要在学校等公共场所饮酒。墨西哥有法律规定，公民在未经授权的公共场所饮酒是违法行为，视情节严重性，警察有权将其逮捕或处以罚款。

2. 从商店购买的酒，携带时要做好包装。刚到墨西哥的时候，一位中国同事告诉我，在街上喝酒甚至只是拿着酒走在大街上，都有可能被警察抓走。我以为他是开玩笑，现在看来完全不是。所以即使是从商店购买的酒，也要做好包装，而不能拎着酒瓶子走在大街上。

3. 恰当处理好师生间的关系。在去墨西哥工作之前，我曾经在秘鲁工作过两年，当时的秘鲁领导，一位传统的秘鲁老太太曾经告诫过我们，不要跟学生走得太近，老师就是老师，学生就是学生，要保持师道尊严。不能跟学生行贴面礼，事实上，把你当作老师的学生也不会跟你行贴面礼；另外不要把自己的私人联系方式留给学生，因为孔院的生源复杂，什么样的学生都可能有，而你对他们了解不多。所以，在听了这位领导的教导后，我特别注意跟学生保持好距离。尽管大部分学生都很热情善良，我也没有碰到过任何意外，但是仍然建议中国老师跟学生保持好距离，在跟学生的交往中保持警惕，考察好学生的人品后再做决定。

作者简介

王兰婷，北京语言大学教师，孔子学院专职教师，硕士毕业于北京语言大学。曾被国家汉办派往秘鲁学习西班牙语，之后于秘鲁天主教大学孔子学院任教；曾在墨西哥国立自治大学孔子学院任教。

思考与实训

1. 阅读"案例描述"部分,谈一谈林老师的饮料出了什么问题,为什么甄妮院长会非常生气。

2. 结合"案例反思"部分,谈一下你会如何处理师生关系。你觉得老师和学生一起喝酒有问题吗?为什么?

3. 中国有句成语叫作"入乡随俗",如果你到了一个国家,发现这个国家有些习俗跟中国差别很大,甚至一些宗教文化跟你的行为准则完全不同。比如在泰国,人们要向王室下跪,每次上课前都要祈祷;在阿拉伯国家,女人要戴头巾。在这种情况下,汉语教师还要不要入乡随俗呢?

36

多米尼加

餐桌上的虫子

/ 王术智 /

🎬 案例场景

我所任教的圣地亚哥华侨中文学校位于多米尼加共和国圣地亚哥市。该校 2009 年建校,学生多为华侨后代,是多米尼加北部、西部地区唯一一所中文学校。学校近几年开始招收本地外国学生。中文课程以综合课和文化活动课为主,学生都是本地人,对中国文化缺少了解和交流。我所教授的汉语中级班共有 12 位华裔学生,平均年龄 17 岁。在一节汉语课上,学生们和我聊起了中国的美食,大家兴致勃勃地谈论起社交媒体上对于中国饮食文化的描述。

📖 案例描述

每个月的最后一节汉语课,我都会给学生布置一个文化调查的作业。我会根据中多两国国情和文化差异,给学生拟定一个适当的题目,让学生回去查找资料以便下节课讨论,讨论形式类似于辩论会。在此之前,我们曾做过关于枪支合法化的讨论、中西恋爱观的比较、城市工作问题的讨论。这次我给他们布置的是中西方的饮食文化对比。

突如其来的问题

话题刚刚布置下去,不知是谁起了头,学生们马上炸开了锅,你一言我一嘴地讲了起来。在我稳定好课堂纪律后，一位平时比较积极的学生说道："老师，我的本地同学说中国人吃蟑螂！你吃过吗？"

听到这话我真是哭笑不得，笑着问道："你们在哪里听说的？"随即我的学生拿出手机在Facebook的视频里找到了一些中国人吃虫子的视频，里面的虫子五花八门，种类丰富。但是不知道当地人是怎么传的，竟然传出了中国人吃蟑螂这么荒唐的说法。我说道："我还真吃过某些虫子。虫子很好吃，很健康，对人身体很好。"

当我回答完的这一刻我感觉整个世界都炸了，看着学生们充满惊恐、神奇、崇拜、怀疑的表情，我就莫名地想笑，就连上课经常走神的学生也目不转睛地看着我。我知道此时的他们充满了好奇和迷惑，等待着我的解答。

我解释道："虫子有很多种，有一些是可以吃的，而且很好吃；有一些不干净，不能吃。中国人不吃蟑螂，因为蟑螂非常脏，会传播疾病，人吃了会生病甚至死掉。但是有一些虫子是吃草、竹子、树叶长大的，只要做法健康安全，是可以吃的，而且营养丰富，对人身体很好。"

教室的平静被下课铃打断，看着学生们似懂非懂的表情，我知道他们还是接受不了，理解不了，我想下周的活动课一定会特别有意思。我给大家安排了任务，让他们上网查资料，了解中国的其他食物，体验中西的饮食文化差异，要求下节课每个人都必须发言。

我知道这种文化误解肯定很难根除，因为中西方生活习惯和文化的不同，我们很难彻底地了解彼此。吃虫子这种问题在国内都是众说纷纭，更何况对于这些外国孩子？我知道这是受地域文化的影响。两国的生活环境、生活条件不一样，影响着两个国家人们的世界观，这种文化差异所产生的误解一定会存在，在学生没有深刻了解中国文化之前很难有所改观。所以课后我也准备了丰富的资料和视频，询问了当地华人、本地人在生活上的差异，以及多米尼加本国内的文化差异。

其实我刚去多米尼加的时候也不是很理解，为什么当地人要把大蕉打成泥，里面放入猪肉、柠檬和洋葱，对我来说这绝对是黑暗料理。多米尼加人喝洋葱口味的饮料我也感到很惊奇，我尝试的时候感觉就像吃土一样。后来通过询问，我了解到，很多多米尼加人也不能接受洋葱味道的饮料和八角味道的糖果。而且我还了解到，多米尼加东部人打招呼的时候会加上当地的土语，这种土语发音类似于"哇哇哇"，没有任何实际的意义，只是一种文化象征，这在西部是没有的。万事俱备后，我打算在下周的中文课上详细解释这类问题，满足同学们的好奇心，最大限度地化解这种文化冲突。

加深了解才是解决问题的关键

中文活动课如期而至，我按照上节课布置的任务顺序，让每位同学介绍了自己吃过的或者搜索到的美食。有学生介绍了火锅、饺子，有学生介绍了北京烤鸭、包子、炒饭，看得台下坐着的学生口水都快流出来了。等到大家都讲完了，我在幻灯片上放出了我吃蚕蛹的照片，学生们一片惊叹。我随即说道："以前，吃虫子的人并不多，后来，人们发现有些虫子营养丰富，容易获取而且味道很好，慢慢地吃的人就多了起来，这种能给人带来营养和健康又很美味的虫子就变成了中国人饭桌上的一种美食，做法也多了起来。但是并不是每个中国人都吃虫子，有很多中国人不喜欢吃虫子，他们和你们一样很害怕，不敢吃。但是老师胆子大，吃了一次感觉挺好吃的，就喜欢上了。我听说你们也不喜欢洋葱味道的果汁，但是超市里仍然有很多人买，是吗？"之后我拿出准备好的八角糖发给大家。有的学生直接含到嘴里，有的学生则直接拒绝。我说："你们看，并不是所有人都喜欢这种糖，有人觉得好吃，有人却不喜欢。我们不能因为自己不喜欢或没吃过，而指责或嘲笑喜欢吃这个糖的人，对吧？"

我看学生们沉默下来，又继续讲道："中国美食有很多种，我们不能因为不了解就认为它们奇怪。每个国家都是不一样的，每个国家的文化也是不一样的。正是因为这样，我们的生活才会更有意思，我们才会看到这么丰富的世界。以后如果有人说中国人吃虫子，你们要告诉他们原因，并且告诉他们并不是所有的中国人都吃虫子。"看到学生们点头，我笑道："你们以后去中国记得找我，我带你们去吃虫子。"这时下面一位学生指着北京烤鸭和火锅说道："老师，请我们吃这个，这个我们都喜欢。"引得全班哄堂大笑。

案例反思

类似于这类以偏概全的文化误解，在我两年的对外汉语教学生活中已经司空见惯，不仅仅是学生，其他人也往往根据自己在网络上看到的不加识别的内容人云亦云，很多人都是依靠网络媒体来认识中国的。就像是这次，一部分中国人吃虫子的视频，传到了多米尼加就变成了"中国人吃蟑螂"。导致这类事件的原因之一是对中国的不了解，以偏概全，产生刻板印象。这些孩子从出生到上大学一直都是在西方文化环境中长大，他们生活在遥远的拉丁美洲，对中国的饮食文化、生产生活都缺乏更多的了解和认识。其次是现在网络媒体的发展，很多外国媒体为了吸引人，故意传播一些稀奇古怪的东西，把中西方文化的差异和冲突作为传播的焦点，特别是在传统文化方面，这些都非常容易对人们产生误导。

基于此类媒体误导所产生的文化误解现象，近年来在对外汉语教学中，已是频发事件。一般我应对这种问题的办法是：

1. 主动解释，不要回避。如遇到诸如此类网络谣传所产生的问题，一定不要回避，正确的解决办法就是沟通。类似于这类"吃虫子"的问题，老师们千万不要为了怕麻烦，直接告诉学生中国人不吃虫子。事实上在中国确实是有一些人吃虫子的，学生如果有机会到中国，可能会不可避免地看到这一幕。所以我们必须主动去面对东西方的差异，不回避问题，耐心解释。

2. 明确目的，引导调查。年龄稍大的学生基本上具备了独立思考的能力，但他们往往只看到了事物的某一方面，这时就需要教师引导学生，让他们从自己的价值观出发，站在不同角度换位思考，正确看待文化差异。老师解释得过多就成了无中生有，解释得过少就会言不达意，这都会影响学生的理解。我比较推荐的方法是给学生们分小组，确定主题后让学生自己讨论，查找资料，主动调查了解中国的真实情况。要引导学生检索正面的文化信息，在课堂讨论的时候，老师要注意及时对错误进行更正，那些网络上以讹传讹的不真实信息才会一触即溃。

3. 尊重差异，换位思考。我们要想让学生主动地理解中国的饮食文化，就要从任教国的饮食文化入手。因为每个国家都存在地域的差异，包括中国南北方在内，文化差异也是无所不在的。一个国家内部的不同地区之间都会存在文化差异，更何况不同的国家之间呢？明白了这个道理，学生自然而然地也就理解并接受这种文化差异了。

作者简介

王术智，江苏大学汉语国际教育专业硕士，主要研究领域为新媒体以及跨文化适应。曾在蒙古国国防大学任教，其间曾参与美、日、法等多国国防军事院校的交流参观，被评选为孔子学院总部／国家汉办赴蒙优秀汉语教师志愿者。之后在多米尼加共和国旅多华侨学校任教，主要教授汉语综合课以及中国文化课。

思考与实训

1. 阅读"案例描述"部分，作者在多米尼加任教时，学生对中国人的饮食文化产生了误解，作者是怎么处理的？如果是你，你会怎么做？
2. 有一些中国人确实有吃虫子的习惯，结合"案例反思"部分，如果有人问你此类问题，你会如何解释？
3. 本文谈到了中西方饮食文化的误解，如果让你设计一节有关中西方饮食文化的课程，你应该怎样设计？在教学过程中应该怎样避免跨文化交际中的刻板印象？

南美洲

南美洲和北美洲以巴拿马运河为界，西部是几乎纵贯整个南美洲的安第斯山脉。安第斯山脉东部就是面积广大的亚马孙河盆地。截至2019年底，南美洲已有12个国家建立了31所孔子学院，5个国家建立了19个孔子课堂。[1]

本章的教学工作案例分别来自智利、哥伦比亚以及厄瓜多尔。

民以食为天，食物是很好的教学切入点，比如和学生一起做凉面，说汉语。而学习当地语言，特别是一些"行话"，也可以拉近师生距离。教学之余，如果热情奔放的同事邀请你参加通宵舞会，而你却不会跳舞，第二天一早还有课，你该怎么办呢？

下面我们一起来看一下老师们的精彩分享吧。

---

[1] 数据来源于 https://www.cief.org.cn/qq。

做中国凉面，说地道汉语

/ 白 叶 /

智 利

🎬 案例场景

我在智利首都圣地亚哥的一所私立大学即智利中央大学任教，汉语课为面向全校学生开设的公共选修课，共设有汉语初级一、初级二、初级三、文化课以及口语课这5门课程。我刚到任时，课程的开设、课程大纲以及课程内容设计主要是由汉语教师志愿者完成的，可以说汉语教师志愿者对开设什么样的汉语课程，以怎样的形式开设汉语课程起着决定性的作用。根据前一任志愿者的描述和同事反馈的信息，我了解到，学生因为初级汉语的课堂上听说练习不够、缺乏汉语听说环境，所以听说能力较弱。针对学生汉语学习过程中存在的这一客观问题，与国际交流中心的同事们共同制订教学计划时，我提出，应该专门开设口语课，这样可以有效提升学生的汉语听说能力。同事们认可了这个建议，并对口语课的开设给予了支持。

在教授口语课的过程中我发现，如果一味参考现有的口语教材，教材中有些内容脱离了学生的生活实际或者学生不感兴趣，这时课堂效果就往往不太理想。因此，我深感为学生创设情境的重要性。当学生在一个可参与的情境中，表达的愿望通常也更加强烈，而当学生有更强的参与感之后，口语表达能力也会得到快速提升。在众多节口语课中，我花了大量时间准备并取得良好效果的是几堂"做中国凉面，说地道汉语"的专题口语课。

案例描述

在学生眼中，我是一个远近闻名的"吃货"老师，每次下课聊天儿，谈到中国美食时，我都会情不自禁地跟学生分享一些中国美食食谱。夏天一到，大家都说热得不想吃饭，我就告诉大家，在中国，如果天气热的话，我们就会吃凉面。我又开始对凉面赞不绝口，和大家分享起凉面的制作过程。我说做凉面其实很简单，但是做出来的凉面却非常美味。这引起了大家的好奇，提议让我教他们做凉面。看到大家热情高涨，我自然乐意分享。于是我灵机一动，回忆起初中学习英语时为了练习口语，老师现场教我们制作奶昔的场景。于是我说："我们一边做凉面一边学汉语怎么样？"课堂创意就这样诞生了。大家都感兴趣的话题自然是最好的课堂素材。于是，我立马开始着手设计准备。

我希望通过学习凉面的制作，让学生学会各种食材的名称、关于烹饪方式的动词以及先后顺序的表达，而且还要真的学会制作凉面。经过认真思考，回想自己以前在泰国试图通过学习做木瓜沙拉学习泰语的失败经历，我得出结论：一堂课肯定无法达到我的教学目的，所以我得把课程拆分为三个专题分开练习。第一个专题，通过视频认识凉面的所有食材；第二个专题，通过表演动作，学习关于烹饪方式的动词和先后顺序的表达；第三个专题，通过动手做凉面，学会用汉语表达凉面的制作过程。

第一个专题，我先为大家播放了一个说西班牙语的中国人制作凉面的视频，让大家对如何制作凉面有一个大概的认识，希望大家看到美食后产生好奇心，继而产生学习的动力。观看时，我把视频暂停在一个画面上，那个画面陈列了制作凉面所需的全部食材。我先让大家一一学习每种食材的名称：葱、姜、蒜、醋、酱油、花椒、辣椒、花生末等。然后我带着大家反复练习，直到大家能够快速准确地说出每种食材的名称。

第二个专题，我仍然准备了一系列的烹饪视频，每一个视频都旨在学习关于烹饪的各种动词：切、磨、煮、捞、放……这些都是制作凉面时会用到的动词。在观看视频并学习动词后，我先让大家做了一个"扮演厨师"的活动，通过"做出动作——下达指令"以及"说出动词——演示动作"的反复练习，让学生对什么是"切"，什么是"煮"等形成条件反射式的认知。接着，我带领大家学习先后顺序的表达。我将"扮演厨师"活动的难度提高，让学生把"首先、然后、接着、最后"等表达顺序的词与烹饪类动词结合起来（如"首先切，然后煮，接着捞，最后放"）一起练习。最后，我再把活动提升一下难度，即加入食材名称一起练习，比如"首先切葱，然后煮面，接着捞面，最后放香油、醋、酱油"等。通过这样的练习，基本上能保证学生可以简单说出制作凉面的过程。

第三个专题，就是让学生亲自动手做凉面。当然，课堂的教学目标不是为了教会学生如何做凉面，而是教会学生如何用汉语向大家介绍凉面的制作过程。为了保证教学目的的达成，一定不要把汉语课变成烹饪课。为此，我向学生们提出了一个要求，即我们要当堂录制"汉语美食节目"。在这个"汉语美食节目"里，每个人都要录制一段"如何制作中国凉面"的视频，拍摄视频时学生需要一边做凉面，一边用汉语简单陈述自己正在做哪一个步骤。为了防止学生出现面对镜头不知所措的窘境，我们先复习了之前学会的食材名称、烹饪类动词和汉语的先后顺序表达。然后，我示范了一次如何制作凉面。在制作过程中，我重点强调了如何用汉语表达该步骤的制作方法，然后板书重点，并让学生复述，直至完成整个制作过程。最后，到了节目录制环节，每个学生有三次录制机会。

录制完成后，我到办公室完成视频剪辑，制作了精彩的"汉语美食节目"，并分享给大家。

案例反思

我一直觉得汉语口语课有两难：一个是"话题选择难"，另一个是"学生开口难"。在教学实践中我发现，有些口语教材中的话题略显过时。另外，因为地域和文化的差异，学生的兴趣点不同，教材里的很多话题学生并不感兴趣。还有很重要的一点就是，很多词语并不实用，即使当时学会了，学生也没有机会使用。没有语言"输出"，就得不到有效的练习和巩固，学生就记不住，从而失去了学习兴趣。所以我也常常在思考：口语课如何选取学生感兴趣的话题？如果选取到了学生感兴趣的话题，又如何让学生开口说汉语呢？通过观察我发现，智利学生其实还是比较愿意参与到课堂讨论中的，但是由于汉语水平的限制，再加上缺乏循序渐进的有效引导，口语课慢慢就变成了"西班牙语讨论课"。所以选定话题之后，还要让学生学习相关的生词和语法，用作话题讨论的语言素材。教师如果不对学生进行引导，学生就会没有章法地胡乱表达。这几堂"做中国凉面，说地道汉语"的口语课让我感受到：如果学生遇到感兴趣的话题，再加上有步骤的引导，真的可以上好一堂互动良好且效果不错的汉语口语课。

学生主导教学内容

现在很提倡一种说法，就是"以学生为中心"。其实我上口语课的时候一直都是坚持这个原则的，但是到底怎么"以学生为中心"，我是在与学生的磨合过程中，逐渐摸索并调整具体操作方法的。

一开始我尝试着脱离口语教材：由我选择话题，给定讨论题目，然后课堂上由学生主导，让学生尝试发表自己的观点。这样的方法保证了学生学习的积极性,学生参与度是很高的。但是由于汉语水平的限制,学生们一边在课堂上大量地使用西班牙语,一边借助于谷歌翻译,说了一堆有语法错误的句子。虽然学生们觉得自己有所收获,但我发现其实收效甚微。

后来我发现,应该结合口语课的话题,给学生提供相关的语言素材,同时讲清楚词语和句型,这样才能保证他们说出正确的句子,这样的教学才是有效的。虽然学生的参与度相对低了一些,但是学生们能够进行正确的口语表达了。不过这似乎也不是最佳方案。

最后,我意识到,决定学生积极性的根本原因是话题。既然如此,话题就让学生们自己选。于是每节课最后五分钟,我就让学生们讨论决定下节课需要讨论的话题,然后我再根据学生们选定的话题备课。学生们自己选定感兴趣的话题后,课堂的参与度自然就相应提高了。

教学过程循序渐进

我在设计口语课时,第一步解决的是"说什么",第二步就要开始思考怎么让学生开口说了。我发现,即使是口语课,也不能揠苗助长地要求学生出口成"章",尤其是那些汉语基础不扎实却在口语课上爱"说"的学生。我逐渐摸索出来的口语课模式是:以学生为中心,以话题为载体,每节课围绕一个话题展开。那么围绕的这个话题一定会使用到相关的词语和句型。学汉语也像做菜一样,材料备齐了,才能下锅烹饪。因此老师先要把生词、句型等"材料"为学生们备齐,然后告诉学生各种"食材"的特点以及如何用好"食材"。

学习基本词汇、句型以后,需要反复练习,直至掌握。

学生对这些基础知识熟练掌握后,课堂教学自然就可以进入到下一个环节。老师可引导学生围绕话题,将生词、句型组成一段简短的成段表达。

这整个过程就像组装机器一样，"螺丝""零部件"以及"组装说明"准备好以后，学生们就可以照葫芦画瓢地开始制作属于自己的语言"工艺品"了。这个环节最重要的就是要求老师带领学生梳理出话题中的要点，将"输入"变为"输出"，让学生能够针对讨论的话题，将语言正确地组织起来，流利地进行表达。

所有教学环节应围绕教学目的展开

教师的每一堂课都应该围绕教学目的来进行。让学生经过学习后达成一定的学习目标，这样才可能保证课堂的教学效果。比如案例中的第一、二个专题课如果没有顺利完成教学目标，学生没有掌握食材名称、烹饪词汇，那么第三堂专题课的任务完成起来就会异常艰难。

而小的教学环节设计更要考虑怎么更好地服务于教学目的。比如选择什么样的视频可以更好地呈现凉面制作过程；教师应按住暂停键给学生介绍食材，这样学生才能一目了然；让学生录制"汉语美食节目"等教学环节的设计都是为了更好地让学生学会"做中国凉面，说地道汉语"。

备课还要备学生、备环境

这堂口语课之所以取得了比较理想的效果，除了根据学生兴趣设计了课程内容，我觉得另一点也不容忽视，就是设计了学生容易学习、理解的内容。语言学习讲究"i+1"原则，即在已知已会的知识基础上适当提高难度，让学生学习有挑战性但在能力范围内的知识。那么，这就要求教师在日常授课的时候多观察了解学生已掌握的词汇和语法情况，看看他们处在什么样的水平，即他们的i领域有多大，整个班的i领域又有多大，要让尽可能多的学生都感受到自己学到了新知识，既有一定的挑战性，又不太难。适度的挑战才能成就学生的自信，而这个"度"的把握，取决于教师对学生的了解。

所有的教学设计都是服务于教学目的的，与此同时，所有的教学设计都要依托教学环境。所以教师备课还要考虑其教学环境，教师怎么合理使用现有的教学空间来达成其教学目的？这就需要教师根据现有的教学条件和教学环境来进行教学设计。比如案例中我设计了让学生动手做凉面的教学环节，是因为我们班的学生数量较少，大家有这个条件可以尝试亲手做，否则现有的教室施展不开。总之，教师究竟开展什么样的教学活动，一定要考虑现有的教学条件和环境，否则教学活动很难顺利进行。

作者简介

白叶，毕业于云南大学文学院。曾在秘鲁里卡多·帕尔马大学孔子学院、智利中央大学担任汉语教师志愿者。曾教过西汉翻译专业的秘鲁学生语音课，也教过秘鲁华人儿童的国学启蒙课。曾与孔子学院的其他汉语教师志愿者共同举办各类文化活动。

思考与实训

1. "案例反思"部分，作者提到一个观点，即"学生主导教学内容"，你觉得可行吗？如果不可行，为什么？如果可行，又是为什么？你认为应该怎样平衡学生的学习兴趣与教材内容之间的矛盾？
2. "案例反思"部分提出"备课还要备学生、备环境"，除此以外，你认为备课时还应该考虑哪些因素？
3. 本案例以如何做凉面为口语课素材，你觉得中国传统饮食文化中还有哪些素材可以用在口语课堂上？为什么？

38 如何巧妙地拉近师生关系

/ 颜雪雯 /

哥伦比亚

案例场景

我在南美洲哥伦比亚安第斯大学孔子学院下属的蒙台梭利学校孔子课堂任教，蒙台梭利学校是当地一所比较国际化的贵族中学。全校涵盖了从幼儿园到高中的教学。学校要求每个学生从幼儿园开始就要学习四门语言，分别是母语西班牙语、英语、法语和汉语。汉语教学幼儿园以注重听说的游戏式教学法为主；小学到高中更重视汉语的听、说、读、写各项能力，并且要求小学低年级统一进行YCT考试，初高中则要通过HSK一级和二级考试。拉美国家热情开放的文化与中国有很大不同，由于处在遥远的不同大陆上，他们对中国的了解正如我们对拉美的了解一样，并不是很多。所以总体来看，课堂管理比较难，老师和学生的关系也不是中国传统的尊师重道那样的模式。学校对汉语学习是强制性的，学生学习汉语的兴趣总体来说不是很浓厚，老师和学生的关系很难变得比较亲近。

案例描述

与小大人们的初次接触

在哥伦比亚任教的第二年，我负责教授十年级和十一年级（相当于国内高二和高三）学生的中文，这几个班的男生女生几乎都是人高马大的,走到他们面前时,我很自然地能感受到一股青春的气息以及他们的身高体形给我带来的无形压力。即将成年的他们正处于躁动的青春期,心思常常不在学习上。除非真正对汉语学习感兴趣的学生,否则中文对很多学生来说更是一种压力。

一开始,由于我不了解学生的实际汉语水平,但又想让他们尽可能多地去了解中国文化,就编写了一些有意思但难度较大的教学设计,导致第一学期很多人考试成绩不理想,对中文教学不满意。师生关系方面,由于文化背景的差异,我总是觉得自己和他们不能打成一片。

是老师,也是学生

第一学期,我一直尽力想把中国文化融入语言学习中来,因此教案设计得有点儿难,再加上学生一直依赖拼音,对汉字的掌握不够,因此语法教学变得更加困难。为了工作和生活的方便,我一直尝试提高我的西班牙语水平。在学习过程中,我发现有一些西班牙语俗语与中文相通,只是比喻不同。有一次,我给学生讲授"塞翁失马,焉知非福",当学生们终于理解了故事背后的蕴意时,他们突然恍然大悟,说西班牙语中有一句俗语"no hay mal que por bien no venga"与此意思相同,学生的提醒也让我学会了这句西班牙俗语。于是我突然想到,可以用对应的西班牙语帮助他们复习我所教授的成语。同时在解释语法时,我也会尽量与西班牙语的语法进行对比,去帮助他们理解。比如在解释"刚"和"刚刚"这样比较费脑子的语法点时,我想到了用 acabar de 和 hace un rato 这两个短语进行解释。另外,在放学后,我作为副班主任,需要把学生送到校门口。我就利用这个机会"偷听"学生之间的谈话,了解他们的说话方式和口吻,他们也会跟我打趣,教我学会了很多当地俚语。久而久之,我竟然能跟他们用西班牙语进行无障碍交流了。大家对我的飞速进步感到很吃惊，同时，对我的态度也不再像对待局外人一般了。后来，每天上课前都会有学生进教室后先给我一个大大的拥抱。

说实话，对于这所学校的学生来说，因为学汉语是强制性要求，并非每个学生都能从心底里接受汉语学习，对中文老师的态度也不如对其他老师。同时，如果汉语教师不懂西班牙语，在工作上会造成很多不便。比如一开始我就发现，如果中文老师不懂当地的语言，不仅跟学生沟通很困难，而且在学校的教学会议上也形同虚设，但是年级主管却总象征性地要求中文老师在场。如果教师在课堂上用英语教中文，相当于隔了两层，因为有些学生的英语水平也不太好，因此，学习汉语更吃力。

另一方面，由于文化的缘故，在哥伦比亚，老师和学生的关系更像是朋友，在最基本的相互尊重基础上，当地学生跟老师会有更多的肢体接触，说话方式也比较随意。所以作为中文老师，如果想要贴近学生，必须要把他们当成朋友去对待，以幽默随性的方式与学生交谈。同时，教师也可以把学生当成西班牙语的小老师，这样不仅可以提升彼此的语言能力，还可以使彼此间的关系更亲密。

案例反思

带了两个毕业班后，在十一年级的毕业典礼上，我第一次当着这么多人的面用西班牙语表达我对他们的感谢和不舍。毕业的感伤对于全世界不同国家、不同地区的学生来说，都是相通的。站在台上，我向大家诉说了不舍，又试图用他们这些青少年的流行语来打趣，引得大家阵阵发笑。在演讲时，突然发现，我作为中文老师的存在感明显提升了。经过一年的磨合，我与学生的感情也更深了，直到回国后我们还经常在社交软件上互动。这一切归功于我的努力——我努力寻求适合他们的教学方法，努力提高自己的西班牙语水平，努力站在他们的角度考虑问题……

与这些古灵精怪的小大人们相处，让我更加学会了从学生的角度出发，思考作为一名合格的汉语教师应该如何改善自己的教学方式。我们之间不仅仅是师生关系，更是朋友关系；我们之间的交往是不同文化之间的相互磨合和传达，在这个过程中，语言帮助彼此达成了更好的理解和沟通。

在汉语教学中，与学生关系的融洽与否有时候在很大程度上影响着学生学习汉语的兴趣。我觉得作为老师，可以思考如何提升自己的教学魅力和人格魅力，让学生觉得你原来跟他们之间没有"代沟"，让学生从心底更愿意接受你、你的教学方式以及汉语这种语言。

作者简介

颜雪雯，本科就读于华中科技大学汉语国际教育专业，研究生就读于武汉大学比较文学与世界文学专业。曾在哥伦比亚安第斯大学孔子学院下属的孔子课堂任教，熟练掌握英语、西班牙语、法语等语言。

思考与实训

1. 阅读本案例内容，谈一下在哥伦比亚任教时，对于学生在汉语中比较难理解的语言点，作者是怎么处理的。如果是你，你还有其他更好的方法吗？

2. 结合"案例反思"部分，谈一下如果你在一个语言和文化背景都与中国差异很大的国家任教，你会如何改善与学生之间的跨文化交往。

3. 作者在哥伦比亚的教学中发现，师生关系与中国传统的观念有很大不同。请查阅一下有关哥伦比亚或者拉美人文化特性和习惯的相关资料，分析一下是什么原因造成了这种师生关系的差异。

关于派对的那些事

/ 施 慧 /

厄瓜多尔

🎬 案例场景

  我所任教的安巴托科技大学位于厄瓜多尔中部安第斯高原上的一座小城安巴托。这所大学的语言中心为学生开设了英语、法语、意大利语、日语、汉语这5门外语课程。这所学校的学生不多,外语课程也不多,但是学校要求学生必须修满其中一门外语的学分才能毕业。语言中心除了大部分英语老师是当地人之外,其他小语种的老师都是来自不同国家的母语者,虽然有着不同的文化背景,但同事之间相处得非常融洽。这座小城人口稀少,气候温暖,盛产鲜花与水果,因此以"花果之城"著称。这里经济不发达,物价低廉,当地人的生活十分安逸轻松。这里大部分人都擅长跳舞,大家一有空就去参加派对,一有派对就必会跳舞。

案例描述

无派对不节日

  南美人性格开朗热情,能歌善舞,尤其热爱舞蹈,不论男女,似乎会走路就会跳舞;他们又有种天生的"仪式感",一旦有节日,不论大小,都要举办派对,甚至在大街上所有人一起载歌载舞。大家可以不吃饭,但是不能不跳舞。就我所在的安巴托科技大学语言中心来说,每年的教师节和圣诞节都要举办隆重的聚餐派对来庆祝。除了这两个节日之外，学校每个学期也有大大小小的聚餐活动，有时候我都不知道是为了庆祝什么。到了周末，我也会收到同事或者学生的邀请去参加派对。过新年的时候，安巴托有一个传统，就是男人要戴上假发，穿上裙子，装扮成女人去街上跳舞，城中心的唯一一条大道在跨年夜会禁止车辆通行，为的是给人们腾出地方彻夜狂欢。

其实就算不是节日，只要人们想跳舞，完全不需要理由。记得有一次周四晚上下课之后，和我平时关系比较近的一个同事来教室找我，邀请我和她一起去朋友家吃晚饭。我想一起去吃晚饭没什么问题，就很爽快地答应了。但是没想到，不单单是吃晚饭这么简单，到了朋友家，我发现其实是一个派对，大家边吃东西边跳舞，跳累了就坐下来吃东西歇会儿，吃完了继续跳……而我只能一直吃东西。我问同事今天是什么特殊的日子，是在庆祝谁的生日吗？她说，谁的生日也不是，也许就是为了庆祝没有人过生日吧。等一切都结束已经是凌晨，而我们第二天早上七点钟就要上课！

不会跳舞的尴尬

跳舞对于很多人来说，真的不是一两天就能学会的，至少身体灵活度和协调性是需要一点儿天赋的。对我来说，在这件事情上我是真的完全没有天赋。但是身在厄瓜多尔，不会跳舞好像就和不会走路一样让人觉得奇怪。

每年的12月14日是安巴托科技大学语言中心成立纪念日，这是一个很重大的节日。去年的这一天，我们先召开了一个很有仪式感的会议，校长和其他校领导都来参加了。自然而然，随之而来的是晚上的一个隆重派对。派对地点选在一个酒店，毫无意外地，语言中心的老师们都到了之后就开始跳舞了。两个小时过去了，意大利语老师、法语老师都已经累得坐下了，而当地的同事却还在跳。我这才意识到，原来拉美人奔放起来连欧洲人都甘拜下风。到了九点多，酒店终于给我们准备好了食物，大家吃完之后又继续跳……

因为我不会跳舞，刚开始日本同事坐我旁边和我说话，但是过了一会儿他也去舞池了。所以我就只能无聊地坐着，通过低头玩儿手机和吃东西来缓解尴尬。可能是看到我太尴尬，同事 Hilary 过来拉我一起去跳舞，还很耐心地教我。尽管如此，简单的步伐对我来说也很不协调。我很想离开回住所去，但是最重要的仪式还没开始。等到大家都跳完尽兴之后，语言中心的主任才发表了讲话，对一年的工作进行了总结，并对所有老师表示了感谢，然后给每个人发了纪念品，之后我们才离开。

对我来说，这真的是漫长又尴尬的一个晚上，熬到一切结束，已经是凌晨两点了。其实不仅仅是这一次派对令我感觉很尴尬，每一次都这样，我不喜欢跳舞，也不愿意学跳舞。一遇上这种我不得不参加、参加了还不能早早离开的派对，我就手足无措。总之，跳舞这件事情让我很有挫败感。

陌生人派对的尴尬

除了语言中心的同事，学生也会经常在周末的时候邀请我去参加派对，但我都统统拒绝。唯一一次接受学生的邀请，是因为那天是我的学生小杰的生日，他和他的朋友办了一个生日派对，邀请我们 A2 汉语班的同学和老师一起去参加，我不好拒绝便去了。去了之后整个派对持续了几个小时，我只是在刚进门的时候看见了小杰，他接待我和其他同学进去之后就再也没露过面，虽然这是他举办的派对。

更让我感到尴尬的是，过了一会儿，跟我一起来的学生也各自找搭档跳舞去了，于是就剩下我一个人在陌生人堆里，再次不停地吃东西。

虽然我在课下和学生是很好的朋友，我们经常一起出去吃比萨、看球赛，但是一起参加派对还是头一回，没想到这么让我无所适从。这次除了感觉尴尬之外，还有不安。

案例反思

不会跳舞的确给我带来了不少前所未有的尴尬和焦虑。至少之前在国内的时候我从未因此感到任何不适。因为在中国，参加派对、去夜店跳舞并不是我们主要的社交方式，会不会跳舞对交朋友、和别人相处并无太大关系。庆祝生日或者某个特殊节日时，人们可能会去聚餐，或去 KTV 唱歌；和朋友约会，可能会去看电影、逛街或者一起旅行；逢年过节时，和家人团聚等。在这些庆祝形式中，"跳舞"并不普遍，而且中国农村一般是没有夜店的，只有稍大的城市才会有。喜欢去夜店跳舞的也是年轻人居多，很少有中老年人。甚至，在相对保守的老一辈人眼里，去夜店蹦迪、喝酒是"不那么纯洁"的事情，因此他们倾向于把"夜店蹦迪"和"坏孩子"的标签贴在一起。

但是在厄瓜多尔，从农村到城市，不论男女老少，只要有夜店就去跳舞，没有的话也照跳不误：家里、小村庄的中心广场、教堂旁边的草地，伴随着大功率音箱放出的震天响的音乐，人们就可以开心地跳了。我曾在旅行时路过一些城镇和村庄，不止一次看见印第安人在下午或者傍晚，聚集在湖边或者球场上，端着酒杯，牵着同伴跳舞。人们有时候是用音箱播放音乐伴奏，有时候还会有乐队进行现场演奏。我深深地被他们的仪式感所感动。

我曾经也想过周末时专门去学习当地的舞蹈 Salsa，但是归根结底，我没有兴趣，对我来说，这也不是一个必须掌握的技能，因此我也就没去学。所幸，我现在已经能够坦然接受这个事实了，不会再觉得一个人不会跳舞该是多么的不应该。

会不会跳舞与能不能融入当地的生活没有太大关系，相反，只是我自己对此耿耿于怀。当地人十分宽容，我所担心的被嘲笑、被排斥之类的事情从没有发生过，同事们也都很有耐心。在我的观察中，他们根本不会在意你会不会跳舞，会不会唱歌，只要你玩儿得开心就好，而玩儿得开心的方式也不止跳舞一种。这也是因为他们心态开朗自信的缘故吧。

当然，会跳舞依然是一件值得高兴的事。如果不会，只要有兴趣就可以去学。这里有很多 Salsa 舞蹈兴趣团，天气好的时候舞者们会在安巴托河边练习。仔细想了想，厄瓜多尔人民热衷舞蹈是和他们的性格分不开的，他们开朗乐观，不管有钱与否都过得轻松自在，享受生活，并不是一切都"向钱看"。在全球幸福指数排名中，厄瓜多尔的名次比较靠前。

简而言之，关于跳舞与派对，我总结出一些经验：

1. 不会跳舞是一件很正常的事情，不必因此感到有压力。当地人不会以"会不会跳舞"来评判一个人。不会的话可以学；但是不要强迫自己，时间应该留给更喜欢更需要做的事，不要让不喜欢的事情干扰自己。社交只是在这里工作和生活的一部分，不是全部。

2. 谨慎对待学生的派对邀请。学生也有其他朋友，所以在派对上不会一直陪着你。拉美人特别是年轻人有时候开朗得让人不习惯。

3. 不想参加的派对一定要明确直接地拒绝。如果受邀参加派对但是又没有理由拒绝，千万不要说"下次再去"，因为你答应过了下次去，那么下次别人还会邀请你。

派对结束之后千万不要一个人打车回家。派对大都是在凌晨结束，最好是拜托熟人送你回家。如果一定要打车的话也要让一个熟悉的当地人陪你打车，千万不要一个人打车，非常不安全。

作者简介

施慧，黑龙江大学汉语国际教育专业硕士研究生。曾在厄瓜多尔安巴托科技大学担任汉语教师志愿者。

思考与实训

1. 拉美人的确很热情，甚至有些时候"热情得过分"，如果有人在节日的时候邀请你和他们一起去喝酒蹦迪，你会怎么做？
2. 世界是多元的，每个国家都有自己独特的艺术，如舞蹈、音乐等。在上课时间之外，你是否愿意学习当地的文化艺术？你打算怎么度过课余时间？
3. 如果是在国外的大学里任教，学生都是20岁左右的年轻人，与任教老师年龄相仿，关注点、兴趣爱好方面也有很多共同语言，那么任教老师是否应该和学生做朋友？以何种身份与学生相处？为什么？

非洲

非洲是世界第二大洲。非洲大陆高原面积广阔,有"高原大陆"之称。非洲北部的埃及是世界文明发源地之一,公元前4000年便有最早的文字记载。中非文化交流与合作始于20世纪50年代中期。据不完全统计,目前世界上明确表示将把汉语纳入国民教育体系的64个国家中,非洲就有13个。[①]

本章的教学工作案例来自东非的乌干达,南非的毛里求斯、莫桑比克,北非的埃及、突尼斯和摩洛哥。

"非洲时间"似乎永远慢半拍,学生上课迟到还有各种理由,你怎么化解?斋月期间,入乡随俗的你,要不吃不喝体验一下吗?每个国家都有自己的幸运数字和忌讳的数字吗?让我们和老师们一起,"一切从头说起"。

---

① 数据来源于 https://news.gmw.cn/2019-12/05/content_33375827.htm。

让人头疼的"迟到"和"缺勤"问题

/ 吴 怡 /

埃 及

案例场景

我曾在埃及开罗艾因·夏姆斯大学中文系担任汉语教师志愿者，主要负责一年级4个班的汉语综合课、二年级两个班的文化历史课。一年级每个班有80人，二年级每个班也有80人。不同的是，二年级有一半的人申请到了中国政府奖学金，将来要去中国留学，所以实际上每个班只有40人。我每周有12个课时，平均每个班两个课时。埃及学生的特点是：比较活泼，喜欢在场景中学习汉语，不喜欢死记硬背，时间观念不是很强。

案例描述

上不下去的一节课

周二早上八点到十点是二年级B班的文化历史课。有一次，我照常去上课，但是发现班里只来了15个人。我心里很不是滋味，看着这15个学生，我问他们要不要再等一等。结果有的学生说可以等一等，有的学生说不用等，还有的学生一声不吭，低头看自己的书。我想了想，决定再等10分钟，八点十五分正式开始上课。但是上课还没两分钟，就有人敲门，我让他进来。然而让我没想到的是，接下来的20

分钟里,几乎每隔两分钟就有人来敲门,我的课一次又一次被敲门声打断。那些早早来上课想认真听课的学生,情绪越来越烦躁,耐心跟我一样,慢慢被一次又一次的敲门声消耗殆尽。接下来的一个小时,班上又陆陆续续进来了15个学生,我的课也被打断了15次。甚至到了第二节课,还有人在敲门。我实在忍不住了,直接告诉这个学生说你不用来听课了,然后就把门锁上,紧赶慢赶地把那节课要讲的东西讲完了。

可想而知,我的那堂课是多么失败。我没有高效率地给学生传授知识,本来要完成的教学任务也完成得非常不理想。下课后,站在门外的学生跟我道歉,并且保证下次不会再迟到了。听了他们的话,我的心又软了,原谅了他们,却还是挥不去心中那种沮丧的感觉。

难以言说的时间观念

学生上课迟到或缺勤,我觉得每个志愿者老师或多或少都遇到过。在我任教的学校里,一年级第一个学期的时候,因为学生都是新生,又是第一次跟中国老师学习汉语,一切都非常新奇,所以几乎没人迟到,出勤率也很高。但是到了第二个学期,随着学习难度的增加、新鲜感的消失,学生在掌握了教师教学规律之后就开始偷懒,有人迟到,也有人缺勤。到了二年级,很多学生已经学了一年的汉语,好的学生已经去中国交流了,留下来的学生大都水平一般,再加上除了学习之外还有其他的事情要考虑,因此迟到或者缺勤的现象非常普遍。

总结原因,我觉得跟很多埃及人天性比较散漫、缺乏严格的时间观念有关。埃及很多人相信一切都是注定的:上什么学校、吃什么饭、嫁什么人,这一切都由真主安排,所以不用着急去做什么,只要正常生活、顺其自然,时间到了,事情也就自然发生了。也许正是这个原因,很多埃及人不愿意自己活得太累,常常是一杯红茶、一张报纸、一张躺椅、一个水烟，一天就这样过去了。因为相信前定，所以今生"迟到"一会儿，也并不是那么重要的事情。

在埃及，"迟到"的现象不仅仅是在课堂，生活中也是随处可见。不夸张地说，如果一个埃及人跟你约好上午七点见面，你完全可以等到十一点再去见他，而且就算到了十一点，也不一定能见到他，很可能还需要打电话催一催，然后再等上几个小时。你可能会很生气，但是对方会告诉你，他并不是故意的，而且会列举出一系列理由，比如不小心起床起晚了，不小心错过了地铁，要做礼拜，人太多了所以走得很慢，等等。这一年来，我问过很多学生为什么上课迟到或者不来上课。学生们给我的理由总结如下：上课的时间太早了，我起不来；家离学校太远了，早上五点我就起床了，但是地铁很慢；需要做礼拜；早上有兼职，不能来上课；昨晚做作业做到凌晨五点，所以来晚了；昨天爷爷去世了，我很伤心，不想上课；老师，汉语真的太难了；对不起，我就是来晚了……

案例反思

在中国，很多学生上课时都是争着抢着早到，生怕最佳位置被别人抢去或者错过老师的讲解。在埃及，学生学习汉语的热情其实也很高，但是他们的时间观念却着实让人挠头。那些来晚的学生中，有的汉语水平很高、学习也很好，他们上课来晚了，下课之后却又想通过其他途径找到老师帮忙补课，这对老师来说其实很不公平。开始时我对这种现象比较无奈，不过时间长了，我开始坚持自己的原则——如果学生是因为迟到或者缺勤而错失的课业，我不会再在课外帮他们补上。

可是，在埃及待得更久之后，我也慢慢理解一些学生迟到的真实原因。埃及很多学生的家庭条件不是很好,学生需要一边打工,一边读书。不打工,就没有钱来交大学里的生活费和学费;但是打工则必然会牺牲掉一些时间,上课迟到或缺勤也在所难免。每每这个时候,我心里总会有些心疼和心酸,虽说自己已经下定决心要坚持原则,但是常常在学生需要课后帮助的时候,我还是会选择尽一切所能去帮助他们。

在埃及的一年,针对上课迟到和缺勤问题,我也总结了一些经验:

1. 上课点名。点完名之后5分钟再来的同学算作"迟到",10分钟甚至15分钟之后再来的同学算作"缺勤"。迟到的同学必须站在讲台上用汉语表演一个节目;缺勤的同学不允许进入教室。我会反锁教室的门,等到下一节课才让缺勤的学生进入。

2. 调整上课内容安排。以前开始上课时,我都是先复习上一节课的生词和课文,这让学生觉得最初的15分钟都是在复习旧课,上不上无所谓。后来,我改为上课一开始就讲授生词和新课文,到课程最后,再复习上节课所学习的内容。

3. 建立惩罚机制。迟到5次算作缺勤1次;缺勤3次,汉语课分数为0。同时,我也跟埃及本土汉语教师讨论过这种现象,并把一些迟到和缺勤严重的学生报给中文系系主任。

4. 提高教学质量。我开始认真揣摩自己的汉语课,争取做到每一节课讲得生动形象,让学生像回头客一样,产生下次再来、再学的动机和渴望。

使用了这些策略之后,我虽然并不能完全制止迟到和缺勤的现象,但是课堂出勤率明显好转了很多,学生多了起来,课堂秩序也逐渐恢复了正常。任教结束后,我回到南京师范大学继续读研究生,好多在埃及的学生给我写信,告诉我他们成功申请到了中国政府的奖学金,即将前往中国各大高校继续深造。有的人去了北京大学、北京师范大学、北京外国语大学、北京语言大学，还有的人去了南开大学、南京大学、天津大学、暨南大学、上海交通大学等。

在埃及的那些日子里，我曾经遇到过挫折，与学生们有过磨合，但是我依然很爱我的埃及学生，能够担任他们的汉语教师，是我今生的荣幸。

作者简介

吴怡，南京师范大学硕士研究生。曾在埃及开罗艾因·夏姆斯大学中文系担任汉语教师志愿者，之后在英国斯特拉福德小镇的中学担任汉语助教。

思考与实训

1. 作者在埃及任教的时候，因为学生时间观念不强让自己头疼不已，导致有次课上不下去了，最后这堂课的结果怎么样？如果当时是你，你怎么做才能让汉语课顺利进行下去？
2. 结合"案例反思"部分，谈一谈如果你在埃及任教，你该如何处理这让人头疼的时间观念问题（如生活方面、教学方面、人际关系处理方面等）。
3. 查询相关资料，比较一下埃及（或其他你知道的非洲国家）与中国的课堂有什么不同。你对这种课堂上的差异有什么对策？

突尼斯有幸运数字吗

/ 姜秀清 /

突尼斯

案例场景

突尼斯高等语言学院位于突尼斯的首都突尼斯市,是突尼斯唯一开设中文本科专业的语言学校。全校共约3000名学生,我在此承担中文专业一年级的语音课教学。一年级中文班注册人数为60人,学生年龄在19岁左右,母语为阿拉伯方言,阿拉伯标准语为官方语言,法语为通用语,学生多是非华裔突尼斯人,且都是穆斯林。在正式上初级语音课的第一天,我按照《新实用汉语课本1》(第3版)的课程计划,教授学生们第一节课《你好》的语音部分,内容包括声调、声母 b、p、m、n、l、h 及韵母 a、o、e、i、u、ü 等的发音方式,学习数字1—10的发音、相应数字的手势表达法以及对比两个国家的幸运数字和避讳数字。

案例描述

在备课时我了解到,突尼斯没有幸运数字,忌讳的数字是13。在表示数字时,突尼斯人和中国人的手势习惯也大有不同。突尼斯人习惯从大拇指开始计数,大拇指表示1,大拇指加食指表示2,同理,依次加一根手指表示数字的递增。上课时,我先用法语发出指令,让学生根据自己国家的用指习惯依次摆出1—10的手势。接着,我一边用法语说出 1—10，一边相应做出中国人计数的手势，同学们默契地跟我一起数数。第二遍，我用汉语数，同时带领学生们感受汉语拼音的发音。

在教授数字发音的过程中，我顺势问学生们："你们知道中国的幸运数字吗？"讲台下面的一个学生对中国文化略有了解，他第一时间说出了数字 6。我满意地点点头，并补充道："没错，很多中国人喜欢数字 6，因为 6 的谐音是'溜'，意思为顺利、顺溜。"

"还有其他的答案吗？"我试探道。

学生们突然安静下来，我心领神会，补充说："很多中国人也喜欢 8 这个数字，因为 8 的谐音是'发'，意思为发达、发财。"

此时，教室里"哦"声一片，同学们欣喜若狂地比出 8 的手势，课堂氛围也变得活跃起来。借此机会，我继续发问："那突尼斯有没有幸运数字呢？"

原以为，这次学生们会异口同声地说个答案出来，结果，大家截然不同的反应超出了我的想象。有的学生大眼瞪小眼，一脸茫然，认为突尼斯没有幸运数字；有的学生却说他们有幸运数字，是 7；还有的学生高高举起自己的手来，说突尼斯的幸运数字是 5。

说 7 的学生迫不及待地解释说："老师，我们穆斯林有一个传统习俗，一个人在一条鱼身上来回迈 7 次，就会有好运，所以我们比较喜欢数字 7。"

说 5 的那名学生，则把手机递到我跟前，指着一张像手掌一样的图片向我解释道："老师，这个是'法蒂玛之手'，'法蒂玛之手'对突尼斯人有着特殊含义，'法蒂玛之手'是我们的护身符，可以避邪。数字 5 (khamsa) 和'法蒂玛之手'(khomsa) 的发音很相像，所以我们喜欢数字 5。"

听完同学们的解释，我肃然起敬。原来在突尼斯，幸运数字被赋予了一抹宗教色彩。余光中，我又看到一名学生举着自己的食指，我示意她说话。她问道："老师，中国有没有不吉利的数字？"

我点点头，并走到她跟前，说："一些中国人避讳4这个数字。有一次，老师发现，在中国北方的一家健身馆里，储物柜上没有4、14、24等带4的号码。这是因为4的谐音是'死'，所以如果在中国见到类似的情况，也不足为奇。"

接着，我把同样的问题抛给了学生们，突尼斯是否也有避讳的数字。当我在心里默念"13"这个数字时，他们的回答让我很吃惊。

"突尼斯没有忌讳的数字！"这一说法与我在一些官方网站上搜集的资料大相径庭，资料显示突尼斯忌讳13，认为数字13是厄运的象征。

为了印证讨论内容的可靠性，我和学生们交流结束后，又在另一个16人的初级汉语成人班里对幸运数字和忌讳数字做了同样的调查。有了前面的讨论经验，这次的授课情况和我预期的相差无几。学生们的意见很不统一，大家众说纷纭。

当我问突尼斯有没有忌讳数字时，大家都摇摇头。一个离我最近的学生耸耸肩，说道："突尼斯没有什么不好的数字。"而当我问到幸运数字时，有学生兴奋地说："突尼斯的幸运数字是5。"其他学生却若有所思，说道："突尼斯好像没有幸运数字。"

听过大家的回答，我现学现卖，笃定地看着他们，并对他们说："你们可能忘了一个数字。"说着，我把手中的白板笔放到地上，假装这支笔是一条躺在地上的大鱼，然后仪式感十足地前后迈了7次。

表演完毕，一个坐在第一排的戴着头巾的学生激动地说："数字7！"我满意地回答道："没错，是7。"见其他人没有强烈的反应，我便向全班同学说明其中含义:"穆斯林有一个传统习俗,就是如果一个人在一条大鱼的身上……"刚才回答我问题的学生附和我说:"迈7次会有好运气!"话音刚落,同学们向我投来赞许的目光。

案例反思

这堂课以数字的语音教学为出发点,折射出了中突两国各自不同的文化底蕴,反映了跨文化交际中存在的问题。

例如,在上完初级班的语音课后,班里的一个学生善意地提醒我,课堂上我在示范数字5的手势时,掌心正好对着他们,可在突尼斯传统老一辈看来,这一举动很不礼貌。学生补充道:"如果是在我家,我的祖父母看到我这样做,一定会敲我的脑袋以示警告。"听完她的话,我略显尴尬,随即表示歉意,并纠正了自己的手势。学生安慰我说:"因为您是我们的汉语老师,所以做这样的手势也没关系,不用放在心上。"当时,我又联想到中国人用食指和手掌做指示动作的差别。在中国,指人时最好用手掌,避免用食指指向对方,因为一些中国人认为,用食指指人有不敬的意味。或许在突尼斯,手掌心对向别人,可能和在中国用食指直接指人一样,都是应该避免的行为。

但在后来,我又请教了其他几个突尼斯人,询问了他们对这个手势的看法,他们却表示自己并不忌讳这样的手势。可见,想在突尼斯得出一个确切的答案并非易事,但是注意避免发生这样的问题一定没错。

总之,在了解突尼斯的幸运数字和忌讳数字的过程中,所有问题都没有唯一的答案。突尼斯没有所谓的幸运数字,但如果一定要评选出来,那就是5和7。同样,不是所有突尼斯人都有忌讳数字。

一次求证，一次验证，让我经历了心理崩溃又重建的过程。为方便在以后教学中处理好相应问题，我总结出以下三点建议：

1. 课前保留。客观审视所掌握的信息，尽可能收集权威的参考资料，并对其持存疑态度。在跨文化交际中，并非所有答案都会和预期的一致，在得到真实反馈之前，所有答案都带着朦胧的面纱，因此保留观点显得十分必要。

2. 课上交流。"三人行，必有我师焉。"对外汉语教师虽是外国学生的老师，但学生们也在无形中扮演着跨文化交际"老师"的角色，他们不经意间教会了我们一些在实践中才能了解到的知识。因此在课上，师生可以互学互鉴——老师多倾听学生们的声音，不以自己为中心；学生站在文化切磋的角度，与老师互通有无。通过积极的沟通，让彼此了解更多隐藏的文化细节。

3. 课后查证。多方查证，听取意见，不以偏概全。同样的问题在不同人的口中可能会得到不同的回答。因此，在跨文化交际中，问题的答案因人而异，具体的情况要具体分析。

文化的差异、结果的偏差，对于汉语教师，尤其是新手教师来说，都是教学上不可小觑的挑战。或许在跨文化交际的道路上，一直都是如此，但凡有100次的崩溃，就会有101次的重建。也许在下一次重建时，我们就会发现跨文化交际中迷人的一面：寻求一个确切的答案从来不是我们的终极目标，在探索的过程中，感受并理解不同国家的思维，是一件比找到答案更有意思的事。

作者简介

姜秀清,突尼斯迦太基大学孔子学院汉语教师志愿者。主要负责教授初级汉语综合课,大学中文系一年级学分课以及零基础汉语少儿兴趣班等。

思考与实训

1. 阅读"案例描述"部分,谈一谈作者在上课时遇到了课堂反馈结果与备课时搜集到的信息不一致的问题,作者是如何处理的。如果你也遇到了同样的问题,你会怎么做?
2. 在"案例反思"中,作者无意中做出了在当地传统思想看来有失礼貌的动作。如果无心做出了当地人所忌讳的行为举动,你会刻意纠正、入乡随俗还是保持现状、坚持自我?
3. 作者就跨文化交际问题提出了"课前保留、课上交流、课后查证"的三点建议。请根据以上原则,策划一节文化对比课。

老师，我没有丈夫

/赵 亮/

毛里求斯

🎬 案例场景

我在毛里求斯大学孔子学院担任汉语教师志愿者期间，除了为学校的学生和教工开设汉语课和文化课，还面向毛里求斯国内的商会和公司，开设不同程度的汉语课程。学生涵盖社会各界人士，年龄从 7 岁到 79 岁不等。

任教期间，因孔子学院的一位教师休假回国，我临时接手了一个班级。这是一个语言班，面向社会开放，刚学完 HSK 二级的第二课。班上学生构成比较复杂。其中大部分是大学生，完全从零开始，跟随孔院的课程学完了 HSK 一级，处于初级水平。另有几位年龄较大的华人，曾断断续续学习过几十年汉语，虽不系统，但水平远远超过 HSK 二级。由于孔子学院暂时没有中高级课程，他们又寻求一切机会接触汉语，才同时出现在这个班级里。

💬 案例描述

每次学习语言点的时候，除了书上的例句，我还会准备一些问题，让学生用所学语言点来回答。问题并不是随意提的，事先我都经过反复推敲：既要让学生理解问题，又要让学生有话可说；要预设答句，不至于发散太远；此外还要以新带旧，复现语言点。问答有一定的交际性，也兼顾到学生的不同汉语水平。学生有了自由发挥的空间，时常会给出令人惊喜的答案。因此，尽管要在这个环节上投入很大精力备课，但学生的反馈让我觉得十分值得。

第四课有一个语言点是"……的时候"。看完书上的例句，我们照例开始问答练习。

第三课我们刚刚学过"丈夫"这个生词，于是我抛出的第一个问题是：

"你学汉语的时候，你丈夫在做什么？"

我重复了一遍问题，然后请艾琳回答。艾琳60多岁，汉语水平较高。练习新的语言点时，我有时会先请她回答，给其他学生做个示范。

"我学汉语的时候，我丈夫也在学汉语。"听了艾琳的回答，很多学生都笑了起来。艾琳的丈夫是吉米，他也在我们班上，此刻就坐在艾琳身边。

我大声向全班问道："艾琳学汉语的时候，她丈夫在做什么？"

"艾琳学汉语的时候，她丈夫也在学汉语。"学生们整齐地回答。就连上课经常打瞌睡的两个男生都笑着大声说出了句子。我感觉今天的气氛还不错，于是趁热打铁提出了第二个问题：

"今天早上，你做饭的时候，你丈夫在做什么？"

这个问题和第一个相比，只是换了个动词，加了个时间，改动不大，难度并不高。我走到杰奎琳身边，一边做手势请她回答，一边又重复了一遍问题：

"今天早上，你做饭的时候，你丈夫在做什么？"

杰奎琳50多岁，也学过十几年汉语，这个问题对她来说太简单了。

我转身走回讲台，准备等她说出答案，然后让全班再次大声重复，保持住刚才的节奏。

然而等我走到教室前面，杰奎琳还没有开口。我以为她没听清我的问题，于是放慢速度，微笑着又问了一遍：

"今天早上，你做饭的时候，你丈夫在做什么？"

这次没等杰奎琳回答，艾琳先举手说道："老师，她没有丈夫。"

我的笑容一下子凝固了，暗骂自己太想当然。正要岔开话题时，听到杰奎琳说："今天早上，我做饭的时候，我丈夫在看报纸。"

我知道杰奎琳不想让我尴尬，打算课下再向她道歉，此时只是点点头，说了句"很好"。正好看见一位同学桌上放着报纸，我赶紧转向他问："什么是'看报纸'？"那位同学展开报纸，像模像样地看了起来，其他人都笑了。

气氛本来就此缓解，但我惦记着刚才的语言点，又把同样的问题抛给了杰奎琳身边的伊丽莎白：

"今天早上，你做饭的时候，你丈夫在做什么？"

伊丽莎白和杰奎琳的年龄差不多，但却是两年前才开始学汉语的。她上课最认真，一丝不苟，书上密密麻麻做满了标注。

伊丽莎白放下笔，坐直身子，一字一句地说："老师，我没有丈夫。"

刚刚逃离了尴尬一秒钟，我又再次把自己陷入同样境地。我看着手中的教案，无奈地想：明明准备了一长串问题，何苦非揪住"丈夫"不放呢？

又是艾琳缓解了尴尬。她举手说道："今天早上，我做饭的时候，我丈夫在睡觉。"

我赶紧就坡下驴，让大家重复艾琳的句子。有一个调皮的学生大声问："吉米，你每天睡多长时间？"气氛又活跃起来，问答继续进行。

下课后，我赶紧找到杰奎琳和伊丽莎白，告诉她们我很抱歉，在不了解情况的时候，很唐突地问了这种问题。杰奎琳和伊丽莎白都表示没关系。这时学生们陆续离开了，艾琳和吉米留到最后，加入了我们的谈话。

艾琳和吉米告诉我，大家并不介意课上提的问题，他们知道这是在做语言练习，而不是打探个人隐私。至于两位女士，都是单身贵族，自在快乐，享受生活，别人羡慕还来不及呢。

这是我第一次和华人学生们聊天儿，越聊越愉快。原来他们几个人本就相识，去年一起到孔子学院学汉语。他们又问起我在毛里求斯的生活，约我一起去海边游玩儿，从此以后我们成了好朋友。

案例反思

每次面对一个新的班级时，我都会事先跟学生们说明，课上的问答只限于语言层面，并不要求绝对遵循事实。换句话说，只要句法和语音没有问题，内容可以随意发挥。这样既可以使学生免于课上无话可说的尴尬，也可以给自己留条"后路"，万一什么时候真的涉及了敏感话题，师生之间也不必过分解读。

尽管如此，备课时我还是会尽量规避敏感话题，比如在课堂上不谈个人隐私，这是显而易见的事情。可不知为何，这次竟鬼使神差地抓着"丈夫"这个词不放，终于让自己陷入"万劫不复"的境地。好在学生们都很大度，当时笑一笑就过去了，事后也没人再提。但这堂课后，我多次在脑海中复现当时的场景，试图更深入地发现问题所在。

为了复现一个平平无奇的生词，而频频问及个人隐私，固然反映出我备课的不成熟，但我选择艾琳、杰奎琳和伊丽莎白来回答问题，是觉得她们比其他的学生更适合"夫妻"这个话题，这无疑是我对这一群体的刻板印象。五六十岁就一定是已婚吗？

在中国人的观念中，"家"的概念大概是最根深蒂固的。尽管在当代社会，家族主义和个人主义此消彼长，许多80后、90后都打出了"不婚主义"的旗号，但面对五六十岁的人，我们多数时候还是会把已婚当作一个心理预设。然而在毛里求斯并非如此，就像课上的两位女士，都是终身未婚。后来我又陆续发现，学校里好几位同事也是如此，看起来并不是个别现象。

经常和我打台球的一位老师就是终身未婚。他告诉我，毛里求斯人民崇尚自由，天性解放，许多人都没有结婚，也不想结婚，不论男女。本地人没有把结婚看得多么必要，自然也不会对不婚感到多么奇怪。不仅不会有人对他们存有偏见，有些不婚主义者更是以此为荣。

此番对毛里求斯人婚姻观的直接接触，让我感到了思维和眼界的局限性。无论此前对这个国家做了多少了解，也不可能面面俱到。尤其是生活中的许多价值取向，往往是一个国家深层文化的体现，三言两语道不明，局外人也未必看得清。因此，文化冲突在所难免，但我们可以采取一些应对措施，减轻负面效应。

1. 从源头上控制。准备语言课时，如果难以确定某一话题是否敏感，可以选择回避。语言课不是文化课，其教学目

标和教学重点主要集中在语言上。同样是对某一语言点或交际目标进行教学，若其他话题也能起到同样的教学效果，则没有必要去冒险。就像我的经历一样，"……的时候"这样的语言点，即使面对初学者，也有极大的发挥空间，又何必非要引入婚姻的话题，增加潜在风险呢？

2. 在冲突时止损。没有人想要刻意制造文化冲突，但有时老师没有意识到文化差异，或是为了课堂气氛而采用了新鲜话题，文化冲突还是会在各种情况下产生。在课堂上面对猝不及防的文化冲突，老师不必纠结，更不必针锋相对。幽默化解，转移话题，然后按照课堂计划继续进行，让文化冲突只成为课堂上的一个小插曲。千万不要像我一样，冲突刚产生的时候，杰奎琳回答了问题，给了我一个台阶，而我却执迷不悟，又去问伊丽莎白同样的问题，终于让自己更加难堪。

3. 于事发后弥补。所谓弥补，首先要弥补课上的冲突。课堂上的处理只是应急，并不能解决问题。因此，事后的沟通尤为重要。汉语老师来到陌生的文化环境中常会"水土不服"，即使听了再多的跨文化交际理论，最后也难以避免用自己的眼光去看待问题。对于这一点，学生们将心比心，都能够理解。老师坦诚地与学生沟通，了解文化冲突产生的原因，努力理解彼此的想法，往往能够找到顺利解决的方法。

其次，老师还要弥补自己的知识缺陷和对学生了解的不足。如果我对毛里求斯的婚恋观事先有所了解，提问时就不会疏于准备，也不至于措手不及。由于半路接班，我对学生情况知之甚少，连名字都有些陌生，更别提家庭和婚姻状况了。若能了解得更充分，上课提问时不仅可以规避矛盾，还能更加有的放矢。

作者简介

赵亮，武汉大学文学院对外汉语专业硕士。曾先后在美国匹兹堡大学孔子学院、毛里求斯大学孔子学院担任汉语教师志愿者。在任期间主讲初级汉语、商务汉语、少儿汉语和中国文化等多门课程。

思考与实训

1. 在"案例描述"部分，作者在课前准备、课上教学及课下交流的行为，有哪些是你赞同的，哪些是你不赞同的？请谈谈你的观点。
2. 在交际训练时，贴近生活的语言点会让学生感到有话可说，但有时也不可避免涉及个人生活隐私。你认为如何在贴近生活和保护隐私之间取得平衡？
3. 作者因不了解学生婚姻情况，贸然触碰隐私话题，导致场面有些尴尬，还好学生及时"救场"，没有让问题恶化。假设当时被提问的学生直言自己受到冒犯，或不肯接受道歉，甚至向管理老师投诉，你打算如何应对？

如何应对"非洲时间"

/ 张祺昌 /

莫桑比克

案例场景

我所在的中华国际学校位于莫桑比克首都马普托的市中心,与蒙德拉内大学孔子学院合作开展汉语教学。该学校由莫桑比克中华协会牵头,由在莫华人捐款组建,是以汉语、葡萄牙语、英语教育为特色的全日制学校,面向全社会招收学前班、小学生以及成人汉语培训班。我白天负责教授一个小学高年级班的汉语课程,这个班有12个学生,很多学生的父母(或父母其中一方)是华人,所以他们在家中有一定的汉语环境。为适应教学对象的特殊性,学校选用国务院侨务办公室委托暨南大学华文学院编写的《中文》系列教材。我在晚上负责教授成人汉语水平考试培训班,学员的年龄差距很大,学习目标也不尽相同。

案例描述

无处不在的"非洲时差"

刚到非洲,尽管初来乍到,但你一定会发现当地人做什么事都很慢,感觉自己仿佛和他们处在不同的时空,中间隔着遥远的"非洲时差"。这种时间观念的差异表现在生活的方方面面,比如走路很慢、上菜很慢、说话很慢、上课迟到、开会迟到、约车迟到,甚至连参加重要场合的活动都会迟到。

今年8月中旬,蒙大孔子学院院长任期结束,准备离任回国,孔院举办了一场欢送会,邀请外方合作院校的领导们一同出席。欢送会计划下午两点半正式开始,可直到两点二十五分,会场第一排的外方嘉宾席上还是空无一人。欢送会如期举行,在之后的半个小时里,外方的各位领导们才姗姗而来。他们慢慢悠悠地进入会场,在众多空位中寻找自己的名签落座,丝毫不担心在台下来回走动会影响到舞台的演出效果。

西方人把这种时间观念戏称为"Western Africa International Time",意思为"西非国际时间",简称"WAIT",就是"等",言外之意是非洲人行事慢,效率低,与他们相处总是会处于等待之中。万万没想到,来到非洲的第一节课,我就体会到了"非洲时差"的威力。

空无一人的第一节课

我的汉语水平考试二级培训班在工作日的晚上六点上课。第一天上课,我五点半就到了教室,想利用课前时间和大家彼此熟悉一下。脑海中我不断规划着自我介绍和课程要求,满怀欣喜地等待着在异国他乡的第一节课。看着名单上的14个名字,我心想,未来几个月,我一定要把他们教好。

眼看着时间逼近六点,还是没有一个学生来教室。我有些慌张,是不是他们没有收到开课通知?前几天课程主管已经逐一给学生们发过短信通知了。是不是他们找不到教室?可是上个学期他们也是在这里上课的。我在教室里来回踱步,不时出门望一眼楼梯,等待着我的学生们出现。

晚上六点二十分,我终于迎来了第一个学生。我松了一口气,原来还有学生记得今天要来上课。之后又陆续来了几个学生，他们大摇大摆地走进教室，缓缓地找座位坐下，完全没有因为来晚而感到歉意。我问他们为什么来得这么晚，他们一个个都有"十分充足"的理由："老师，今晚我有一个很重要的 meeting（会议）""老师，今天是我女儿的生日""老师，今天我的汽车坏了，我是走来的"。

眼看时间已经六点半了，我说："今天时间不多了，我们现在开始上课。"没想到学生们纷纷摆手，他们说："老师，再等等，还有人在路上。"过了一会儿，果然又有一批学生到了。看学生们坐得稀稀拉拉，我感到又无奈又可笑，精心准备的第一节课的各个环节，也被这缓慢的"非洲时间"拖到九霄云外了。

于是我开始强调培训班的规章制度和考勤纪律：如果超过六点十分还没到教室，就记为迟到 1 次；如果一个学期迟到 5 次以上或无故旷课两次以上，就没有考勤成绩，影响结业成绩。学生们纷纷表示赞同，并表示以后的课一定会遵守纪律，按时上课，有事请假。

在接下来的几天，虽然有几个学生准时上课，但大多数人还是迟到，他们给出的理由天马行空："今天我的司机迟到了""今天我生病了"。但这次我却笑不出来了，我决定和他们好好沟通，治治他们迟到的"顽疾"。

巧妙沟通破解"时间魔咒"

我和几乎每次都迟到的学生们谈话。我问道："你们平时说的迟到的理由都是真的吗？"有个学生笑了笑，告诉我："那都是开玩笑的，实际上没有人在乎其他人为什么迟到，因为没有人特别在意在准确的时间应该做什么事。"

我继续问他:"如果老师迟到,对那些没有迟到的同学来说,是不是不尊重?"他点点头。我继续说:"如果你们迟到,对没有迟到的同学来说也是不尊重。"学生们问我为什么。我说:"因为你们迟到,老师就会给你们重新讲一遍知识,而那些准时来的同学已经听过了,这样就浪费了他们的时间。"大家表示赞同。我说:"人和人之间要互相尊重,只有你尊重他们,他们才会尊重你,对吗?"大家都说:"我们明白了,我们会尊重别人。"

我没有从文化习俗的角度责备学生不守时的行为,而是希望大家做到尊重彼此学习的权利,以此来维护课堂纪律。我重新统计大家的考勤情况,保证向整个学期全勤的学生赠送礼物。从那之后,班级的风气焕然一新,六点整我走进教室,同学们就已经整整齐齐地坐好等我,我感到这时才是身为老师最值得骄傲的一刻。

案例反思

中国很早以前就有古训教导我们要惜时,"一寸光阴一寸金,寸金难买寸光阴",时间就像流水一去不返,蕴含其中的价值不必言说。"时间就是金钱",现代西方社会同样赋予时间以价值,在他们看来,时间的进程是直线单向前进的、不可逆转和不可重复的。

而在非洲传统观念中,时间不仅是可重复的,而且是永无休止地循环运动的。传统的非洲人认为,时间依存于各种自然现象之中,而自然又是一个生生不息、周而复始的过程,那么依存于万事万物中的时间也是循环前进、往复不已的。另外,在非洲传统文化中,人们衡量时间的单位不是"年、月、日",而是"事件"。非洲人的时间维度只有"过去"和"现在",没有"未来"这一维度。这就造就了非洲人独特的线性时间观,他们认为过去决定现在,一件事情未完就不能开始下一件事情。人是时间的控制者，而非受制于时间，人也不会为了恪守时间而牺牲当下的社会义务和人际关系。至今，大多数非洲民众依旧保持着日出而作、日落而息的生活习惯。他们没有手表，以一个个社交活动为单位，度过自己的一天。

为及时应对无处不在的非洲"时间"，我总结出以下几点建议：

第一，多尊重。文化习俗没有高低贵贱之分，各个国家民族的文化都是世界文化百花园中绚丽多彩的一部分。非洲独特的时间观念亦凝结着几千年来生活在这片广袤土地上的人民的智慧。我们不能将自己的观念态度强加于人，更要坚决反对偏见与歧视。在案例中，我没有批评他们的文化习惯，而是通过"要尊重他人"引导他们遵守纪律。

第二，勤沟通。多与本地人沟通交流，询问他们的所思所想，多问几个"为什么"比自己埋头苦想更有用。多与有经验的教师沟通，多借鉴前人经验管理课堂。例如我所在的孔子学院设有全勤奖学金，以此鼓励守时好学的学生，对那些总爱迟到的学生也是一种鞭策。

第三，早约定。遇到经常迟到不守时的人，可以通过约定提前时间点来应对。例如下午两点钟开会，可以告知他一点开会。另外，如果组织活动，内容不宜太紧凑，一般一个活动最多包括两到三个主题，活动内容过多会让他们感到疲惫、难以集中注意力。

第四，立规矩。在课上反复强调考勤纪律，并严格遵守执行，最好每一次都记录考勤。明确告知对方自己的态度，让对方明白守时惜时在课堂上的重要性，必要时可以采取一些惩罚措施。

第五，有耐心。在非洲的生活及节奏比较慢，莫桑比克民众更是如此，他们往往不会因为等待他人而感到焦虑。我们也应入乡随俗，放平自己的心态，以更有耐心、更加乐观的态度面对海外生活的不适。

作者简介

张祺昌,浙江师范大学汉语国际教育专业在读研究生。现作为汉语教师志愿者,任教于莫桑比克蒙德拉内大学孔子学院中华协会教学点,教授小学高年级中文课程、成人汉语水平考试培训班等。

思考与实训

1. 结合"案例描述"部分,谈一下如果你在非洲任教,你的学生经常迟到或无故旷课,但却总是有让你无法责备的理由(身体不适、家人病了、交通堵塞等),你会怎么应对。

2. 阅读"案例反思"部分,谈一下为什么有人会觉得有些非洲人做事很慢,和他们相处会让人感觉有"非洲时差"。

3. 中国人常说"一寸光阴一寸金",结合本文案例和反思,谈一下中国的时间观念和非洲相比有何不同。你如何看待这两种不同的时间观念?

44

斋月期间不吃不喝真的可以吗

/ 杨子慧 /

摩洛哥

🎬 案例场景

　　我所任教的阿卜杜·马立克·阿萨德大学孔子学院位于摩洛哥的丹吉尔，与西班牙隔海相望，风景优美，气候宜人。我负责的是孔子学院一级和四级的汉语课，学生多为大学生。当地居民多为虔诚的穆斯林，信奉伊斯兰教。每年五月是当地的斋月，具体的开始时间根据月亮的圆缺来定。斋月期间，当地居民需守斋，在日落之前不吃不喝，也不能化妆等。院长考虑到学生们一天不吃不喝，精力有限，因此，汉语课也因斋月而有所调整，全部时间都提前至四点结束，并适当地缩短半个小时。

　　这个习俗对于我这个没有宗教信仰的人来说比较特别，引起了我想要深入了解的兴趣。于是，在斋月的第一堂课上，我顺势与学生讨论起了斋月禁食的传统。

💬 案例描述

　　在四月底的时候，院长就提醒我们，下个月是摩洛哥的斋月了，你们要尽量避免在公众场合吃喝，特别是上课时要注意，以免引起不必要的麻烦。在做好充足的心理准备后，我们迎来了当地的斋月。在斋月的第一节课，担心在学生面前喝水会让他们感到不适，我便连水瓶也没带去。有一位细心的学生发现了，笑着告诉我："老师，我注意到您没有带水瓶来教室，其实您是可以喝水的，我们不会在意。"我不好意思地笑笑，转念一想，刚好上到与中国饮食有关的课，我也不便在多媒体上展示过多美食的图片，不如趁此机会和他们讨论一下关于斋月禁食的传统。

抛出疑问：为什么要禁食

课上，当我打开幻灯片时，同学们看到了屏幕上各式各样的中国美食，向我申诉道："老师，我们现在可是在斋月呢！"我这才意识到自己的疏忽，立马把页面往后翻，终于翻到了没有食物的那一页。

那位学生说完后，其他人纷纷打开了话匣子，迫不及待地想和我分享他们的斋月。我也"不客气"地把我心中的困惑都一一问出来。

关于斋月，对于我这个"外行人"来说，最想问的莫过于——

"你们为什么会选择禁食而不是其他行为呢？"

学生 A 抢先回答："老师，因为在摩洛哥有很多流浪汉，他们没有家也没有食物，风餐露宿，经常饿肚子。当我们一天都不吃东西的时候，我们就可以体会他们的感受，并且更加珍惜粮食和当下的生活。"

学生 B："对啊，而且在晚上禁食结束的时候，我们都会从家里拿一些食物到街上分给这些流浪汉吃，这样他们就能填饱肚子了。"

学生 C 撇着嘴说道："老师，其实我现在就已经饿到没力气了，但是我可以坚持下去，因为这是我们必须要做的事情。"

我想了想，说："原来是这样。那么，这其实就是教会人们要博爱，要学会爱身边的人，并设身处地地为他人着想。尽管你们都感到不适，却仍然可以坚持完成，你们都太棒了！"

勇于尝试的第一步

这时,学生 A 坏笑地看着我说:"老师,您要不要尝试一下,和我们一起禁禁食,体会一下这'奇妙'的感受啊?"

我低头思考了一下,笑着答应了他。这时学生 A 的眼睛睁得大大的,估计他没想到我会这么爽快地就答应了。他再番确认:"老师,是真的吗?"

看着他们脸上难以置信的表情,我诚实地表示:"我不知道能不能坚持下来,但我会尽力的!"

于是,一个中国人的斋月禁食体验就此开启。

因为第二天不能吃喝东西,于是,在前一天晚上我特地吃饱喝足后才进入梦乡。第二天起床后,我顺手拿了一个杯子想倒水喝,突然想起,哦!我今天可是有任务在身的!便以迅雷不及掩耳之势把水杯移出了视线。两个小时安然过去,于是我得意地在班级群里和学生分享进度。

眼看着十二点马上就要到了,我的肚子咕噜咕噜不听使唤地叫了起来,全身也觉得乏力,脑子仿佛也失去了思考能力,整个人只想躺在沙发上一动不动。

两点钟了!这时候,我的情绪也跌到最低点,不仅口干舌燥,而且肚子饿得只感觉自己两眼发黑,把头埋在枕头里,试图让自己忘记这饥饿的感觉,但越是这样,难受的感觉越是强烈!这时候,我从心底里深深地佩服我的学生们在极度饥饿的状态下,不仅能进行正常的社交活动,还能来上课,并在课堂上积极地回应我。只有亲身体会了这种感觉,才能知道这一切有多不容易。

我已经没有办法坚持下去了,于是给学生们发信息:"在坚持了六个小时的禁食后,你们的老师深深地佩服你们的耐力与信念,但我感觉再不喝一口水，我可能回不去中国了！"

群里的学生纷纷哈哈大笑起来，并安慰我，"老师，我以前的中国朋友只坚持了四个小时就不行了，您已经很棒了。"不管怎样，经历这次短暂的禁食体验，我对斋月又有了更深的体会，并对自己所拥有的一切都更珍惜。

案例反思

本文讲述的是在斋月期间上到与美食相关的课程时的情况，确实让人很尴尬。作为老师，如果你不顾学生的实际情况盲目地根据教学进度去教学，很容易引起学生的反感和厌倦。相反，能因地因时制宜，结合学生的斋月情况重新调整教学内容，效果会好很多。时代的发展不仅需要同文化的交际，也同样需要跨文化交际，它关系到各国人民的友好相处、和平发展。那么，为应对这种情况，我总结了三个原则：

首先，老师应该提前全方面了解斋月，知道斋月对于穆斯林教徒来说是神圣而不可侵犯的，从日出到日落期间都是严禁进食、饮水和吸烟的。只有在了解的基础上才可以更好地沟通和谅解。其次，用积极和平等的态度去沟通，坚持利奇的礼貌原则，东西方文化之间的鸿沟需要我们用交流搭起桥梁。任何存疑和困惑的地方都可以去和学生们交流，而不是憋在心里。作为一名海外汉语教师，我们从中国来到异国他乡，除了教授汉语，更重要的是要消除偏见，除了消除他们对中国的偏见，我们也要用开放包容的心去接纳当地的文化，消除自己对当地的偏见。最后，在自愿的情况下，可以走出一步，亲身体验一下学生禁食的感觉。跨文化交际中总是存在着巨大的文化差异，但是交际双方为了能让信息传递顺利并实现交际目的，在交际过程中应该相互理解，求同存异，深入理解当地文化的深层次内容。对老师来说，也能从中得到更多的和以往截然不同的经验与体会，促进个人的成长。

只要本着尊重和理解的态度求同存异地去对待文化差异，我相信，一切问题都可以迎刃而解。

作者简介

杨子慧，曾任摩洛哥阿卜杜·马立克·阿萨德大学孔子学院汉语教师志愿者。目前是福建师范大学汉语国际教育硕士在读，对国际汉语教学事业有着极大的热情和信心。

思考与实训

1. 阅读"案例描述"部分，谈一下作者在摩洛哥任教时，恰逢当地斋月，在斋戒期间课堂上遇到了什么突发事件。作者是怎么处理的？如果是你，你会怎么做？
2. 结合"案例反思"部分，谈一下如果你在当地斋月期间正好赶上汉语教材中有关于美食的话题，你会如何应对。
3. "案例反思"部分总结了跨文化交际的三个原则：多了解、多沟通、多体验。请问你在跨文化交际过程中是否遇到过相似的情况？根据这三个原则为案例提供一个完整的解决方案。

一切从"头"说起

/ 骆奕良 /

乌干达

案例场景

2018年3月,乌干达第一届本土汉语教师培训项目在首都坎帕拉正式拉开序幕,这是乌干达教育系统在汉教本土化方面的第一次大胆尝试。该项目由国家汉办与乌干达教育部和体育部共同主办,乌干达麦克雷雷大学孔子学院承办并组织教学,国家汉办还专门从中国派来4名教师进行培训工作,我就是其中的一位。来自乌干达全国各地的35名在职教师参加了这次培训,学员年龄差距较大,最小21岁,最大45岁。当地教学条件比较落后,我们的教和学都可谓从头开始。"九州华声传万里,三尺杏坛育春秋",通过9个月的封闭式强化教学,第一批学员以优异的成绩顺利结业了。回顾汉语教学课堂内外,因为头发而产生的种种跨文化交际差异,让许多师生都乐在其中。

案例描述

提起非洲脏辫,人们多有所见闻。脏辫可以说是非洲男女老少头顶上的一种独特标志,有人甚至说它体现了一种精神,更体现了一种态度。一个人的发型不仅是一种文化标志,还代表着一个人的地位、宗教、财富、部落甚至婚姻状况。在非洲很多国家,不同的部落民族对发型的形制有不同要求,有着60多个民族的乌干达亦然。这批乌干达学员虽然接受的是封闭式培训，但是他们非但未受条件制约，还对发型发饰有了更高的热情和追求。

头发的困惑

在中小学课堂里观察到的现象颇让我们感到费解：班上七八十个男女学生，全部都留着寸头。加上学校让学生统一穿校服，所以一进教室，感觉就像进了少林寺，一样的服装、一样的和尚头，完全认不出谁是谁。当地老师解释说，这是因为非洲人天生发根细软容易打结，青少年学生又疲于学习，疏于日常打理，再加上缺水，时间长了他们头上容易滋生虱子跳蚤，为避免传染疾病，所以学校要求学生留寸头。但这也加大了我们汉语教师对学生的识别难度。校长还说，一般只有富裕家庭或者贵族阶层的孩子才可以留长发，所以儿童的发型也可以看作一种阶层标志。与之相对，成人的发型就多种多样了，有些人也常以标新立异为荣。

开学第一课，是师生见面的第一天，也是拉近彼此距离的最好时机。课前，我们几位中国老师都下了大功夫，去研究如何记住班上35位学员的面孔和名字。

"大家好！我是你们的汉语老师，我有黑黑的眼睛，长长的头发。"我本以为这个简单平易的开场白能博得学员们轻松一笑，不料我的小聪明换来的却是场下30多双瞪大的眼睛和一片迷茫。我亦不知所措。下课后，学生们推举出一位活泼敢言的代表对我说："老师，我们太难了！你们长得都一样，四个老师的头都一样！"我这才恍然大悟，原来其他三位老师也都是长发！

我突然明白了，"脸盲症"不只我们中国人有啊。对于班上的学员来说，每个中国人都长着一样的脸孔：黑眼睛、黑头发、黄皮肤，而且，在他们眼中，中国女性只要不是寸头就算长发。所以他们总是无法把我们四位老师的名字和面孔对上号。不过他们也有对策,那就是记住老师的课型——比如口语老师高雅慧在每节课的开头10分钟,都安排学员做报告,也就是让学员用学到的词语讲述自己的故事。几天下来,学员们就能非常准确地识别这位头发长长的老师了。他们把高老师称为"讲故事老师"。以此类推,"汉字老师""唱歌老师""听写老师""作业老师"等各种风格的标签和头衔也慢慢在学员口中流传开来。而我自从教了学生一套五步拳后,就得了个"功夫老师"的名号。而且从那以后,班上的学员都开始认真听课,很少迟到。有个大胆的学员还向我竖起大拇指说:"老师,你很壮!你能吊起丈夫每天打三顿吧?"

我一时竟无言以对……

头发的魔力

由于这个项目是乌干达国家教育部旨在将汉语纳入中小学教育体系的首次试点,因此本土教师学员都必须通过HSK三级考试才能获得汉语教师资格。作为培训教师,我们也铆足了劲头,在学习上推着学员走。HSK二级考试是我们迎来的第一次考验。考前一天的晚自习上,我们都摩拳擦掌,像妈妈一样细细叮嘱学员考试注意事项,甚至帮他们削好了铅笔、检查音响,生怕哪个环节有遗漏。不料点名时,我们却发现有几名男学员未见踪影,一再询问后才知道,他们下午早早就去了理发店。

"慕容哲不是上周才理了发吗?"我们一脸不解。

"明早就要考试了,今天他们必须要把头发修剪整齐,把胡子剃干净。"学员们回应得掷地有声。

"多下功夫、多背几个单词,明天的考试不是更有信心吗?"我们有点儿恨铁不成钢。

"没有好看的头发，我们会更不自信。"

我们被这个回答弄得哭笑不得。自古考场多有临阵磨枪，可乌干达考生却是"临阵削发剃须"！

第二天考试入场，学员们果不其然，个个容光焕发，精神饱满。且不说男生都是西装革履、自信潇洒，就连女生也纷纷顶着形色各异的新款发型，雄赳赳气昂昂地迈进考场。我们几个老师躲在一旁，只能暗求多福，希望这些新做的发型真能给他们带来自信的魔力。

头发的赌局

乌干达人与大多数非洲人一样，对中国人的头发有着迷之热爱，经常用难以置信的表情发问："你的头发是真的吗？"在乌干达一年，我听的最多的请求就是"请给我你的头发"。有时候，陌生人甚至第一次见面时，就会直接伸手触摸我的长发，感叹之后径自来了一句："给我！"

和学员们渐渐熟悉之后，我们在课上课下最喜欢讨论的就是头发。她们时常摸一摸我将近一年未剪的长发，那浓密的发丝，让她们羡慕不已。学员芙蓉甚至跟我打赌："老师，我的HSK四级要是拿了满分，你一定要把头发送给我。"

"一根或者一小撮？"我小心翼翼地问。

"全部，从头到尾。"她非常坚定地对我说。

满分哪有这么容易！不过对于芙蓉这位已经拿到三级满分证书的学霸来说，真的不是没有可能。接下来的复习中，我看到了她的刻苦努力，透着一股不达目的不罢休的狠劲儿！考完试，我战战兢兢地估算着芙蓉的分数，居然就差几分就是满分了！那一夜，我辗转难眠，我想自己或许是世界上唯一一个不期待学生拿满分的老师了。

案例反思

在乌干达工作的一年,很多教学生活中的趣事都来自头发:有的学员因为要收拾头发来不及吃早餐,索性饿着肚子上课;有的因为一两周没换新发型,被迫大热天戴着帽子出门;还有的因为去美发店做头发时间太久回不来,而请假缺席晚自习;更有的学员领了补贴,第一时间不是购买生活必需品,而是去选购假发……因为大家对头发的热爱,中国生产的假发在乌干达也倍受欢迎。女生喜欢缝假发、接长发、编辫子。她们对头发的狂热还催生了一种流动上门的美发服务——只需一个电话,发型师就可以家当齐全地出现在校园里,速度堪比中国的外卖小哥。发型师的美发工程一般要持续到下午甚至太阳落山才能"竣工"。"竣工"时你还可以领略到什么叫琳琅满目。经由发型师巧手打造出的潮流发型,绝对是"只有你想不到,没有他做不到"。

在乌干达住久了,我对当地的头发文化已经不再像初到时那样错愕无语,而是会试着从本地人的角度去理解、包容、欣赏。以下是我针对当地头发文化的一些反思和建议:

1. 保持个性,表达自我。很多中国人会对非洲人的思维方式和行为规范感到困惑,比如其丰富的肢体语言、频繁的发肤接触。对于习惯委婉的中国人来说,这些举止常常会让我们感到尴尬无奈。这里我需要提醒大家的是,在讨要文化盛行的乌干达,有时委婉并不是最好的社交举措,对于不合理的要求或者难以应允的事情,一定要当面拒绝,不可空口白话或者临时推脱。单纯直接的乌干达人,并非不能接受任何拒绝,所以有时简洁清楚地说"No",反倒是有效的沟通方式。

2. 求同存异,活跃课堂。中乌双方有很多交际共同点,但同时也因彼此文化不同而受到制约。教师可在课堂上强调文化对比,加深学员对中乌文化的理解。比如，可以在课堂上适当加入有关头发的中国文化讨论，像"身体发肤，受之父母"的谚语、结发夫妻的婚姻习俗、青丝寄情的爱情故事、保存胎毛的习惯和寓意等。特别是关于"二月二剃龙头"的传说和活动，再配以文字图片，可以极大地吸引学员的注意力。除此之外，学员对"刘海"的起源和谐音也特别感兴趣，由此延伸，可以进一步学习"发小""辫子""丸子头"等相关词语。

3. 巧妙设计，突出教学重点。作为汉字老师，当学员初次接触有难度的汉字时，也可以利用"头发"来激发学员的想象。比如"长"是一个留着长发的人形；"美"就像头上戴着羊角装饰的人；"妻"的笔画比较复杂，可以看作女子用手整理头发的样子。教师还可利用学员对头发的兴趣，引导他们练习与头发相关的句型，比如在"比字句"教学中，我就让他们用"大小""多少""黑白""长短""粗细"等形容词，对各自的发型进行比较。

4. 利用心理暗示，引导学员。在假发成为刚需的乌干达，人人几乎都是"无假发不自信"。有一点教师在课堂上需要特别注意，不要点名让包着头巾的学员回答问题。学员之所以包头巾，很有可能是因为发型未能及时更新而失去自信，这时别人的关注反而会使其更加难堪。对于那些一心想得到老师长发的女学员，则需要转换角度去激励她们，告诉她们大胆展现自身的美，才是最大的自信。当今非洲女性受教育越多，视野越开阔，就越能接受自己、认同自己。教师可以利用这一点，鼓励她们抓住机遇，去中国或其他国家留学，掌握更多的语言和技能，打造更自信的自我形象。

作者简介

骆奕良，陕西师范大学汉语国际教育专业硕士研究生。曾赴柬埔寨华校担任汉语教师志愿者。也曾赴乌干达麦克雷雷大学孔子学院担任第一批本土汉语教师项目培训教师，进行为期一年的汉语教学，主要负责汉语阅读与写作、中国文化及中华才艺等课程。

思考与实训

1. 阅读"案例描述"部分第一小节，谈一谈作者在乌干达任教时遇到的"头发的困惑"是如何解决的。当你在海外教学中遇到类似的文化差异甚至文化冲突时，你会怎样处理？

2. 结合"案例反思"的第二条建议，思考如何在教学中利用文化差异做到"求同存异，活跃课堂"。

3. "案例反思"中谈到乌干达讨要文化盛行，教师在生活中难免遇到一些不合常理的要求，你如何看待这一现象？请查阅资料，试比较中乌两国在这方面的文化差异。如果生活有困难的当地学生向你讨要生活费，你会如何应对？

大洋洲

大洋洲是最小的一个洲,英文名称是Oceania,意思是"被大洋环绕的陆地"。在大洋洲为数不多的国家中,汉语学习者的人数在逐年递增。比如澳大利亚的汉语学习者,从2008年到2016年就翻了一番,达到17.3万人,占该国学生总数的4.7%;[1] 2017年,新西兰中小学学习汉语的人数也达到了64,874人。[2]

本章的教学工作案例来自澳大利亚和新西兰。

我们一起来看看在大洋洲发生的跨文化交际的真实案例吧。如果你被学生锁在办公室外面,你会怎么办?如果一个学前班的澳大利亚小朋友,从来没见过外国人,第一次见到中文老师,被吓哭了怎么办?如果一名来自中国的初中生暂住在寄宿家庭,被投诉没礼貌,你如何帮他处理这个问题?在这一章里,我们的老师将会就这些问题给出详细的答案。

---

[1] 数据来源于 https://sd.iqilu.com/articlePc/detail/5000116.html。
[2] 数据来源于 https://baijiahao.baidu.com/s?id=1645455896278129730&wfr=spider&for=pc。

被反锁在门外的我

/李 旋/

澳大利亚

🎬 案例场景

> 我在澳大利亚墨尔本弗莱明顿小学任教。这是一所颇具年代感的公立学校,距今已有161年的历史。学校所在区域为意大利人聚居区,同时也居住着来自世界各地的新旧移民。其中亚裔和非洲裔的学生不在少数,因此学生的语言和文化背景具有多样性。从学校的课程设置情况来看,汉语是本校的副科之一,学生自学前班起开始接触并学习汉语,直至六年级。汉语课的课程内容不仅有语言知识的学习,也会同音乐和美术两门课相融合,从而贯穿文化部分的教学。目前学校的在校生有474名,每班25人左右。在和这些孩子们相处的过程中,我认识到,除了要给予他们足够的关怀,也要注意方式方法。我曾遇到过一个将我反锁在办公室门外的学生,这对于初次进入国外小学课堂的我来说,是一个不小的挑战。

🎬 案例描述

意料之外

一天,我正坐在办公室里准备教学资源,突然听到教室门打开的声音。我起身走过去查看,一个熟悉的身影从我面前经过。那个身影是一个小女孩儿，她原本跟自己的妈妈一起生活。妈妈生病后无法照料她，当地政府便接管过来，安排她寄宿在不同的家庭。由于家庭流动性大，寄宿住家也难以管教，她并不像其他多数同龄的孩子那样遵守学校的规定。她有时情绪波动大，还会出现过激行为，所以学校安排了老师专门负责给她单独授课。有时我在校园里碰到她，向她微笑着打招呼，但她会装作看不见我的样子。因此当我看到她径自进入中文教室，身旁又没有其他老师陪伴时，不禁有点儿紧张。

沟通无果

她还是一如往常地忽略我跟她打招呼的举动，在教室里跑来跑去。

"现在不是上中文课的时间，你不可以待在这里。"我告诉她。

"你是谁？"她很不友好地反问我。

"我叫旋，是学校的中文助教。"

我向她介绍了自己的身份，并且再次向她重申不可以在教室里玩耍。我隔着桌子围追堵截了几个回合，她丝毫没有听进去我说的话，反而拿起教室里的剪刀玩儿，我很担心她会伤到自己。

"你可以放下剪刀吗？现在是休息时间，你可以到外面的操场玩儿。"我尝试用柔和的语气询问她。

然而她毫不犹豫地拒绝了我。我意识到这样的沟通没有任何的效果，反而会让她的情绪产生波动。于是我想放弃让她离开教室的想法，大脑开始飞速地旋转，以寻求其他办法。

情况紧急

说时迟那时快，还没等我想出好的办法来，她便一溜烟地溜进了我的办公室。我的心一下子提到了嗓子眼儿，因为两张办公桌上放着我的电脑以及钱包、手机等私人物品，桌子旁边还有一台打印机。我跟着她走进办公室，生怕自己说错某句话惹怒她，只得循循善诱，尝试让她离开办公室，可她依旧不理会我的劝解。束手无策的我只好选择向校长的助理打电话求助。就在我转身去打电话的短短几步路上，只听到"砰"的一声，回头一看，办公室的门竟然关上了。隔着门上的玻璃，我看见她手里得意扬扬地摇晃着我办公桌上的钥匙。我提高自己的声音，要求她打开门，可是她不听。我已经想不出来任何可以说服她的办法。从未遇到过这种情况的我，一时慌了神，竟然忘记了给助理打电话。为了防止出现意外状况，我一时心急，赶紧跑向了主楼办公室。

救兵来到

"乔，有个女孩儿拿走我的钥匙，她不开门，办公室的门被锁上了！"气喘吁吁的我用混乱的英语向助理乔解释了遇到的情况。乔处事冷静，一边说会与我一起返回教室，一边安排另一位助理将情况告知了校长。当我和乔急匆匆返回后，发现这个女孩儿正坐在我的办公椅上发呆。乔开始跟她沟通交谈，依旧不起作用。不一会儿校长现身了，情况突然大不相同。也许是因为上小学的时候，每个孩子心里对于校长的威严都会有一丝敬畏。校长严肃地要求她打开门，交出钥匙。她乖乖地照做，没有任何反驳。看着她毫发无伤的样子，我总算松了口气。在校长的引导下，她略带歉意地跟我说了声"对不起"。

案例反思

这是我第一次遇到这种与学生周旋的情况,由于缺乏相关的经验,在处理时显得不够沉稳。事后我静下心来反思,觉得这个女孩儿其实并没有来势汹汹的恶意。她可能只是感觉有些孤单,或者对所学内容不感兴趣想要逃离。而我因为事先了解她的成长背景,先入为主地断定她是一个问题学生,有她在的地方,就会出现一些状况,这样的刻板印象对她来说是不公平的。或许最后那一声"对不起"里,也夹杂了她对我的些许成见。

众所周知,澳大利亚是一个移民国家,不同肤色、不同信仰的人们生活在同一片土地上。每所学校都注重学生们的个性发展,每个学生也都有提出自己想法的权利。课堂上学生们的学习气氛十分活跃,但同时也让课堂管理成为一个令老师们绞尽脑汁的问题。在这种相对轻松自由的环境下,学生们的心理承受力较弱,一些问题也随之产生。为了更好地适应当地的教育体系,我总结出以下几点建议,以供参考。

第一,作为助教,需要明确自己和正式教师身份的不同。澳大利亚对于教师有着很高的要求,入职前一定要办理好儿童工作证明,这个证明是进入学校工作的必备条件之一。此外,当地的教师资格证的准入条件非常严格。只有具有该资格证才可以正式进入学校以入编教师的身份上课。由于助教不具有该资格证,因此不能自主授课,只能在主讲老师的监督下进行短暂授课,一般不超过15分钟。

第二,尽量避免与学生的肢体接触或单独相处。无邪的孩子们有时会出于喜爱上前拥抱教师,这样善意的拥抱可以接受,但是教师也要控制好自己的言行,避免引起校方及家长的误会。我们可以通过口头表扬、贴纸奖励等方式表达对学生的喜爱和鼓励。由于助教身份的特殊性,最好不要和某个学生单独相处在同一空间,一旦出现问题,将无法承担相应的责任。因此考虑到学生的自身安全，应委婉拒绝学生单独进入自己的授课教室或办公室。

第三，遇到问题学生时，应避免和学生起正面冲突。由于公立学校兼容并蓄的特点，学校里不乏一些家庭情况特殊的学生。有的难民家庭孩子数量多，家长没有足够的经济条件和精力，对孩子疏于管教；有的孩子行动不便，需要坐轮椅上课；有的孩子生性敏感，一旦举手没有得到机会发言，便会声泪俱下；有的学生患有情绪障碍，会莫名出现逃避心理以及抗拒课堂教学的行为。遇到上述情况，应避免强制要求学生必须服从当下的指令。教师应首先安抚学生，其次布置个性化的学习任务，例如绘画等，以帮助他们转移注意力，缓解不良情绪。当沟通无果且影响教学进程时，应及时向学校报告，寻求其他同事的帮助。平时也应注意学习一定的儿童心理学的相关知识，积累教育儿童的相关经验，以备不时之需。

第四，掌握跨文化交际知识和能力，学会在低语境的文化背景中生存交际。澳大利亚文化作为低语境文化之一，其价值观念包括个人主义、自由主义、实用主义等，采用的是直接的言语方式。因此来自亚洲高语境文化的我们在这样的文化环境中应学会转变认知交流的模式，适度接受并适应当地的文化表达习惯。当学生出现不尊重教师的言语和行为时，不要着急生气。在不涉及原则性问题的基础上，多一些理解，多一些宽容。

作者简介

李旋，华侨大学汉语国际教育专业硕士。曾赴泰国农业大学色军分校担任汉语教师志愿者，负责教授英语系大一至大四的汉语口语课和综合课。参加澳大利亚维州教育部助教项目，现担任弗莱明顿小学和蒙特亚历山大中学的汉语助教。

思考与实训

1. 阅读"案例描述"部分，谈一下作者被问题学生反锁在办公室门外后是如何处理的。如果是你，你会如何应对？

2. 阅读"案例反思"部分，谈一谈作为一名助教，在澳大利亚的中小学任教时需要注意哪些问题。这里的助教与全职教师的不同之处是什么？

3. 六年级的汉语课上，有两位积怨已久的男生，因为互相看不惯而动起手来，其中一个扇了对方一个耳光，整个班级一片哗然，教学秩序被严重扰乱。此时，作为助教的你，应如何同主讲老师一起应对这个突发状况？思考一下并设计出一套详细的应对方案。

小萌娃眼里的老师是"怪物"吗

/杨 芳/

澳大利亚

案例场景

我是澳大利亚维多利亚州教育部所属中小学的一名汉语助教。我所任教的这所学校——查顿学校位于维州的一个偏远小镇。这所学校包括学前班到十二年级以及专业技术培训班。汉语课只在小学部和初中部开设,由于小镇学生少,因此实行混班制。小学部的汉语课是必修课,分4个班(学前班为一个班,一二年级、三四年级、五六年级分别组成3个混编班),每个班级每周两节汉语课,每节30分钟。初中部的汉语课是选修课,七、八、九年级的学生一起上,一共6名学生。整体上来说,汉语课在学校不是一门很重要的课程,没有明确的学分考核要求,因此汉语学习对学生来说只是兴趣学习。

案例描述

学校每年在整个学年快结束时,会有一个针对幼儿园学生提前认识小学部老师的开放日。开放日那天,由于我的中文主管叶老师临时有事,没有参加,因此,学生们没有机会提前认识自己的班主任老师。于是,今年新学期伊始,在学前班第一堂汉语课时,就出了个意想不到的状况。

作为学前班小朋友的助教老师,在走进教室之前,我就已经期待许久,心里有些激动,也有些忐忑。不知道那些可爱的小萌娃们,对于从来没有接触过的汉语课,会有怎样的表现呢?会不会像我一样兴奋和激动呢?当我走进教室后才明白,原来只是自己在"自作多情"……

班上有个叫齐思的小男孩儿,看到我和叶老师走进教室后,赶紧挪到墙角,把头埋进胳膊里,不看我们。还没等我们走到教室前面,他就开始哇哇大哭,整个小脸儿哭得通红。他还用两只小手捂着眼睛,时不时地从手指缝儿里偷偷地看我。他一看我,我就微笑着看他,想告诉他我没那么可怕。他一发现我在看他,又赶紧用手捂住眼睛,哭得反而更大声了。我慢慢地走到全体学生跟前,冲他们微笑,用英语跟他们打招呼。他们只是直直地看着我,不说一句话。我想跟他们一样坐在垫子上,跟他们拉近距离,还没等我坐下,所有的小朋友立马挪了挪自己的小屁股,试图远离我。齐思甚至用哭红的眼睛瞪我,还撇了撇他的小嘴巴,好像我是个可怕的怪物一样。当时,我心里真是说不出来的难受。是我做错什么了吗?为什么会这样?对此我有些措手不及,脑子里是满满的疑惑。

叶老师准备好多媒体后,赶紧来处理这个状况。她亲切地把齐思拉到自己身边,然后问大家:"你们看我和芳分别有几只手?"小朋友们笑着说:"Two!"叶老师接着问:"你们看我和芳分别有几条腿?"小朋友们笑得更开心了,说道:"Two!"就这样问了几个问题,齐思不哭了,他也跟着别的小朋友笑了起来。叶老师说:"虽然我们有些不同,但我和芳都是黑色的头发,黑色的眼睛,我们也有好多一样的地方对不对?但你们去了墨尔本,就会看到好多长得不同的人。因为我们的世界很大很大,我们来自不同的国家,但我们都有两只眼睛、两只手、两条腿呀。哈哈哈……"小朋友们彻底放下了刚开始的不安情绪,一个个都哈哈大笑起来。尽管如此,齐思瞥到我的时候,眼神里还是透露出一丝抗拒。原本我刚放下的心,又提到了嗓子眼儿,如果学生这么排斥我,我该怎么办呢？真的好无奈……

课后我心情很压抑，一直在想，该怎么缓和自己和学生之间的关系，让他们不再对我产生恐惧呢？结果事情在第二节课时就出现了转机。第二堂汉语课，我们主要复习第一节课学的句型"你叫什么名字"。全班学生围成一个圈儿坐在地毯上，我和叶老师也加入了他们。我们每个人拿了一个玩偶，一个个轮流介绍自己：你好，我叫……。轮到我的时候，我突然灵机一动，说："你好，我叫齐思。"一下子，全班哄堂大笑。我看向齐思，第一次感受到他对我那么温暖可爱地笑着。我悬了很久的心终于可以放下了。那节课的后半段，齐思一直坐在我旁边，时不时地盯着我看。我知道他在看我，我也笑着看他，他立马回给我一个大大的微笑，还紧紧地抱住我。真没想到一句话就把这个难题轻松搞定了……

案例反思

在给学生们上课前，我从来没有想过自己会遇到这种状况。我没想到学生会对我们产生恐惧，感觉我们像"可怕的怪物"，这是我万万没有想到的。

但再仔细一想，这也是多方面原因造成的。首先，因为开放日那天，叶老师的缺席导致这些没怎么见过亚洲人的小朋友，在认知上受到冲击。另外，他们刚进入小学部学习，对班主任的依赖还很大，面对陌生老师，尤其还是长得很不一样的亚洲老师，他们很没有安全感。而我任教的另一所学校，我在给学前班上第一堂课时，就没有出现这种状况。因为他们是学前班和一二年级一起上，所以学前班的小朋友会有高年级的学生带着，他们能更容易接受"第一堂汉语课"。

面对这种状况，作为老师，首先自己不能慌，不能乱了阵脚。老师需要仔细观察学生，分析学生产生这种情绪波动的原因，然后对症下药。其次，老师在解决问题时，一定要结合学生的年龄和认识世界的特点，用符合他们的认知方式的语言、语气、例子去引导他们。让陌生感以及矛盾在诙谐幽默、轻松活泼的气氛中被化解。

作者简介

杨芳，渤海大学汉语国际教育专业硕士。毕业后参加澳大利亚维多利亚州教育部所属中小学汉语助教项目。曾在柬埔寨皇家科学院孔子学院担任汉语教师志愿者。

思考与实训

1. 阅读"案例描述"部分，作者在澳大利亚任教时，遇到了学生第一次见中国人而感到恐惧的尴尬状况，文中的叶老师和作者分别是怎么处理的？如果是你，你会怎么做？
2. 阅读"案例反思"部分，谈一谈第一次见到中国老师时，这些外国小朋友为什么觉得老师像"怪物"。
3. 查阅相关资料，谈一谈如果在海外工作时，遇到学生、同事以及当地人有意或者无意把你当作"异类人"看待，你将如何处理？

48

和寄宿家庭的那些事

/ 乔娇娇 /

新西兰

案例场景

我所任教的陶朗加中学（Tauranga Intermediate School）位于新西兰第五大城市陶朗加（Tauranga，约13万人口），是整个新西兰最大的公立初中，虽仅有七、八两个年级，在校生人数却已有1300余人。老师加上行政和后勤人员一共80人左右。学生在正式入学之前会被随机划分至10栋教学楼（house）里，每栋楼里都有不同年龄、不同水平的学生。而且，每栋楼的风格和名字也不一样——都有自己的专属颜色，并且都用一种树的名字（毛利语）来命名，这一点也体现在学生的校服颜色上。另外，每栋楼里都有4个教室，每个教室为一个班级。一个班级大约有30个学生。全校学生中大概有57%的欧裔，34%的毛利裔，3%的亚裔，其他族裔约占6%。另外，学校每个学期都会有来自世界各地的学生通过短期留学项目来学校参观学习。

案例描述

学校国际部主任Amy行色匆匆地把我从教室里喊出来，神情严肃。她一边大口喘气，一边急不可耐地说："我现在非常需要你的帮助，你可以做我和一名中国游学女孩儿的翻译吗？"

"当然没问题，可以告诉我具体发生了什么吗？"我好奇地问。

"这个中国女孩儿的寄宿家庭来我这里投诉她,说她非常粗鲁,不讲礼貌。"

我的第一反应是这孩子可能成长于独生子女家庭,恰巧父母又从小对她娇生惯养,在蜜罐儿里长大,受不得一点儿委屈。用现在流行的词来形容就是傲娇,公主病,玻璃心……当然不是所有的独生子女都是这样。

我附和了一句:"是的,有些孩子可能确实存在礼貌问题。"

Amy一路健步如飞,走到英文教室门口,把那个孩子叫了出来。小女孩儿穿着粉色的羽绒服,松松垮垮的运动裤显得她异常消瘦,一副眼镜并没能隐藏她眼里的紧张、疑惑和担忧。相比之下,新西兰的孩子在冬天里还任性地穿着短衣短裤,光着脚,眼睛里全是天真和微笑。这个孩子的英文其实还不错,并不太需要我来当这个翻译。只是有的句子Amy说得太快了,她听不到重点,这个时候我才会伸出援手。其实我没有直译,而是加入了自己的一些看法和建议,尽量翻译得委婉一些,我想我的内心深处还是对小女孩儿有些同情的。她远离父母朋友,来到新西兰游学,有些不适应也是可以体谅的。

Amy大概指出了小女孩儿以下几个方面的问题。

首先,Amy说她的寄宿家庭妈妈觉得她很没礼貌,从来都不知道说"Thank you"和"Please"。要知道,在欧美国家"Thank you"和"Please"的使用频率相当高。而在中国,和比较亲密的人说"谢谢",总觉得有点儿矫揉造作。有事没事加个"请",在日常生活中,父母们一定觉得孩子头脑发热要看医生了。不夸张地说,新西兰人连让别人闭嘴都要加个"请",也就是"Shut up, please","Thank you"就更是不离嘴了,就连"一言不合"的情况也会给你来一句"Thank you"。记得有一次,我中午去休息室热午饭,一位同事把热好的午饭从微波炉里面拿出来，我礼貌地问："请问你用完微波炉了吗？"她的回答是"Yes, thank you"。仔细想想，她其实没有必要感谢我的。过度使用礼貌用语，已经成为一种习惯。所以我向 Amy 和小女孩儿分别解释了这个文化差异。但是 Amy 说这不是理由，因为这里是新西兰，必须要入乡随俗。

其次，小女孩儿不想融入寄宿家庭。具体表现就是她一回家就躲进自己的房间玩儿手机，拒绝和寄宿家庭交流。寄宿家庭邀请她一起出去散步，她不愿意出去，也没有向寄宿家庭解释具体原因，只是丢下一个"No"就跑回自己房间了。Amy 迷惑地说："你应该出去散步啊，我们新西兰有非常新鲜的空气，对你的身体健康有好处的。"小女孩儿的回答是外面太冷了，而且她有些不舒服，觉得自己如果再出去散步，可能会感冒的。七八月份是国内的酷暑，而在新西兰恰逢是冷冬，我了解到小女孩儿没有带太多御寒的衣物，就跟 Amy 解释了这一点。Amy 听到小女孩儿提到感冒还是有些紧张的，就让她回去喝点儿蜂蜜和柠檬水，说是对感冒有奇效。

最后一点是小女孩儿不懂得分担家务，住家妈妈做家务的时候她从来不问需不需要帮忙。在国外，很多家庭的孩子到了一定年龄，就开始分担家务，不少新西兰孩子在家里叠被子、洗衣服、做饭、扫地、擦桌子，样样都干。当然大部分都是有偿的。我以前住家的儿子每周都要做一次晚餐，加上负责公共区域的卫生，一周大概有 60 块左右的酬劳。所以如果什么家务都不做，住家妈妈肯定是看不惯的。

以上这些住家妈妈本来是想忍住不说的。但是另外一件事情的发生，让她忍无可忍了。有一次，他们专门带她去看板球比赛，结果她一声不吭就自己默默离开了。他们发现她不见了，心急如焚，如坐针毡。幸好最后通过广播找到了她。小女孩儿解释说："外面真的太冷了，我想找个暖和的地方待一会儿。"但是她没有和他们说一声，就独自躲到便利店里了。也许，小女孩儿只是因为害羞，害怕自己英语不好，表达不清楚。但是他们不会这么想，他们会觉得小女孩儿完全不尊重别人。他们需要对她的安全负责，当发现她不见时，他们着急死了。

整个事情的来龙去脉大致如此。事后，Amy请我翻译了她撰写的"寄宿家庭生活守则"，她说她以后会给每一批来学校游学的中国学生上一堂课，专门指导中国学生如何与寄宿家庭相处。

案例反思

留学生，尤其是未成年的小留学生，在如何与住家相处这件事上可以说是毫无经验的。笔者试着去探究事情发生的缘由，发现无外乎以下几点。

首先是家庭教育差异。

外国家长和中国家长的教育理念差别很大。外国家长强调孩子要自己做选择，对自己负责，希望他们能活成自己想要的样子。他们不会因为天气冷就帮你准备好棉服秋裤。在寒冷的冬天或许他们会问："你冷吗？"但不会给你准备好衣服。言下之意冷你就多穿些，不冷的话就这么穿吧！所以住家妈妈也许不会提醒小女孩儿多带衣服。当然他们也不会要求你去学奥数，学钢琴，学舞蹈；也不会帮你铺路搭桥，规划人生。相比之下，很多中国家长可能更希望孩子活成父母梦想中的样子。他们更加在意孩子考试成绩单上的数字。为了让孩子有更多的时间和精力去学习，家长们多多少少会忽略对孩子在家务、待人接物等方面的教导，因此让孩子失去了更多自我成长的空间。

孩子是父母的一面镜子。我一直记得一句很有意思的话：你的孩子是否能取得成功，不能反映出你是一个怎样的家长，但是孩子是否拥有虚心学习、尊重他人、团队合作、坚韧不拔、凡事全力以赴这些品质却能直接反映出一个人的家庭教育情况。同理，我觉得孩子学习好与不好，并不是最重要的，他们是否感恩、谦逊、有礼貌、为他人着想这些优良品质更重要。

其次，是学校教育的差异。

据我的观察，相比学习而言，新西兰的老师更注重培养学生待人接物的礼仪规范。上完课后，班主任要求孩子们向授课老师道谢，清理桌面上的垃圾，并把板凳搬到桌子上，最后按性别排队后离开教室。班主任时时刻刻把"respect（尊重）""manner（礼貌）""please（请）""thank you（谢谢）"等关键词挂在嘴边。"This is rude, please show some respect（你太粗鲁了，请放尊重）""Please，watch your manner，thank you（请注意你的言行，谢谢）"等这些句子也常说。个人素养的规约贯穿了整个基础教育的始终。当然，即使这样教育也不能保证每个孩子都拥有较高的素养。国内的教育则更多地强调学习成绩。老师们倾向于用学习成绩去定义一个学生，甚至依据学生的成绩在心理上给他们排名。成绩好的学生在某种程度上有一种"特权"，即使在礼貌方面做得不到位，老师甚至同学们也容易对此忽略。为了获得更多的关注和荣誉，学生们将更多的时间和精力花费在提高学习成绩上。

每每提到外国寄宿家庭，浮现在许多人眼前的可能是沉浸式英文环境，温馨大床房，善解人意的住家，天真活泼的外国玩伴，毛茸茸的宠物狗……可是现实往往并非如此。家长们在把孩子送出来之前，需要问问自己，也要问问孩子，在生理上和心理上都准备好迎接文化冲突的撞击了吗？我们都知道，中国是文明古国、礼仪之邦。我们也知道"入境而问禁，入国而问俗，入门而问讳"。如果家长们能在孩子出国之前，细心研究一下国外的文化习俗，提前教导孩子去主动调整适应，兴许很多因为文化差异而产生的不愉快就可以避免了。

作者简介

乔娇娇,武汉大学对外汉语教学专业硕士。曾在美国匹兹堡大学孔子学院担任汉语教师志愿者,后担任新西兰惠灵顿维多利亚大学孔子学院汉语教师志愿者。曾任职于新西兰基督城女子高中。

思考与实训

1. 阅读"案例描述"部分,作者在给国际部主任和小留学生做翻译想到了什么?她是怎么翻译的?为什么要这样翻译?

2. 结合"案例反思"部分,谈一下为什么文中的中国小留学生会和寄宿家庭发生一系列不愉快的事。你认为应该如何避免这些文化冲突呢?

3. 本文"案例反思"部分分析了产生文化冲突的原因,请在此基础上,撰写"寄宿家庭生活守则",指导中国留学生如何与寄宿家庭相处。